# 城市交通容量与土地使用强度协同优化研究

侯全华 著

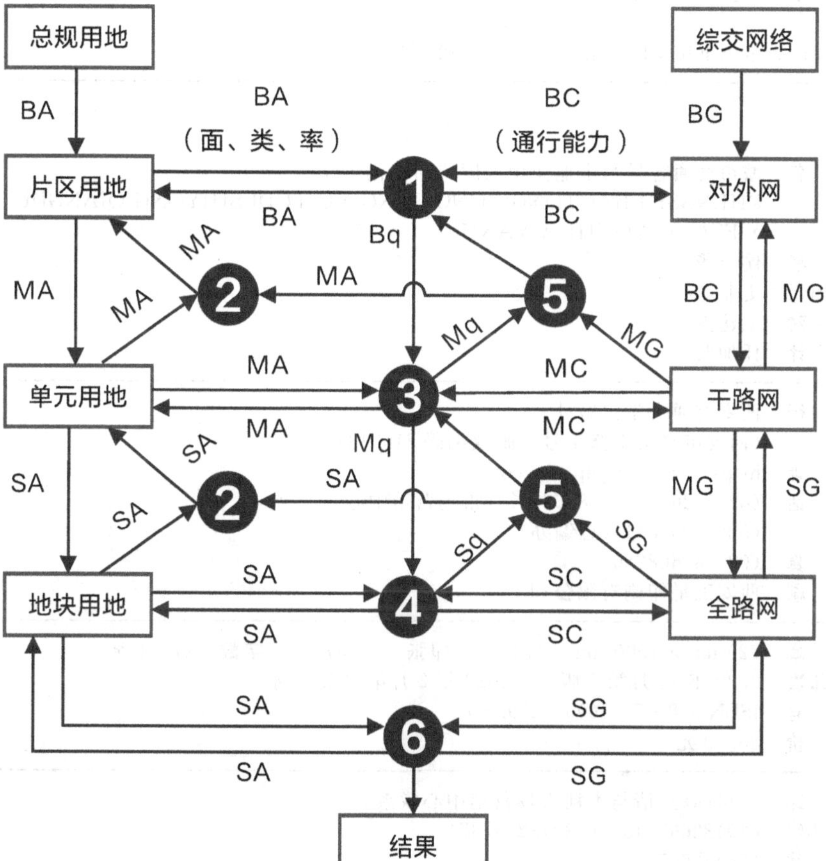

总规用地
综交网络
BA
BA
（面、类、率）
BC
（通行能力）
BG
片区用地
1
对外网
BA
BC
Bq
MA
MA
MA
2
MA
5
BG
MG
Mq
MG
MA
单元用地
3
MC
干路网
MA
MC
Mq
SA
SA
SA
2
SA
5
MG
SG
Sq
SG
SA
SC
地块用地
4
全路网
SA
SC
SA
SG
6
SA
SG
结果

西安交通大学出版社
XI'AN JIAOTONG UNIVERSITY PRESS
国家一级出版社
全国百佳图书出版单位

**图书在版编目(CIP)数据**

城市交通容量与土地使用强度协同优化研究/ 侯全华著. — 西安 ：西安交通大学出版社，2022.11
ISBN 978-7-5693-2592-8

Ⅰ. ①城… Ⅱ. ①侯… Ⅲ. ①城市规划-交通规划-土地规划-研究-中国 Ⅳ. ①U12

中国版本图书馆 CIP 数据核字(2022)第 082521 号

**书　　名** 城市交通容量与土地使用强度协同优化研究
CHENGSHI JIAOTONG RONGLIANG YU TUDI SHIYONG QIANGDU XIETONG YOUHUA YANJIU
**著　　者** 侯全华
**责任编辑** 史菲菲
**责任校对** 王建洪
**封面设计** 任加盟

**出版发行** 西安交通大学出版社
(西安市兴庆南路 1 号　邮政编码 710048)
**网　　址** http://www.xjtupress.com
**电　　话** (029)82668357　82667874(市场营销中心)
(029)82668315(总编办)
**传　　真** (029)82668280
**印　　刷** 西安五星印刷有限公司

**开　　本** 720 mm×1000 mm　1/16　**印张** 13.875　**字数** 274 千字
**版次印次** 2022 年 11 月第 1 版　2023 年 2 月第 1 次印刷
**书　　号** ISBN 978-7-5693-2592-8
**定　　价** 85.00 元

如发现印装质量问题，请与本社市场营销中心联系。
订购热线：(029)82665248　(029)82667874
投稿热线：(029)82665379
读者信箱：xj_rwjg@126.com

# 前　言

目前，全国许多城市正处在向外快速扩张和向内更新改造并存的高速发展阶段，土地使用规模、强度、速度不断增大，尤其是大中城市“越开发、越拥堵”现象日趋严重。研究城市土地使用与交通“两规”一体化十分迫切和必要，控规阶段土地使用与交通一体化规划编制是关键环节，土地使用强度与交通设施在时空上的容量匹配与协同优化是当务之急。随着全国各大中城市大力推行分层控规编制工作，分层控制的“新控规”编制技术体系已经成为主流。

本书运用多学科理论与方法，在“总量约束、分层控制、分区平衡”的分层控规技术体系平台上，引入相关理论与方法，探寻控规土地使用与交通协同的可能性，理清分层控规中土地使用与交通“双向”协同优化核心问题，建构两者“双向”协同优化方法体系，分析“两规”核心内容土地使用强度与交通容量的“双向”协同优化机制，建立“双向”协同优化模型、评价方法和技术支持系统，并采用实证分析的研究方法，实现协同优化结果在控规一体化编制及实际案例中的应用。

第一，通过分析总结土地使用与交通一体化规划领域的发展历程、研究成果及未来研究方向，为本书写作寻找突破口，并为后续研究奠定理论基础。第二，通过对相关理论文献的研究和整理，在目标耦合、空间层次耦合和指标耦合等基础上，构建控规土地使用与交通“双向”协同优化方法体系，并进行“双向”协同优化机制分析，为“两规”一体化编制建立理论框架。第三，主要通过分层控规中交通供需模型的选择，创建协调模型，并对两者进行优化评价，形成分层控规中土地使用与交通协同优化的量化方法。第四，对分层控规中土地使用与交通一体化规划编制从编制内容与指标体系、编制技术和规划实施管理三个方面进行详细阐述，实现土地使用强度与交通容量协同优化结果在控规编制中的应用。第五，通过实际案例分析，验证分层控规土地使用与交通一体化规划编制技术体系在宝鸡市上马营片区控规的适宜性，运用“双向”协同优化模型与评价方法实现上述成果的实证应用。第六，对研究成果归纳总结出六方面结论，凝练出本书的三个主要创新点以及展望未来的研究内容。

本研究可为控规土地和交通规划一体化编制提供理论和技术方法，创建一个两规“一体化”跨学科研究平台、建构一套“双向”协同优化方法体系和一套“一体化”编制应用技术，为城市土地使用强度与交通容量的有效匹配提供理论与技术方法，以完善现有的控规编制技术和内容，确定城市土地开发最佳适宜强度。

著　者

2022 年 3 月

# 目　录

# 第1章 绪 论

## 1.1 研究背景

**1. 土地使用与交通不协调是大中城市交通拥堵的根源**

众所周知,城市土地开发与交通相伴而生,城市土地开发建设是产生交通需求的"源头"。目前,全国许多城市正处在向外快速扩张和向内更新改造并存的高速发展阶段,土地使用规模、强度、速度不断增大,尤其是大中城市随之出现"越开发、越拥堵"的现象日趋严重,城市土地使用与交通的不协调导致大中城市陷入功能过度重叠集聚、超强度开发、粗放扩张、城市环境持续恶化的困境。城市问题的不断产生,引发了人们对城市规划科学性的质疑。

**2. "两规"一体化是解决交通拥堵的重要途径**

长期以来,土地使用规划、交通规划分别属于管理学与交通工程学两个相对独立的学科,而城市规划的总体规划(以下简称总规)或分区规划、控制性详细规划(以下简称控规)、修建性详细规划(以下简称修规)的全过程中土地、交通规划都是最重要的内容。由于总规、控规、修规三阶段各自独立完成,各阶段的土地使用控制标准、要素、指标内容存在很大不同,使各阶段中表现出的城市人口分布特征和方式不同,也就决定了不同阶段的交通规划内容、指标的不同。因此,要促进城市土地使用与交通两个系统相互协调发展,必须将交通规划纳入城市规划体系中,并与城市规划各阶段的表达方式、内容、指标等协调一致,实现"两规"一体化编制,实现"无缝"对接,从规划源头上解决城市交通问题。这是值得深入研究和探讨的问题。

**3. 分层控规是实现"两规"一体化的关键阶段**

在现行城市规划体系中,控规上承全市总规(分区规划),下启项目修规,是土地使用"定性质、定功能、定总量"的关键阶段。尤其是近年来,随着《城市、镇控制性详细规划编制审批办法》的实施,全国各地大力推行"分层控规"的编制工作,北京、上海、广州、武汉、南京和济南等城市根据自身特征进行了控规编制技术的探索与实践,分层控制的"新控规"模式成了学界、业界的共识,"总量约束、分层控制、分区平衡”编制技术体系被一些城市采用。但仍存在控规制定控制指标时科学性不足、随意性过大的问题，使其权威性和科学性受到质疑和非议。因此，在新的分层控规中实现土地与交通协调规划，是实现“两规”一体化编制的关键阶段。

**4. 土地使用强度与交通容量的协同优化是实现“两规”一体化的核心内容**

在“两规”一体化编制中，一方面，控制指标中土地使用强度（容积率、密度、高度）是土地资源配置的核心内容，容积率是从总规的用地面积转换为控规建筑面积的核心指标；另一方面，城市交通容量（动态、静态交通容量）是衡量交通承载力的一个关键边界定量指标[1-3]。对土地使用强度与交通容量关系的定量分析，能够明确控规编制片区土地开发建设总量与交通设施承载力相匹配的程度，为控规中制定土地使用的各项控制指标提供量化依据，达到提高控规编制技术的科学性与可操作性的目的。因此，土地使用强度与交通设施在时空上的容量匹配与协同优化是实现“两规”一体化的核心内容。

**5. 分层控规中土地使用与交通一体化规划存在问题**

1）控规编制内容中缺少交通专项规划编制内容标准

目前在城市规划与交通规划对接上，总规阶段有《城市综合交通体系规划编制导则》，修规阶段有《建设项目交通影响评价技术标准》，而控规阶段没有交通专项规划编制内容标准。总规阶段的综合交通规划与城市发展布局、功能分区、用地规模等内容的互动共同支撑城市空间结构；修规阶段的交通影响评价重点关注具体工程建设项目“开发前”和“开发后”对交通状况的评价，优化交通流线与设施组织[4]；但在控规阶段，却一直缺乏有效的技术规范来实现交通与用地功能、用地指标等强制性内容的沟通和反馈[5]，进而校核土地使用强度指标，从而大大影响控规控制指标的合理性。虽然在《城市规划编制办法》中规定了控规阶段交通规划的内容，但只是具体的交通设施布点和参数控制，没有完整的内容方法，更无法纳入分层控规编制中，导致交通专项规划的内容往往落实不到位。

2）土地使用布局缺少交通供需平衡分析

控规编制过程存在注重交通设施用地的空间控制，较少关注与土地布局相关的交通生成问题，交通供给缺乏定量需求依据，交通设施指标参数确定也有套用程式化技术规划的倾向，而相对欠缺因地制宜的合理分析和区别对待，导致土地布局与交通设施协调性不好[6]。

3）土地使用控制指标缺少交通承载力分析

控规编制中制定土地使用强度指标时，仅以相关技术标准为依据制定地块的指标，而缺乏规划编制片区的交通承载力分析，尤其容积率作为一个上限指标，通过叠加就会越来越大，往往会造成“合成谬误”，导致土地开发缺乏交通容量（道路网、公交、静态交通容量）上限控制。

## 1.2　研究目的与意义

### 1.2.1　研究目的

本书研究分层控规中土地使用与交通的协同优化方法，目的是从“两规”一体化的角度研究具有学科综合化特征的协同优化方法理论体系，从方法论、一般方法和具体规划编制技术三个方面，全面研究协同优化理论与方法，探索具有相对普适性的应用技术，并使其具备一定的可操作性和适应性。总之，本研究是想探索一条具有实践意义的控规编制方法与途径。

**1. 土地使用强度与交通容量协同优化方法体系**

本研究通过对土地使用规划和交通双方理论的剖析，寻找两者在控规阶段存在的协同基础，建构分层控规中土地使用强度与交通容量的“双向”协同优化方法体系，为日后相关研究提供理论框架。

通过三空间层次土地构成系统、要素与交通系统、要素的相互作用关系与规律研究，确定维系不同空间尺度协同发展稳定的关键性要素。探寻维系三空间层次交通供需工作原理，为土地指标控制提供理论依据。

**2. 土地使用强度与交通容量的协同理论模型与优化评价方法**

一方面，建构道路交通、公共交通、静态交通的协同理论模型，实现三层次交通容量与交通需求量的双向均衡。另一方面，控规过程中分层之间达到土地使用与交通协同优化，建立一个统一的交通规划数据评价方法，实行统一的计算方法，从而有效控制土地使用强度指标。

**3. 土地使用与交通一体化规划编制应用技术**

在现行分层控规编制技术体系平台上，补充和完善交通规划编制的内容与技术。其体现以下三个方面：第一，综合性。应进一步增强分层控规阶段交通规划内容的广度与深度，以及交通对策的综合性。第二，同步编制，避免新增编制环节。分层控规成果格式与控规技术准则相一致，从而实现分层控规阶段内的编制一体化。第三，管控与引导结合。将确定性的内容纳入控规强制性管理内容，并对有关建设和管理的内容指标保持一定的适应性和弹性。

### 1.2.2　研究意义

**1. 理论意义**

学界对土地使用规划与交通规划都进行了大量的理论研究，但对两者处于同一平台、核心指标的协同优化研究还处于起步阶段。本研究通过对国内外相关理论基础的梳理和剖析，建构两者协同优化的理论框架，从内部协调机制和优化反馈机制揭示了两者协同的工作原理，建立土地使用强度与交通容量的定量与定性结合分析理论模型和优化评价方法，具有理论意义。

**2. 实践意义**

通过对土地使用规划与交通规划协同编制技术研究，能够明确规划编制片区未来土地开发建设总量与交通设施承载力相协调的程度，为控规土地开发的各项控制性指标制定提供技术支持，有效地提高控规指标控制的科学性和合理性，提高土地使用指标控制的科学性，保障城市土地使用与交通的相互协调和完善交通设施配置，为推动非法定的交通专项规划纳入法定的控规编制做了一次有益的探索。

## 1.3 研究内容与方法

### 1.3.1 研究内容

在结合城乡规划编制国情的基础上，本书充分吸收国内外土地与交通一体化的经验与技术，以及城乡规划学、交通工程学、地理学等交叉学科的理论与方法。从“两规”一体化的角度，本书明确了协同优化的研究对象、内容、目标、体系和进展等基本问题，以及科学化协同优化的基本理论问题。在理论建构方面，为形成统一的应用技术，本书提出了“双向”协同优化方法体系，以“总量约束、分层控制、分区平衡”的分层控规技术体系为依据，以土地使用与交通的“供需关系”工作原理为支撑，充分利用定性与定量的互补性技术和策略实现分层控规控制指标在量化、优化、科学化方面的超越，完成非法定交通规划回归到法定控规中的任务。总之，本书试图建立一个开放性的“两规”一体化研究技术体系，让“协同优化”成为一种真实有效的规划研究工具。

所以，分层控规中土地使用强度与交通容量协同优化研究的具体内容有以下几个方面：

(1)土地使用强度与交通容量协同优化的实质与表述。重点阐述本书的研究背景、研究目的及意义，明确研究内容与方法，梳理相关文献与概念，制定本书研究体系等。

(2)土地使用与交通一体化规划的相关理论。这主要包括土地使用规划方面的相关理论基础、交通规划方面的相关理论基础和两者协同的相关理论基础三部分。

(3)土地使用强度与交通容量协同优化的方法体系与运行。在目标耦合、空间层次耦合、指标耦合等基础上，提出了“双向”协同优化方法体系，然后从交通供需本质关系的角度详细分析了运行工作原理。

(4)土地使用强度与交通容量的协同模型、优化评价的方法。通过分层控规中交通需求与交通供给的模型选择，创建协调模型，并对两者进行优化评价，最终形成分层控规中土地使用与交通协同优化的定性与定量互补性方法。

(5)土地使用强度与交通容量协同优化结果在控规编制中实现。对分层控规中土地使用与交通一体化规划编制从编制内容与指标体系、编制技术和规划实施管理三个方面进行详细阐述。

### 1.3.2　研究方法

本研究采用定性与定量相结合的研究方法。定性方法采用准确的描述语言与图表框架，对理论现实以及机制原理等进行定性描述；定量方法采用数据语言与模型构建，对相关机制原理进行定量描述。具体研究方法可以归纳为以下几方面。

**1. 文献研究法**

本书主要通过文献的搜集、鉴别和整理研究，形成对土地使用与交通关系的相关国内外理论的全面认识，借鉴和继承前人的研究成果。

**2. 现状调查分析法**

本书使用的调查方法包括实地调查与二手资料分析等方法。实地调查是对研究实例进行全面的调查和资料收集，是最直观且最有效的方法；二手资料分析是对各大中城市控规阶段与交通规划编制相关内容进行广泛资料收集并进行归纳总结，把握国内外研究最新动态和进展。

**3. 分类比较、归纳、演绎等逻辑研究法**

本书对现有理论、实证进行分类比较、归纳、演绎，梳理框架，统一研究逻辑和研究平台，使得土地使用和交通能在同一规划技术平台上实现互动对话。

**4. 实证研究方法**

本书以“宝鸡市上马营片区控制性详细规划”项目作为研究实例，进行了实证研究，在实际项目中寻找土地使用与交通一体化规划编制的关键要素，从而验证研究结果，得出研究结论。

**5. 数理统计分析**

本书充分运用数据统计和数学模型进行定量研究，摆脱城乡规划学中以定性为主的主观思维定式。

# 1.4 研究综述

## 1.4.1 基于土地使用强度的交通容量研究综述

### 1. 国外相关理论研究综述

城市土地使用强度决定了交通方式选择、交通需求量，并影响交通出行距离与分布。

1)土地使用强度影响交通方式选择与交通需求量

不同土地使用强度地区交通方式结构及交通需求量明显不同。Frank 和 Pivo、Curtis、Heart 和 Bennet 等人研究了城市形态等布局因素对交通系统的影响作用[7]。Pushkarev 和 Zupan 认为，土地使用强度越高，交通需求量就越大，同时公交设施的使用率也就越高，即城市的土地使用强度影响着人们对交通出行方式的选择，从而影响着交通承载力[8]。

2)土地使用强度影响交通出行距离与分布

城市居民出行的距离一般与城市土地使用强度呈正相关线性关系，高强度开发地区的居民大多采用自行车或步行等非机动车交通方式，居民出行距离相对较短，人均机动车里程随着人口强度的增加而下降。Hanssen 得出居住用地的使用强度是影响交通出行的重要因素[9]。Pushkarev 和 Zupan 研究认为，居住密度越大，交通需求量越大，居住密度是交通需求函数的变量[8]。Stead 研究发现不同密度居住的不同人群对交通出行起决定性作用[10]。

### 2. 国内相关理论研究综述

1)宏观研究

彭唬等人运用地理信息系统空间分析功能分析探讨城市空间形态指标(城市空间形状、土地使用混合熵、人口密度和可达性)与城市交通生成之间的相互关系[11]。郑洁和陆化普系统分析了土地使用、社会经济属性和交通需求三者之间的关系，建立多元线性回归模型，分别考察人口密度、土地混合程度、家庭收入和家庭大小对于交通出行次数、交通方式、出行距离和出行时长的影响[12]。杨敏等人针对城市新区背景下传统交通生成预测方法的不足，以城市人口土地使用交通需求相关关系为机理，建立了基于人口和土地使用的城市新区交通生成预测模型[13]。

2)中观研究

胡冬提出以路网负荷度指标进行交通承载力分析，进而评价控规总量指标与交通的协调程度，其中基于对职住平衡概念和测度方法的分析得到一种适于预测控规阶段交通需求总量的方法[14]。石飞等人将土地使用性质、强度与面积作为影响交通生成的主要因素，通过回归分析各类用地的单位面积出行吸引权重，建立了基于土地使用强度核心指标——容积率的交通生成预测模型[15]。

3)微观研究

许旺土等人提出了基于交通小区用地性质的交通需求模型建立方法，用遗传算法进行模型的标定和求解[16]。陈月明等引入区位势能对土地使用进行量化，提高中小城市出行生成预测模型的精度[17]。

**3. 评述**

国外学者认为城市土地使用强度决定了交通方式选择、交通需求量，并影响交通出行距离与分布，土地使用强度与交通需求量呈正相关关系，同时也与交通承载力关系密切。我国学者对其研究主要从宏观、中观控规阶段和微观三层面展开，宏观上交通容量预测与城市空间形态、土地使用及城市人口等指标有关，控规阶段交通容量的预测与土地使用规模、性质和强度指标有关，微观上可利用交通小区性质或引入区位势能对交通容量进行测算。

### 1.4.2 基于交通容量的土地使用强度研究综述

**1. 理论研究综述**

1)国外相关理论研究综述

交通容量制约与刺激着土地使用强度。国外研究者主要研究了交通系统对城市空间形态、用地布局以及地价的影响等。Schaeffer 和 Sclar 发现城市空间形态在交通系统的影响下经历了从步行城市到轨道城市，再从轨道城市到汽车城市的历程[18]。Knight 和 Trygg 研究发现土地可达性、土地使用政策以及土地成片连接的难易程度是影响土地使用布局的主要因素[19]。Workman 等学者指出城市土地价值与它离车站的距离远近有关，地块离铁路站越近，地价越高，然而地块离高速公路越近，地价则越低。Baerwald 讨论了交通可达性对住宅开发的影响。

2)国内相关理论研究综述

张鹏程、刘灿齐尝试建立数学模型以描述路网的剩余容量与土地开发利用强度的关系，并给出具体算法[20]。许炎、黄富民从交通容量限制的角度出发，对城市交通与城市土地使用相互适应关系进行了分析，并提出了一种基于交通容量约束的城市规划方法[5]。吴炼等人建立了路网承载力的双层优化模型，推算出各小区的最大交通生成量，并校核不同用地布局对应的交通生成量以选择最优方案[21]。宋程研究了交通系统剩余容量和土地使用强度的关系，以交通系统剩余容量为前提计算土地使用强度，为土地使用强度的量化提供科学依据[22]。

**2. 我国控规阶段相关研究综述**

1)理论内容研究

翁芳玲提出可利用控规土地使用指标化的特点,结合 TransCAD 软件,将交通需求预测量化,并将模型输出反馈到用地规划中去,调整土地使用的控制指标[23]。王献香提出“以供定需”的用地交通关系,通过对路网交通需求和供给的定量研究,建立路网饱和度与土地使用强度之间的数学模型,并提出得到合理土地使用强度的交通门槛值[24]。

2)实证方法研究

目前,在实践应用方面,国内有部分城市已经将交通设施承载力的研究应用到控规阶段的土地使用指标的校核中,甚至少部分城市还制定了相关的政策、法规和细则。姜洋等围绕土地和交通协调发展的公交引导开发(TOD)理念,以“时空消耗法”为依托,搭建基于路网和公交承载力的极限容积率测算模型——FARM(floor-area-ratio maximization)模型,并通过对昆明呈贡新城核心区的容积率确定证明了模型的实用性[25]。逄莹和宋强等对控规阶段土地使用强度与交通承载力关系的定量分析方法进行了研究,通过乌鲁木齐市新市区、高新区部分片区控规案例,应用了交通承载力测算方法[26]。

**3. 评述**

国外学者认为交通系统对城市空间形态、用地布局以及地价具有影响,交通容量制约并刺激着土地使用强度。我国学者通过研究路网容量与土地使用强度的关系,建立模型方法使土地使用强度量化更加科学合理。同时在控规阶段,国内很多城市已经在理论层面运用交通容量来校核土地使用强度指标,并在实践方法与政策制定上给予具体验证和实施。

### 1.4.3 控规阶段两者协调一致性研究综述

我国关于控规阶段土地使用强度与交通容量协调一致性的研究主要在近十多年展开。陈沧杰等人将交通适应性评价的方法引入控规编制过程中,将路网剩余容量通过区域交通潜力分析分配到每个地块中,测算各交通系统容量、人流量与开发建设容量[27]。郑璐以邯郸市中心城区单元控规为背景,对管理单元 FX05 的土地使用规划方案与道路网络规划方案的协调程度进行了评价[28]。鹿勤和张娟以北京新城控规综合承载力研究为契机,从各类不同设施承载力的角度对分层控规编制的科学性与合理性进行了论证研究[29]。段进宇等人引用交通需求管理的方法构建了一套适用于交通约束下的控规应用程序框架,并付诸实践[30]。郑猛和张晓东则以北京中心城区控规编制为例,建构了静态对比测算与动态模型测试相结合的交通承载力分析方法。该方法简单易懂并且操作性较强,能够实现控规土地使用强度与交通容量的协调一致[31]。

综合上述可知，目前对两者关系的研究重点为宏观——总规阶段的空间布局影响和微观——修规阶段的交通影响评价分析，而作为承上启下的中观——控规阶段，却一直缺乏有效的技术手段来实现土地使用强度与交通容量的双向协同优化，从而很大程度上导致分层控规中的各类控制指标制定缺乏科学性和合理性[32]。而研究机构大多分布在东部大中城市（北京、上海、深圳、广州等），中西部较少，研究成果大部分也照搬国外的模型与方法，特别是在控规阶段土地使用互动不足，缺少原创性，并且大多数城市在控规编制与管理层面没有实现控规土地使用与交通规划的积极有效的协调互动。因此，就需要我们对分层控规中土地使用规划与交通规划的编制思路、框架、内容及技术进行创新，建立一套科学的、适宜的及可操作的规划编制内容与技术方法，从而实现二者的良性互动及和谐发展。

## 1.5　相关概念和研究范围界定

### 1.5.1　相关概念

**1. 控制性详细规划**

控制性详细规划是以城市总体规划或分区规划为依据，确定建设地区的土地使用性质和使用强度等控制指标、道路和工程管线控制性位置以及空间环境控制的规划。

**2. 分层控规编制技术体系**

分层控规编制技术体系主要分为“片区—管理单元—地块”三个层次，满足“总量约束、分层控制、分区平衡”的控制体系（图 1.1）[33]，详见附录。

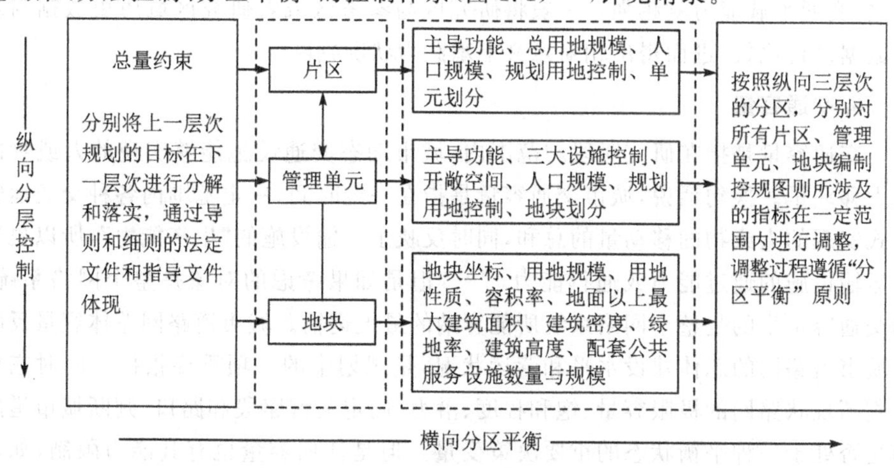


图 1.1　分层控规编制技术体系图

**3. 土地使用规划**

土地使用规划亦称土地规划，是指在土地使用的过程中，为达到一定的目标，对各类用地的结构和布局进行调整或配置的长期计划；是根据土地开发使用的自然和社会经济条件、历史基础和现状特点、国民经济发展的需要等，对一定地区范围内的土地资源进行合理的组织利用和经营管理的一项综合性的技术经济措施。

**4. 土地使用强度**

本书所称的土地使用强度又称土地开发密度，对于开发控制而言，密度就是指开发强度(以下统一称为强度)。土地使用强度指组成城市的单位面积上各类构成要素如人口和就业岗位、建筑、经济活动、社会结构等在空间上的分布数量、强度。它是一个错综复杂的体系，与城市的发展阶段、经济发展水平、区位条件、配套服务设施状况、土地开发用途、环境状况等因素有关，它的核心控制参数是容积率，以建筑高度和建筑密度为相关控制参数[33]。

**5. 交通设施承载力**

交通承载力是指在研究范围和研究时段内，城市交通设施能够实现的人或物的最大移动量。交通承载力作为综合承载力的一个重要方面，是确定土地适宜使用强度的重要依据之一[31]。根据侯德劭对交通承载力的研究，可将其分为设施承载力和环境承载力两部分[34]，本书主要研究交通设施承载力。

交通设施承载力可分为绝对承载力和相对承载力两种。其中，绝对承载力反映的是一个城市在某一时点上，现有的交通设施所能够承担的最大城市经济社会活动和人口活动，体现的是交通基础设施容纳的绝对数量；相对承载力是从供需关系角度进行分析，城市对交通设施需求压力越大，城市交通承载能力相对就越弱，反之，交通承载能力就越强。一般将研究区与参考区或者研究区域历史数据与现有数据进行比较，进而得出相对意义上承载力状况判断[35]。

**6. 交通容量**

交通容量是指在研究时段与范围内，城市动态交通设施能够实现的人或物的最大移动量。换句话说，城市交通容量是指在一定时间、一定范围内各种交通运输方式实现的人或物的移动量的总和，同时反映了运输设施的“生产能力”，所以也称作运输设施的通过能力或通行能力[3,35]。但是如果考虑的对象是整个网络系统，则交通容量指的是整个网络系统所能容纳的最大运输。城市道路网总体容量反映了城市道路网的总体建设水平和营运状况，是规划中的一项重要指标。同时它也是判断现状路网的极限容量、饱和程度、潜力，确定关键路段和路口，判断城市道路网是否处于一种平衡状态的重要决策变量。但是任何容量也有其能力限制，如若超过其规模，必将适得其反，所以任何交通设施容量也有其最大承载力。

### 1.5.2 研究范围界定

本书研究对象主要是城市分层控规和城市土地使用强度、交通容量，为了方便起见，有必要界定一下研究范围。

**1. 研究限于大中城市，而不是小城市**

本书所指的大中城市是指依据国务院2014年发布的《国务院关于调整城市规模划分标准的通知》，城区常住人口50万以上100万以下的中等城市、100万以上500万以下的大城市、500万以上1000万以下的特大城市以及1000万以上的超大城市。

**2. 研究限于城市总体规划或分区规划确定的城市建设用地**

依据《城市用地分类与规划建设用地标准》(GB 50137—2011)，城乡用地共分为2大类、9中类、14小类。本书所指控规编制范围是城乡用地中的建设用地(H)，大类中的城乡居民点建设用地(H1)中类，中类中的城市建设用地(H11)小类，而城市建设用地共分为8大类、35中类、42小类。

**3. 研究对于城市土地使用强度的核心指标——容积率的界定**

本书讨论分层控规中的土地使用强度就特指容积率指标。片区层次指的是平均容积率，管理单元层次指的是基准容积率，地块层次指的是容积率。

**4. 研究对于城市交通设施的界定**

城市道路交通包括个体机动车与非机动车，书中特指私人机动车和自行车(包括电动)交通。

城市公共交通特指公共汽车、有轨电车、无轨电车等常规公交，不包括地铁、轻轨、高速铁路、轮渡、缆车、出租车等。

城市停车按服务对象分为公共停车场和配建停车场两类。

## 1.6 研究体系

本书是先理论研究后应用研究，在第2、3、4章明确提出和分析土地使用强度与交通容量“双向”协同优化的方法体系，在第5章建立协同优化模型和评价方法，最后在第6、7章用一体化编制应用技术来补充和完善控规编制，并在宝鸡市上马营片区控规进行实证应用，如图1.2所示。

绪论
绪论
相关理论基础研究
“双向”协同优化方法体系建构
理论研究
方法论
“双向”协同优化机制分析
“双向”协同优化模型和评价方法
一般方法
一体化规划编制应用技术
应用研究
应用技术
一体化规划编制实证应用
结论
主要结论、创新点及展望

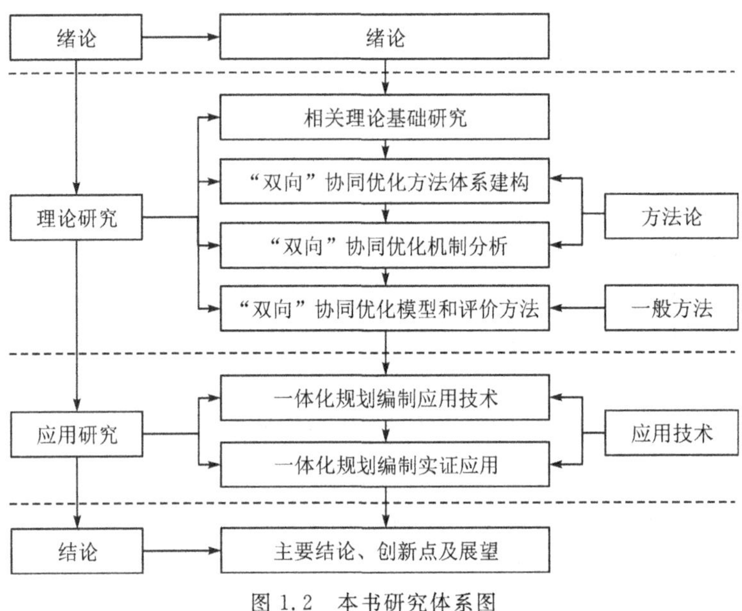

图 1.2　本书研究体系图

# 第 2 章　相关理论基础研究

本章首先对土地使用强度理论进行研究，其次是交通容量研究，再次为两者一体化研究，最后进行综合评述。本章分析总结各自领域的发展历程、研究成果及未来研究方向，为后文研究奠定理论基础。其中，土地使用强度研究综述从理论研究、内涵与特征研究和控制研究三方面展开，交通容量研究综述从内涵研究、理论研究和主要模型与方法分析三方面展开，两者一体化研究综述主要从理论研究、技术模型研究和实证研究三方面展开。本章研究框架如图 2.1 所示。

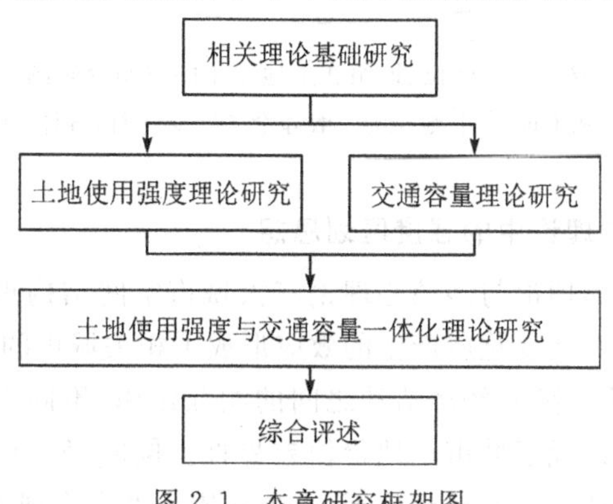


图 2.1　本章研究框架图

## 2.1　有关土地使用强度的理论研究

### 2.1.1　土地使用强度的理论研究

由于不同的约束条件和特定规律，城市规划对城市土地使用强度的分配是不均衡的。从近代霍华德的田园城市、沙里宁的有机疏散理论、卫星城市理论的萌芽，到城市区位理论、城市空间结构理论，土地使用强度的思想贯穿整个城市规划发展过程。我国学者虽然起步较晚，但对土地使用强度也有了较为深入的研究。

**1. 区位理论的城市强度区划思想**

在 20 世纪前后共形成了四种代表性的区位论：杜能的农业区位论、韦伯的工业区位论、克利斯泰勒的中心地理论和勒施等的市场区位与网络理论[36]。阿朗索(Alonso)在城市土地不受外部其他因素影响的前提下，研究出了著名的竞租曲线[37](见图 2.2)。由于各类用地存在经济效益的差异，因此不同用地对于区位可达性的要求和敏感程度不同[38]。根据竞租理论可知，土地价格可以反映城市土地的使用强度和使用性质，中心地区价格和强度高，边远地区相对较低，所以中心地区应该对应能够支付高地价的用地性质，反之亦然。

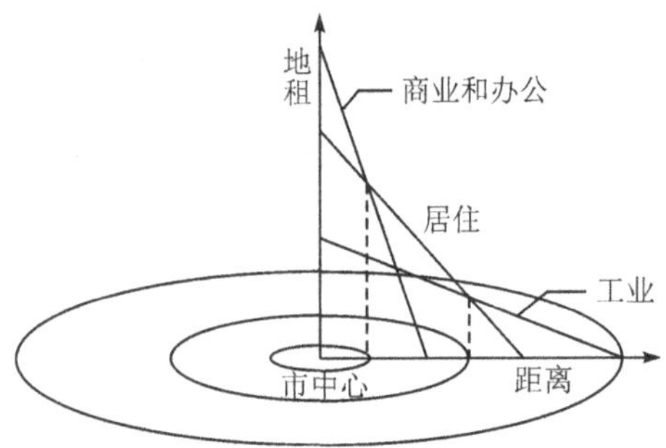


图 2.2　区位、地租和土地使用的空间分布图

(资料来源：阿朗索. 区位和土地利用：地租的一般理论[M]. 梁进社，等译. 北京：商务印书馆，2007.)

**2. 城市空间结构理论中的强度区划思想**

同心圆理论、扇形理论与多核心理论三大城市空间结构理论同样遵从城市经济学原理，城市经济发展变化所产生的效应形成了相关城市的集聚点，同时影响到整个城市结构的变化。随着经济活动之间的相互作用，不同空间位置之间形成密切的有机联系，从而造成了城市土地价值差异性。同时经济增长的发生依赖于城市空间，在城市空间结构的差异变化下，土地使用强度也出现差异分布。

**3. 我国对于土地使用强度的相关理论研究**

我国学者对土地使用强度的研究较少，但是近些年逐渐开始了对使用强度区划的研究，其中武汉、深圳等大城市对强度区划研究进行了一系列尝试。周炳中、尧德明等人均构建了土地使用强度的评价指标体系，并通过定量评价对案例进行综合土地使用强度评价[39-40]。唐子来、周丽亚等人从宏观、中观和微观三个层次研究深圳特区的城市强度区划方法体系[41-42]。刘根发等人依据中心城区的人口规模、用地功能布局以及各类基础设施布局等一系列条件，采用 GIS 数据化平台，对上海中心城区土地使用强度进行了研究，并建立了相关土地使用强度模型[43]。

### 2.1.2 土地使用强度的内涵与特征

**1. 城市规划建设用地**

根据《城市用地分类与规划建设用地标准》中对城市建设用地分类标准的规定，城市建设用地共分为八大类用地，如表 2.1 所示。

**表 2.1 城市建设用地分类表**

| 用地代码 | 用地名称 |
| --- | --- |
| R | 居住用地 |
| A | 公共管理与公共服务用地 |
| B | 商业服务业设施用地 |
| M | 工业用地 |
| W | 物流仓储用地 |
| S | 道路与交通设施用地 |
| U | 公用设施用地 |
| G | 绿地与广场用地 |

**2. 各用地特征及相互之间关系**

将各类土地使用控制置身于我国城市规划体系内，在总规、控规的不同层面对土地使用的目的进行分析落实。根据各类用地的使用特征，将 R、B、M、W 四类用地划为“资源消耗型用地”，将 A、S、U、G 四类用地划为“资源供应型用地”。“资源消耗型用地”为需要型用地，“资源供应型用地”为供给型用地[44-45]。针对不同性质的用地，其土地使用的目标也各有千秋，但总体来说，“资源消耗型用地”担负承载市民的城市生活的任务，其目的是提供更加合理舒适的生活环境；而“资源供应型用地”其目的则是为城市建设活动提供支撑的设施，与“资源消耗型用地”建设总量进行协调配置建设(见图 2.3)。

(1)横向衔接方面：控规阶段是将总规阶段所确定的各类用地总量通过土地使用强度转化为各类建设面积。将相应的用地结构比例与人口容量相互配合，可以全面衡量城市用地的情况，更合理地分配使用土地。而人口总量直接指导居住用地总量的确定，是其他各类城市建设用地总量产生的基础。各类用地直接受总规阶段的用地总量控制，每一类用地继承总规阶段的用地总量与设施承载力控制，并通过土地使用强度指标进行约束，确定并输出控规阶段的建设量或用地容量。

(2)纵向制约方面：在总规阶段，各个用地之间存在着一定用地面积的比例关系、布局结构关系，实现用地相互制约、相互影响的平衡状态。控规中八大类城市建设用地之间的制约关系主要是通过其相应的建设总量、设施容量关系的相互作

人口总量
资源、环境容量
建设用地总量

居住用地总量 → 居住用地规模 / 合理的居住用地布局 / 居住用地土地使用强度指标 → 居住建设总量
商业服务业设施用地总量 → 商业服务业用地规模 / 合理的商业设施布局 / 商业用地土地使用强度指标 → 商业服务业用地建设总量
工业用地总量 → 工业用地规模 / 合理的工业用地布局 / 工业用地土地使用强度指标 → 工业建设总量
物流仓储用地总量 → 物流仓储用地规模 / 合理的物流仓储用地布局 / 物流仓储用地土地使用强度指标 → 物流仓储建设总量
公共管理与公共服务设施用地总量 → 公共管理与服务用地规模 / 合理的公共管理与服务用地布局 / 明确服务范围 → 公共管理与公共服务设施建设总量
公用设施用地总量 → 公用设施用地规模 / 合理的公用设施用地布局 / 明确服务水平与黄线范围 → 公用设施容量
绿地与广场用地总量 → 绿地与广场用地规模 / 合理的绿地与广场用地布局 / 明确服务水平与绿线范围 → 生态与安全设施容量
道路与交通设施用地总量 → 道路与交通设施规模 / 合理的道路与交通设施布局 / 明确道路红线范围 → 道路与交通设施容量

资源消耗型
资源供应型
为城市建设活动提供支撑

总规：不同性质用地面积(比例构成、布局结构等) 二维平面均质关系
使用强度
控规：不同性质用地面积(比例构成、空间环境等) 三维立体不均质关系

图 2.3　总规、控规各类城市建设用地关系图

用来实现的。在分层控规编制技术体系中,“资源消耗型用地”的建设用地总量是通过土地使用强度的制定推导出相应的开发建设总量,与“资源供应型用地”的设施容量之间存在一种需求与制约的互馈关系。土地使用强度指标既是各类用地总量平衡的结果,也是实现各类用地由总规的平面布局的协调转变为控规阶段建设

量的指标平衡的关键因素。

本书重点研究交通设施容量与建设用地总量之间的匹配关系。

**3. 土地使用指标、人口分配特征**

土地使用情况在城市总规、控规和修规不同层次的控制要素、标准、指标内容的不同，决定了不同规划层次城市人口分配特征与方式不同。从总规的均质分布，到控规的不均质分布，最后再到修规的更加细致的不均质分布，其衡量指标和标准也不尽相同，其具体特点如表2.2所示。

表2.2 城市规划三阶段的土地使用、人口分配情况一览表

| 规划阶段 | 土地使用指标 | | | 人口分配 | | |
|---|---|---|---|---|---|---|
| | 指标内容 | 衡量标准 | 描述方式 | 衡量标准 | 分配示意图 | 人口分配特征 |
| 总规 | 空间布局、功能分区、总用地面积，土地使用性质，八类建设用地面积，不同性质用地面积构成 | 人均建设用地 | 定性与定量结合 | 人均居住建设用地 |  | 单位居住用地面积人口分配1∶1∶1∶1…<br>二维均质分布 |
| 控规 | 土地使用性质及其兼容性，土地使用强度（高度、密度、容积率），居住建筑总量，基础、公共服务、交通、生态设施的容量 | 人均建筑面积 | 定量为主、定性为辅 | 人均居住建筑面积 |  | 单位居住建筑面积人口分配<br>1∶1∶1∶1…<br>单位居住用地面积人口分配<br>1∶2∶3∶4…<br>三维不均质分布 |
| 修规 | 地块总用地面积，地块总建筑面积，建筑密度、容积率、绿地率、公共绿地面积、人均公共绿地面积 | 空间环境质量 | 空间环境 | 户型建筑面积 |  | 多维不均质分布 |

**4. 土地使用强度核心指标——容积率的概念及内涵**

在土地使用规划的各个阶段，土地使用强度的指标类型及其含义比较多，核心指标为容积率。通过统计，现行城市规划体系中，存在十种以上的容积率指标（见表 2.3），其在各自体系中具有不同的内涵[46-48]。本研究通过相关文献选取和整理容积率指标，结合分层控规的技术体系，确定了土地使用规划各阶段的容积率指标名称（见表 2.4）。

**表 2.3　现行相关容积率概念及内涵一览表**

| 指标类型 | 指标内涵 |
| --- | --- |
| 规划容积率（分区容积率） | 规划容积率对应总规编制工作，反映规划预测的人口和用地规模下的土地使用强度 |
| 管理容积率 | 管理容积率对应管理工作需要，反映某一开发地块内部最低环境容许值的土地使用强度。其值表现为一组对应于不同建筑密度的最大建筑面积与地块面积的比值 |
| 控规容积率 | 控规容积率对应控规编制工作，是在规划容积率和管理容积率双约控制下的适度土地使用强度指标，其地块对应于建筑基地 |
| 基准容积率 | 全称为基准地价容积率，指在基准地价的情况下政府规定的容积率 |
| 项目容积率 | 项目容积率对应项目开发，反映开发用地中所能容许的最大的土地使用强度 |
| 综合容积率 | 综合容积率是经过规划部门审批和认可的容积率<br>综合容积率＝计算容积率建筑总面积/规划建设用地 |
| 毛/净容积率 | 针对特定建设项目所反映的建设容量，毛/净容积率指除去道路与绿化等代征地后的容积率情况 |
| 合理容积率 | 合理容积率就是经济容积率、极限容积率、政策容积率交集的容积率区间 |
| 经济容积率 | 经济容积率是在开发一定用途的宗地时，能取得的最低经济利润（行业法定利润）时得到的容积率大小 |
| 标准容积率 | 标准容积率指在合理容积率区间内从城市设计角度赋予开发地块的容积率 |
| 极限容积率 | 极限容积率是指同时满足地块内部与外部环境容量的容积率区间 |
| 政策容积率 | 为了满足可持续发展的要求，促进城市紧凑发展，政府结合特定的时空条件在制定土地开发政策中规定的最低容积率称为政策容积率 |

表 2.4　土地使用规划各阶段容积率指标一览表

| 土地使用规划阶段 | | 容积率名称 | | 容积率指标内涵 |
|---|---|---|---|---|
| 总规 | | 城市毛容积率 | | 描述城市总的平均土地使用强度 |
| 控规 | 片区层次 | 控规容积率 | 平均容积率 | 描述片区整体平均土地使用强度 |
| | 管理单元层次 | | 基准容积率 | 描述单元平均土地使用强度 |
| | 地块层次 | | 容积率 | 描述具体地块容积率 |
| 修规 | | 项目容积率 | | 描述修规中实际建设容积率 |

### 5. 分层控规中土地使用强度特征

在满足总量一致的前提下，土地使用强度在土地使用的各个阶段都呈现出不同的特征，具体在控规阶段主要体现在片区、管理单元与地块三个层次(见表 2.5)。

首先，在片区层次，由于要满足总规在强度分区的要求，土地使用强度主要以继承总量为主，而呈现出整体均匀分布的特征。

其次，在管理单元层次，土地使用强度由于进一步细化的用地性质、不同的人口分布而造成了差异化分布，但在各个管理单元内部还是呈均匀分布状态，单个片区内的各个管理单元总量和与该片区总量相当，呈现出内部均匀、外部差异化的特征。

最后，在地块层次，由于现状要求以及其他因素影响而出现明显差异化分布，但仍满足总量一致的原则。

表 2.5　土地使用强度在控规三层面的特征一览表

| 城市规划阶段 | | 强度分布 | 容积率特征 |
|---|---|---|---|
| 控规 | 片区层次 | 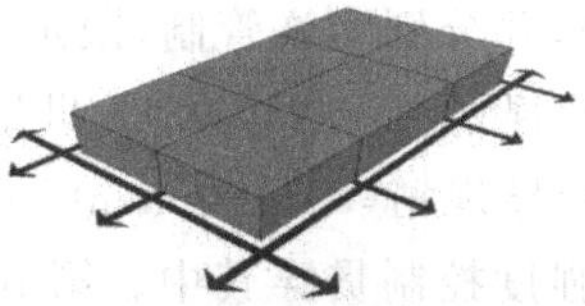 | 继承总规对于分区分配的用地总量，片区内部相同用地性质的用地具有相同容积率 |
| | 管理单元层次 | 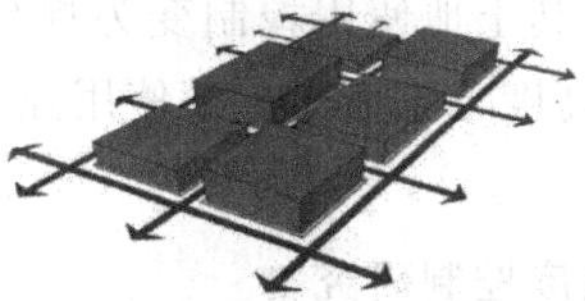 | 受片区总量约束，管理单元之间呈现差异化分布，内部则表现为均匀分布的基准容积率 |
| | 地块层次 |  | 受管理单元总量约束，地块之间呈现差异分布的容积率 |

**6. 评述**

根据上述内容，城市规划三阶段中土地使用规划具有以下特点：第一，三阶段不连续性。城市规划三阶段有不同的编制主体、年限等要求。第二，不同的指标内涵特征。土地使用规划的控制要素、标准、指标内容等编制特征不同，导致各阶段土地使用指标与人口分布特征的不同，同时土地使用强度也在控规阶段呈现出不同的特征。第三，指标“自上而下”的传递性。从总规到控规再到修规，三阶段的土地使用规划指标“自上而下”地传递，三阶段之间不可互动，直到下一个规划周期开始。从以上特点来看，这也将决定不同阶段的交通规划内容与指标控制的不同，如何使控规阶段土地使用强度指标与交通规划指标协调互动，推动控规阶段二者的一体化发展，就需进一步研究。

### 2.1.3 土地使用强度控制研究

**1. 相关控制技术研究**

控规阶段对土地使用强度的控制技术研究主要有：第一，德国的建设规划图则。德国是最早启用土地使用强度控制制度来解决城市问题的国家，赋予规划图则以法律效力来控制建设密度，以此控制地价。其主要内容涉及城市土地使用性质、控制建设强度和建筑体积（容积率）。第二，美国的区划制度。美国的区划制度始于纽约的 1916 年区划法（*The* 1916 *Zoning Resolution*），其对使用强度的控制方式是通过法规条例来确定各分区范围和利用方式，进而确定容积率指标，以此达到限制土地使用和产业发展的目标。第三，日本的使用强度控制制度。由于受到美国的影响，日本对于城市土地使用强度也采用区划法进行约束，根据不同土地使用方式对城市化地域进行划分，并分别实施管制，限定其最大容积率和最大建筑密度。第四，新加坡的开发指导规划。新加坡从 20 世纪 90 年代开始逐渐建立概念规划（concept plan）和开发指导规划（development guide plan，简称 DGP）的二级发展规划体系，将土地使用强度控制贯穿其中。第五，中国香港城市开发控制图则。香港的紧迫用地条件使其土地使用控制变为规划的重中之重，总体上主要从用地分类、基地位置和建筑高度三方面对土地使用强度进行控制，其控制指标主要为建筑面积密度和建筑密度[33]。

**2. 控规阶段土地使用强度控制研究**

近年来，国内学者关于土地使用强度控制主要进行了三个方面的研究。在分层控规体系方面，蔡震、汤海孺、任凯、韦冬等人提出在控规阶段应引入自上而下的分层控规编制方法，同时强调对土地使用强度实行分层控制，并引入总量控制的控规体系[49-52]。在土地使用强度内涵方面，咸宝宁、段兆广、黄明华等人对容积率概念进行辨析与界定，总结出在现行城市规划体系中存在的十种以上的容积率概念，在不同类型的规划中具有不同的内涵，并在此基础上提出科学合理地确定容积率数值的方法[53-55]。在分层控规土地使用强度控制方面：刘慧军等人对容积率分层控制的机制进行了探讨[56]；徐芳提出立足控规分层体系中的单元层面土地使用强度确立方法，并建立相应模型，为各层次土地使用强度的控制提供依据[33]；孙峰等人认为控规中土地使用强度的确定应充分考虑对于总量的继承，从而避免合成谬误[57]；丁亮等人提出运用 GIS 平台对空间进行量化分析，建立土地使用强度基准模型[58]。

**3. 小结**

对于土地使用强度的研究主要体现在对强度区划与密度分区层面，而在控规阶段的土地使用强度的研究方面，学者们分别从分层控规体系、土地使用强度内涵与控制三方面展开，通过建立模型使土地使用强度指标更加科学合理。这些研究为推进强度控制理论的应用提供了理论基础和可借鉴的技术路径，但结合国内不同城市特点进行的研究不多见也暂未普及，其应用推广仍需较长的实践和论证过程。

### 2.1.4 评述

从理论层面看，西方学者关于土地使用强度的理论研究主要为城市区位理论与城市空间结构理论方面，国内研究主要集中在城市强度分区和密度分区方面。

从技术层面看，城市规划不同阶段导致不同的土地使用和人口分布特征，特别在控规阶段土地使用强度在三个空间层次也具有互动作用。交通规划作为控规土地使用指标量化的重要影响因素，如何使控规阶段土地使用强度指标与交通规划指标协调互动，推动控规阶段二者的一体化发展，就需进一步研究。

## 2.2 有关交通容量的理论研究

### 2.2.1 交通容量的内涵研究

交通容量分析是一种科学判断城市土地使用与交通设施承载力协调关系的定量分析工具，交通容量由路网容量、公交网络容量和停车容量三部分组成[5]。

**1. 路网容量**

国外关于路网容量的描述出自美国《道路通行能力手册》，对其定义为“在给定的单位时间里，在受交通控制的道路某点或断面处，车辆或行人能合理通过的最大数量”。而在国内陈春妹等学者的研究成果中将路网容量分为理想路网容量和实际路网容量两种[59-60]。杨涛等学者也提出了城市道路网广义容量概念[61-62]。

根据上述对于路网容量的描述，本书给出路网容量的定义：在一定的地域范围内，在理想的道路和交通条件下，在考虑局部用地性质及路网结构特征、交通个体的自身特性、服务水平和环境约束的前提下，交通个体严格根据自己的路权使用道路资源，单位时间内道路网关键断面能够通过的最大个体车辆数[63]。

**2. 公交网络容量**

行驶在城市地区各级道路上的公共客运交通方式，统称为城市道路公共交通。城市道路公共交通分为常规公共汽车、快速公共汽车、无轨电车、出租汽车等[64]。而关于公交网络容量的定义，李江在所著的《交通工程学》一书中将公共交通客运能力定义为"一定时期内在规定的运行条件下，排除不合理的延误、意外事故或限制，通过一定地点可运送人数的最大值"[65]。刘韵、刘锐、汪应洛等学者从狭义和广义两个角度来定义城市公交网络容量[66-68]，而广义比狭义更加完善地分析了城市公交网络的容量。

由于公共汽车与其他汽车共用车道，居民使用公共交通出行有明显的潮汐现象，所以通过固定地点的人数最大值具有较大的不稳定性。并且交通规划各个层次容量表现形式不同，大区强调出行人数，小区强调站点设置，所以本书给出公共交通容量的定义：在理想的天气和气候条件下，在理想的道路和交通条件下，确定区域的公共交通设施按规定服务水平和常规运营水平，在单位时间内所能实现的公共交通最大周转量。出于对研究普遍性和适应性的考虑，本书对公共交通容量的研究不考虑轨道交通，主要特指常规公共交通容量。

**3. 停车容量**

停车容量指各类停车设施在预计的经营模式和预期的停车特征条件下，在单位时间内所能提供的最大停车服务次数。停车容量确定要考虑相应片区的社会、经济、交通、环境等发展态势，结合土地使用强度，合理预测停车需求量。

### 2.2.2 交通容量的理论研究

**1. 国外相关理论研究**

早在 20 世纪 70 年代，国外对交通容量就进行了大量的研究，并取得了丰富的研究成果。Iida、Asakura、Akamatsu 等学者通过简单的分配技术和路网容量模型，深入研究了路网容量的具体算法[69-71]。因为路网容量是交通容量中的一部分，其分析方法现已形成如时空消耗法、线性规划法、图论法、两层极值法和供应分析法等几种较为成熟的理论体系。美国是对路网容量研究最早的国家，主要成果是由普林斯顿大学教授 Ford 和 Fulkerson 基于图论提出的网络最大流模型，并给出了求解网络最大流的第一算法——标号法。Buchanan 和 Smeed 解决了网络物理与环境的通行能力之间的关系[72-73]。Hai Yang、Michael G. H. Bell、Qiang Meng 提出了双层规划法。日本的研究方法和思路与美国相似，京都大学的教授饭田恭敬运用图论法和交通分配法分别对路网的通行能力和路线选择下路网的最大通行能力进行了研究[74]。法国工程师路易斯 · 马尚提出了"城市空间与时间消耗”的概念，为路网容量研究提出了新的解决思路[75]。

**2. 国内理论模型研究**

我国城镇化进程在20世纪90年代至21世纪初期经历了前所未有的高速发展时期。随着城市的发展，土地使用供需矛盾问题也日益凸显，大量的研究学者投入相关问题的研究中，尤其在交通承载力方面取得一定的研究成果。杨涛和陈春妹是国内较早研究路网容量的学者之一，主要对路网容量的概念及模型进行了研究[59,61]。王振报等对路段的环境交通容量进行了分析并提出计算模型[76]。冷军强等人建立了基于服务水平约束的路网容量可靠性双层规划模型[79]。谢辉等人建立了复合交通系统容量的超级网络分析评估模型[78]。周溪召在给定时期和道路流率的前提下，通过确定路段承载力和出行时间、路径的方式，建立了动态网络承载模型[79]。杨晓萍、程琳等学者建立了理想条件下的城市道路网容量计算思路与模型[80-81]。况爱武以均匀分布的路段容量为前提，通过分析退化路网中路段行程时间的随机变动，构建了概率用户均衡交通分配模型[82]。

### 2.2.3　有关交通容量的主要模型与方法分析

目前，西方学者关于交通的理论模型与方法包括出行产生吸引模型、交通分布模型、交通方式划分模型、交通网络配流模型、交通需求预测的联合模型等。

其中，出行产生吸引模型用于预测总出行产生量和吸引量。20世纪50年代初期，出行生成预测大多采用增长系数法[83]。在交叉分类法提出并广泛应用以前，美国大部分城市交通规划中都采用线形回归模型[84]，此后出行产生吸引预测模型与方法的研究应用更趋于细化[85-87]。交通分布模型中以重力模型[88-89]和增长系数法最为典型。交通方式划分模型主要分为集计模型[90-91]和非集计模型[92-93]两种。交通网络配流模型在发展初期多采用全有全无分配法，后来建立的增量分配法、连续平均法、容量限制配流模型均以此为基础[94]，对于网络配流模型的求解目前常用的是Frank等提出的F-W算法。关于交通需求预测的联合模型已有不少学者开展了大量的探索工作，Florian[95]构建了基于交通分布和用户最优的交通分配联合模型，此后Florian[96,97]、Aashtiani[98]、Magnanti[99]、De Cea[100]等均针对交通需求预测的联合模型进行了大量的研究工作，提出了诸多有益思想。

本书对国内外关于交通容量主要模型的研究从路网容量、公交网络容量和停车容量三方面展开。其中，路网容量模型分为时空消耗法、数学规划法、割集法、交通分配模拟法和宏观供需平衡法五种，公交网络容量模型分为基于公交停靠站通行能力和基于公交车运营能力计算公交线路通行能力两种方法，而停车容量分为停车率模型、相关分析模型、交通量-停车需求模型和出行吸引模型四种[101-104]。各模型的主要方法介绍和方法评述如表2.6所示。

表 2.6　国内外关于交通容量的主要模型与方法一览表

| | 模型方法 | 主要内容 | 方法评述 |
| --- | --- | --- | --- |
| 路网容量模型 | 时空消耗法 | 路易斯·马尚提出将城市道路网络视为在时间和空间两个维度上延展的容器，总时空容量与单个交通实体动态地占用道路设施的时空消耗量之比就是路网的交通容量 | 概念清晰、形式简单，但关键参数只能通过实际调查方法获得，且城市之间指标移植性差，无理论依托，使得时空消耗法难以在具体规划实践研究中直接应用 |
| | 数学规划法 | 基于路段通行能力的限制，求取路网的最大流。其中最主要的是双层模型法 | 将路网的供需平衡纳入一个系统寻优的过程中，具有理论上的完备性，与实际路网运行状态最为接近。但是由于模型结构过于复杂，计算需要借助智能启发式算法从而限制了该方法的使用 |
| | 割集法 | 该方法是运用图论中的“最小割-最大流定理”对抽象成图的路网进行容量分析的一种方法。这种方法是在假定已知各路段交通能力的基础上，将路网归并为一个单收点、单发点的理想简单图，并通过寻找路网瓶颈（即最小割集合）来确定网络的总容量 | 具有较为坚定的理论基础，且有大量的成型算法可以直接套用，使用该方法确定路网容量能够同时找到路网的瓶颈所在，为路网规划方案的进一步优化指明方向。但由于实际中的路网是多出发点、多收点的复杂网络，因此会造成测算值低于使用实际的问题，计算也相对复杂 |
| | 交通分配模拟法 | 交通分配模拟法的实质是将图论与交通分配相结合的方法 | 考虑了交通需求量以及交通流量在各路段之间的不均衡分布，因此更接近于实际交通网络的情况。但是由于其计算过程复杂，与实际择路行为有偏差，会造成对于迂回路线没有限制等问题 |
| | 宏观供需平衡法 | 该方法考虑在宏观状态下的供需匹配因子（与服务水平等级对应）$\varepsilon = T/D$。其中，$T$ 为总交通需求量，$D$ 为总交通供给量。那么在供需大致匹配的条件下，从总需求量便可反推出需要的总供给容量 | 供需平衡法思路简单、易行，但由于没有考虑不同路段之间的交通流分布的不均衡性，因而计算结果与实际存在一定差距 |

续表

| | 模型方法 | 主要内容 | 方法评述 |
| --- | --- | --- | --- |
| 公交网络容量模型 | 基于公交停靠站通行能力的测算法 | 公交线路通行能力受沿线各站通行能力的制约，其中通行能力最小的停靠站是控制线路通行能力的站点，停靠站的通行能力取决于车辆占用停车站的时间长短 | 该方法取决于车辆占用停车站的时间长短，计算简单、结果准确，是最为常用的方法，但需要通过大量调研获取基础资料 |
| | 基于公交车运营能力的测算法 | 基于公交车运营能力的方法是以公交车的实际运营能力来计算公交线路最大通行能力的 | 该方法考虑了公交车实际运营能力，对影响因素把握较为全面，且计算简单，只需调研车辆运营的基础数据，其计算精度已能满足要求。但模型中的系数确定具有一定随意性，且各个城市的参考性不大 |
| 停车容量模型 | 停车率模型 | 该模型是建立在土地使用性质与停车需求的产生率的关系上的，其基本原理是研究区域内各种不同的土地使用功能所产生的不同停车需求生成率，而区域总停车需求量等于这些单个地块吸引量的总和 | 作为停车设施需求预测中较为严格和科学的方法，在目前很多城市停车的规划中都被采用。该模型的优点是可以根据不同用地类型进行不同自变量的回归分析，计算结果相对准确。但该方法对于规划年各土地类型的停车生成率难以把握，因此预测周期不宜过长，并且更适用于规划年土地使用变化不大的城市研究区域 |
| | 相关分析模型 | 相关分析模型旨在建立停车需求量与城市经济活动及土地使用变量之间的函数关系，即 $P_i = A_0 + A_1 X_{1i} + A_2 X_{2i} + A_3 X_{3i} + A_4 X_{4i} + A_5 X_{5i} + \cdots$ 式中，$P_i$ 为预测年第 $i$ 区的高峰停车需求量(标准泊位)；$X_{1i}$ 为预测年第 $i$ 区的工作岗位数；$X_{2i}$ 为预测年第 $i$ 区的人口数；$X_{3i}$ 为预测年第 $i$ 区的建筑面积；$X_{4i}$ 为预测年第 $i$ 区的零售服务业人数；$X_{5i}$ 为预测年第 $i$ 区的小汽车注册数；$A_i$ $(i=0,1,\cdots)$ 为回归系数 | 该模型突出了城市内人口、建筑面积、职工岗位数等对停车设施需求影响较大的参数。由于不同类型用地的停车生成率往往是土地使用、人口、交通量等因素的交互结果，它们之间又相互影响，仅采取将各地块停车需求产生率简单相加的方法未必完全适用。类似模型将各土地使用因素作为整体进行回归分析，更适用于对一个大型、综合区域或整个城市进行预测。而对于复杂区域，其相关变量较多，模型精度会受到影响 |

续表

| 模型方法 | | 主要内容 | 方法评述 |
|---|---|---|---|
| 停车容量模型 | 交通量-停车需求模型 | 该模型建立的基本思路是任何地区的停车需求必然是到达该地区行驶车辆被吸引的结果，停车需求泊位数为通过该地区流量的某一百分比。如果该地区用地功能较为均衡、稳定，则预测结果较为可靠 | 该方法将宏观停车需求分析与动态交通预测相结合，得到研究区域内机动车出行的停车率。但该模型无法具体得到区域内每一土地使用的停车设施需求量。因此通常作为验证其他预测模型计算结果的有效方法 |
| 停车容量模型 | 出行吸引模型 | 基本思路是由于停车需求与地区出行吸引量有直接关系，如能获得地区的出行吸引量，则根据出行方式的比例，可换算成实际到达的车辆数，再根据高峰小时系数，可换算成高峰小时机动车停车需求量。该模型的关键是确定交通方式的比例和汽车的乘载率 | 该方法是在总规确定的用地规划和交通规划提出的城市交通发展战略的基础上预测高峰停车需求量，是宏观控制需求量，对城市动静态交通系统形成具有引导和指导作用。因此该方法较为适用 |

从表2.6研究可知，当前常用的测算路网容量的五种方法模型都难以适应于“分层控规中城市土地使用强度与交通容量协同优化”的研究实际；当前直接计算公交网络容量的模型较少，只能借助计算公交线路通行能力方法来实现对容量的计算，根据对两个方法的对比评优，本书选用基于公交车运营能力的计算方法；停车容量计算方法选用出行吸引模型。

### 2.2.4 评述

交通设施容量由路网容量、公交网络容量和停车容量三部分组成。国外对交通容量理论与模型的研究起步较早，模型研究对象多为城市巨系统，模型大部分存在费用大、周期长、预测性差等缺陷，约束了模型的灵活性，同时为了简化模型计算，大多假设城市为单中心结构，与实际有一定出入[105]。同时一个模型的建立往往针对某个城市的具体特征，实证性强但成果可移植性差，并且模型的建立需要大量基础数据的支持。而我国学者在近二十年的研究中也取得了一定的成就，但大多数研究成果主要是在参照国外研究经验的基础上，对其模型进行改进，缺乏一定的原创性。

## 2.3 有关土地使用强度与交通容量一体化的理论研究

### 2.3.1 一体化的理论研究

**1. 一体化的早期理论研究**

早期对城市土地使用与交通关系的认识并没有将其作为专门的课题研究，而只是作为经济和社会的理论研究中的辅助产物，有一些局限的成果。其中，德国古典经济学派提出的区位理论，将交通作为影响土地区位优势的主要因子进行了研究，为之后的理论研究奠定了基础，其主要针对农业、工业、中心商业区的区位要求和市场特征这四类提出了区位理论[106]。芝加哥学派探讨的土地利用三模式理论主要从人文生态角度研究城市结构，强调人文活动对城市空间的作用，交通成为土地利用模式形成的基础，包括同心圆模式理论（1925 年）、扇形模式理论（1939 年）、多核心模式理论（1945 年）[107]。20 世纪 60 年代的城市空间经济学理论、行为学理论也对二者之间的相互作用关系从各方面进行了研究论证[108]。最终我们发现，其实二者的关系研究并不是解决问题的关键，如何将其协调统一才是研究的重要目标。其中比较有代表性的是英国学者汤姆逊提出的强中心战略、完全机动化战略、弱中心战略、低成本战略和限制交通战略[109]。

**2. 土地使用模式和城市交通发展策略研究**

从城市土地使用强度主张的角度看，现代城市规划理论主要分为三类，即分散主义、集中主义和折中主义，不同的理论对应着不同的土地使用模式和不同的城市交通发展策略[110]（见表 2.7）。

从土地使用规划相关理论研究来看，西方城市规划理论在关于土地使用规划相关理论方面一直存在着争论，不同的理论思想对应着不同的土地使用模式，不同的土地使用模式又具有不同的交通发展策略，而如何协调土地使用模式与交通之间的关系也成为理论界共同关注的问题之一，它在很大程度上关系着城市的运转效率[111-113]。

表 2.7　国外关于土地使用模式和不同的城市交通发展策略一览表

| 理论 | 代表人及其理论或方案 | 土地开发主张 | 交通发展主张 | 主要案例 | 理论指导下的交通发展战略 |
|---|---|---|---|---|---|
| 分散主义 | 赖特的“广亩城市”方案 | “分散化”是“人类天赋的几种基本权利”之一，认为是一种城市发展的必然 | “在汽车和廉价电力遍布各处的时代里，已经没有将一切活动都集中于城市中的需要，而最为需要的是如何从城市中解脱出来，发展一种完全分散的、低密度的生活居住就业结合在一起的新形式，这就是广亩城市。” | 美国郊区化：洛杉矶、底特律、丹佛、盐湖城、旧金山等 | 完全机动化战略：方格状的道路网，由高速路、干道和普通道路组成，以连接若干市郊中心，使机动车尽可能畅通无阻。<br>弱中心战略：市中心规模较小，交通主要靠小汽车，有通过能力很大的环线为其服务，郊区中心多形成于环路与放射路交叉的地方 |
| 集中主义 | 勒·柯布西耶密集城市的模式：《明日的城市》(1922)和《光辉城市》(1933) | 主张在城市中心建高层建筑，用增加建筑层数来减少建筑密度，以增加道路宽度和绿地，并增加公共设施 | 增加道路面积，形成强中心的交通网络 | 欧洲、亚洲一些高密度开发的城市，如新加坡、东京、香港等 | 强中心战略：有一个强大的由道路和铁路组成的放射状交通网；除近市中心区外，设有高速路连接这些放射状线路；通常有一个容量很大、站距短、车次多、密布市中心的地铁网 |
| | 彼得·卡尔索尔普、安德雷斯·杜安伊与伊丽莎白·普拉特·兹伊贝克的“新城市主义” | 土地使用沿公交站点相对集中 | 提倡公交方式，由公交网络引导新的相对集中的土地开发(TOD)或强化传统的邻里街区的开发(TND) | 库里蒂巴、马里兰等 | 交通引导土地使用开发战略：通过公交系统组织沿线主要交通站点开发 |

续表

| 理论 | 代表人及其理论或方案 | 土地开发主张 | 交通发展主张 | 主要案例 | 理论指导下的交通发展战略 |
|---|---|---|---|---|---|
| 折中主义 | 沙里宁的“有机疏散”理论 | “对日常活动进行功能的集中”和“对这些集中点进行有机的分散” | 通过用地的有机组织缓解郊区与市中心之间的交通压力 | 伦敦、维也纳等 | 限制交通战略：有意识地通过加强城市功能的有机性组织，缓解交通压力，对交通量加以限制。城市由多级中心组成，有很好的公共交通为这个市中心服务，并有一个公共交通网络将其他各级中心连接起来 |

资料来源：周素红，杨利军．城市开发强度影响下的城市交通[J]．城市规划学刊，2005(2)：75－80.

### 2.3.2 一体化技术模型研究

土地使用强度与交通容量一体化模型侧重于揭示土地使用强度与交通容量之间的相互作用关系，为指导交通与土地使用协调发展提供依据。国外对于城市土地使用与交通关系的模型研究始于1964年劳瑞(Lowry)重力模型的提出。Lowry重力模型是将人口、就业、零售的空间分布和土地使用融合于一个不断重复的迭代过程[114]。从20世纪80年代开始，关于两者一体化模型的研究迅速发展，产生了一系列以重力模型为基础的关系模型，其中以ITLUP模型(1991)为代表。ITLUP模型是建立在DRAM模型(非集聚居住分配模型，1983)与EMPL模型(就业分配模型，1991)之间的软件包，包含两种模型的互动反馈机制，并在软件平台中实现了土地使用与交通的“一体化”。如果从建立模型所采用的学科理论与方法看，还有以下五种基本类型[115]，如表2.8所示。

**表2.8 城市土地使用和交通一体化模型的五种基本类型一览表**

| 类型 | 代表模型 | 功能 |
|---|---|---|
| 基于数学规划的模型 | POLUS模型(1986年) | 应用数学模拟方法来描述复杂的交通-土地使用关系 |
| 基于空间投入产出方法的模型 | MEPLAN模型(1993年) | 把基于投入产出分析理论的多元空间模拟技术应用于劳瑞模型来刻画交通-土地使用之间的复杂关系 |
| 基于社会经济学理论的模型 | CAM模型(1989年) | 在城市经济原则的基础上，综合多种方法建立交通-土地使用之间的复杂关系 |

续表

| 类型 | 代表模型 | 功能 |
| --- | --- | --- |
| 基于微观模拟的模型 | MASTER 模型(1990 年) | 以家庭为单元,研究住房就业等土地使用因素和交通系统的相互关系 |
| 系统综合优化法 | LNDP 模型(1978 年) | 基于费用、效率等原则,考虑用地与交通网络同步优化问题 |

资料来源:张冠兰.城市土地利用与城市交通协调发展评价研究[D].天津:天津大学,2011.

### 2.3.3 一体化实证研究

**1.国外实证研究**

经历了模型热潮后,国外研究人员从实证角度出发,对理论模型研究进行了实践应用,以验证其有效性,同时也为理论模型的发展与改进提供了依据。

规划实践:自 20 世纪 70 年代,在郊区出现了有史以来最为繁荣的建筑热潮,郊区呈爆炸式蔓延开来,由此带来的经济和社会问题使得公交组织城市与区域空间发展模式受到重视,步行邻里街区模式(PP)、公交导向土地开发模式(TOD)、传统邻里街区开发模式(TND)等模式就被倡导开来,并被付诸实践(见表 2.9)。

**表 2.9 几种基于公共交通的土地开发理念一览表**

| 项目 | 步行邻里街区 | 公交导向土地开发 | 传统邻里街区开发 |
| --- | --- | --- | --- |
| 倡导者 | 彼得·卡尔索尔普 | 彼得·卡尔索尔普 | 安德雷斯·杜安伊与伊丽莎白·普拉特·兹伊贝克 |
| 战略实施层面 | 区域 | 区域或市区 | 市区 |
| 规划原则 | 功能分区 | 适度密集、混合开发 | 混合开发 |
| 土地使用 | 交通站点周边半径 400 m 范围内发展功能相对单一,但与其他节点具有一定职能分工的活动区 | 交通站点周边半径 600 m 范围内发展具有一定规模和密度、功能混合且紧凑开发的活动区 | 城市内以传统的街区或城镇为单位,在交通站点周边 400 m 范围内发展具有一定规模和密度、功能混合的活动区,活动区之间通过绿化隔离控制规模 |

续表

| 项目 | 步行邻里街区 | 公交导向土地开发 | 传统邻里街区开发 |
|---|---|---|---|
| 交通组织 | 通过一个交通系统联系上述活动区，在区域内形成有机整体，区间采用公共交通，区内采用步行交通 | 由公共交通系统联系上述活动区，各活动区在宏观上具有一定等级体系，但内部职能相对独立 | 由公共交通组织街镇之间的关系，保持街区的历史传统和有机性 |
| 交通与土地使用共同点 | 土地使用适当高密度开发，控制活动区范围；区间采用公共交通方式组织，区内多采用步行方式 | | |

资料来源：杨励雅.城市交通与土地利用相互关系的基础理论与方法研究[D].北京：北京交通大学，2007.

管理实践：到了20世纪80年代，土地使用与交通的综合管理受到重视。在交通需求管理方面，美国及新加坡的管理实践表明，通过交通需求管理的方式确定能够有效提高交通系统的效率，促进交通与土地使用之间的协调发展[116]。此外，国外研究人员还通过土地使用与交通需求的结合，实现了土地使用与交通需求的一体化管理。

典型案例：丹麦哥本哈根的“手指型规划”、荷兰的ABC政策、新加坡的土地与交通一体化规划与TDM措施都是国外在土地使用与交通系统一体化规划与管理方面的经典案例[117]。

**2. 国内实证研究**

1）城市规划系统与交通规划系统的对接

从目前“两规”的对接层次分析，在城市总规阶段，综合交通规划与城市发展布局、功能分区、用地规模等内容互动与协作，共同支撑城市空间结构。在控规阶段，重点关注土地使用性质、使用强度等方面与交通设施在时间和空间上的匹配关系，作为修规阶段土地使用性质、容积率等控制指标确定的技术依据之一[4]。为确保土地使用规划与交通规划的同步协调，交通专项规划与用地功能控制要求、用地指标等强制性内容确定之间进行相互沟通和反馈，校核土地使用强度。在修规阶段，交通影响评价重点关注具体工程项目“开发前”和“开发后”对交通状况的评价，优化交通流线与设施组织[118]（见图2.4）。

2）控规阶段交通规划实践

规划编制实践：一些大城市如北京、宁波、深圳、上海等城市对于控规阶段中交通影响分析（评价）提出设想，并落实到具体的规划编制工作当中，通过分析具有代表性的规划编制实践案例，提出各规划借鉴之处[6]（见表2.10）。由此可知控规阶段交通规划实践应以“交通引导”与“分区调控”为原则，在实施“分层分区”控制的基础上进行各层次交通承载力分析。

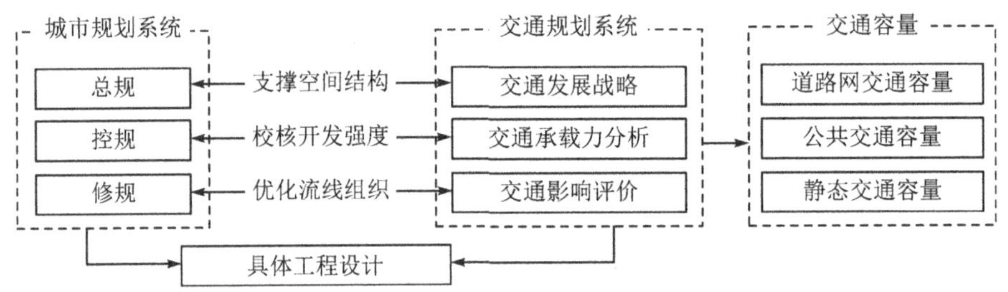


图 2.4　土地使用规划与交通规划对接层次分析图

**表 2.10　各地控规阶段交通规划编制实践案例一览表**

| 城市/省份 | 编制技术规范 | 内容借鉴 |
| --- | --- | --- |
| 北京 | 《北京新城控规编制要求》 | 提出新城、片区、街区、地块不同层次交通开发控制内容 |
| 江苏 | 《江苏省控制性详细规划编制导则》 | 以“交通引导”与“分区控制”为原则，加强交通供给及组织方式与土地使用的相互适应分析，根据交通影响对用地功能、使用强度、相关设施布局等进行校核、反馈 |
| 宁波 | 《宁波市交通影响分析(评估)编制与管理暂行办法》 | 在核算交通承载力的基础上，对规划土地使用强度与道路交通设施的配置提出建议和要求，并将交通影响分析与改善措施结论纳入控规编制文本中 |
| 深圳 | 《深圳市交通影响评价管理办法》 | 在编制和修订控规(法定图则、发展单元规划、更新单元规划等)及以下层次的城市规划时都需做交通影响评价 |
| 上海 | 《上海市建设项目交通影响评价技术标准》 | 对选址阶段的建设项目应结合控规进行交通分析评估工作 |
| 南京 | 《南京市控制性详细规划编制技术规定》 | 形成指导规划实施管理的全覆盖的基本图则，将交通基础设施控制纳入强制性内容 |
| 济南 | 《济南市控制性规划编制技术导则》 | 提出片区、街坊、地块不同层次交通规划控制内容 |

典型案例:《北京中心城控制性详细规划》《宁波市江北核心区控制性详细规则》《苏州高新区狮山片控制性详细规划》《邯郸市中心城区控制性详细规划(单元

层面)》等均在编制过程中探索性地实现了控规土地使用规划与交通规划的协调发展。

### 2.3.4 评述

从基础理论上看,土地使用与交通一体化关系的早期研究主要表现为区位理论、土地利用三模式、空间经济学理论和行为学理论等理论,研究领域主要为经济学与社会学,而城市规划领域较少。

在理论研究方面,国内外对土地使用强度与交通容量的一体化问题一直比较关注,并在理论模型和实证管理层面取得丰富成果,但国内尚处于起步阶段,相关研究体现为互动研究多、互制研究少,静态研究多、动态研究少,模型和方法引进多、原创性少,应用中定性多、定量少等特点。

从技术模型上看,国外关于土地使用与交通相互关系的理论模型研究,起步较早且成果丰硕。但是由于这些模型涉及经济学、社会学等多学科的交叉,在实践中两者关系涉及的影响因素与自变量较多且复杂,缺乏可操作性。因此这些土地使用与交通一体化模型很难应用于规划实践中[119]。同时由于在发展特征上我国城市不同于西方国家城市,在进行城市土地使用与交通协调关系评价时,不能照搬国外在相关研究中常用的评价方法和指标体系。

从实证研究上看,国外在一体化关系实证研究方面积累了丰富经验,在土地使用与交通一体化规划与管理中取得了巨大成效。然而两者一体化实践管理在我国尚处在起步阶段,只有少数城市有所涉及,大多城市尚未实现控规土地使用与交通的有机协调。应尽快建立理论与实践的快速反馈机制,不断积累理论研究成果,推进城市土地使用与交通的一体化协调发展[110]。在实践中,控规与交通规划在编制过程中,由于两者在规划目标、价值体系、内容方法上的冲突,以及现阶段控规中交通规划的深度不足或编制时效不匹配,交通规划的编制未能针对控规土地使用的功能体系的需要,定量化、针对性地协调交通承载力与土地使用类型、强度、分布的关系,提供及时有效的反馈[120]。

## 2.4 综合评述

国内外学者关于土地使用强度、交通容量及土地使用强度与交通容量一体化理论研究,无论是在理论模型还是在规划实践上,均取得了丰硕成果。从上面众多国内外研究成果来看,控规阶段土地使用与交通关系在学界、业界目前基本达成以下共识:第一,总量分层约束。有关城市总规(宏观)、控规(中观)、修规(微观)各阶段总量存在自上而下的传递和约束关系,而中观控规分层次进行二者的互馈量化研究具有更为实际的数据支持,以此为控规制定与管理提供技术支撑。第二,互动与互制。城市土地使用与交通既呈现“转轮式”的“互动”机制，也受到资源、环境承载力、用地规模、人口的约束。第三，供需平衡。既不应以供定需，也不应以需定供，而应以不同城市发展目标总量和服务水平定供需。第四，均衡与不均衡。土地使用强度不均衡导致的交通需求时空分布处在非均衡状态之中，供需均衡状态是一种理想情况，现实交通系统很难达到均衡状态，实际的交通供需关系普遍处在非均衡状态之中[121]。

因此，应不断积累研究成果，建立土地使用规划与交通规划一体化编制方法，特别要在控规阶段推进土地使用强度与交通容量二者协同优化发展，找到土地使用与交通一体化协同优化方法体系及一体化编制技术。

## 2.5 本章小结

根据以上综述与认识，分层控规技术体系为土地使用与城市交通互馈量化研究提供了一个平台，既是这一阶段规划自身的需求，也是我国大中城市土地使用与交通协同发展的需求。本章对国内外有关土地使用强度与交通容量的理论研究进行了归纳整理，并特别对土地使用强度与交通容量两者一体化的相关理论基础研究展开探讨，分析并总结了各自领域的发展历程、研究成果及未来研究方向，为后文研究奠定理论基础。

# 第 3 章　“双向”协同优化方法体系建构

本章主要构建分层控规中土地使用强度与交通容量协同优化理论框架。在控规阶段，其核心是在总规的用地规划基础上对土地使用指标进一步量化控制，其中土地使用强度是核心指标。影响土地使用指标量化的因素很多，其中交通容量对控规土地使用指标量化的影响贯穿于整个控规编制过程中。通过对相关文献的研究和整理，在目标耦合分析、空间层次耦合分析和指标耦合分析的基础上构建了控规土地使用强度与交通容量协同优化方法体系，为本研究建立了理论框架。本章研究框架如图 3.1 所示。

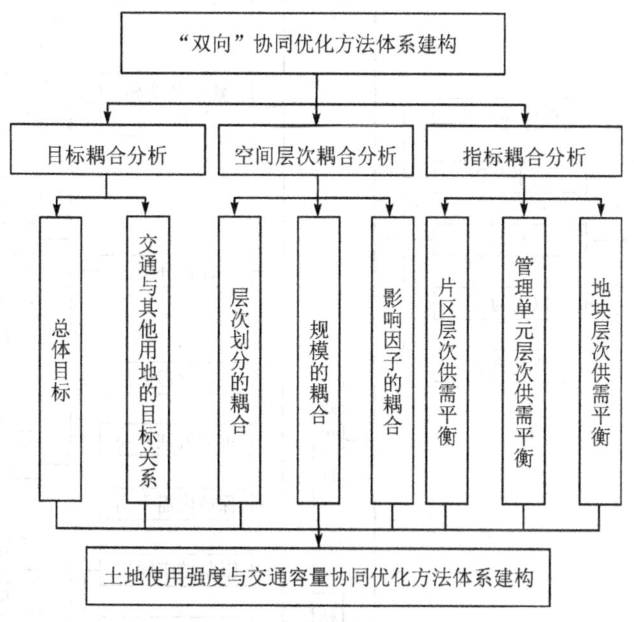


图 3.1　本章研究框架图

## 3.1　土地使用与交通的目标耦合分析

### 3.1.1　总体目标研究

#### 1. 控规阶段土地使用的目标

我国正在进行体制改革，城市政府的主要工作已开始从抓经济建设、抓物质建设转向抓制度建设。控规体系作为政府行为的一部分，其任务和目的也将随之从以建构物质环境为主，转向以建设制度环境和文化环境为主要目标和工作内容。具体目标如图 3.2 所示。

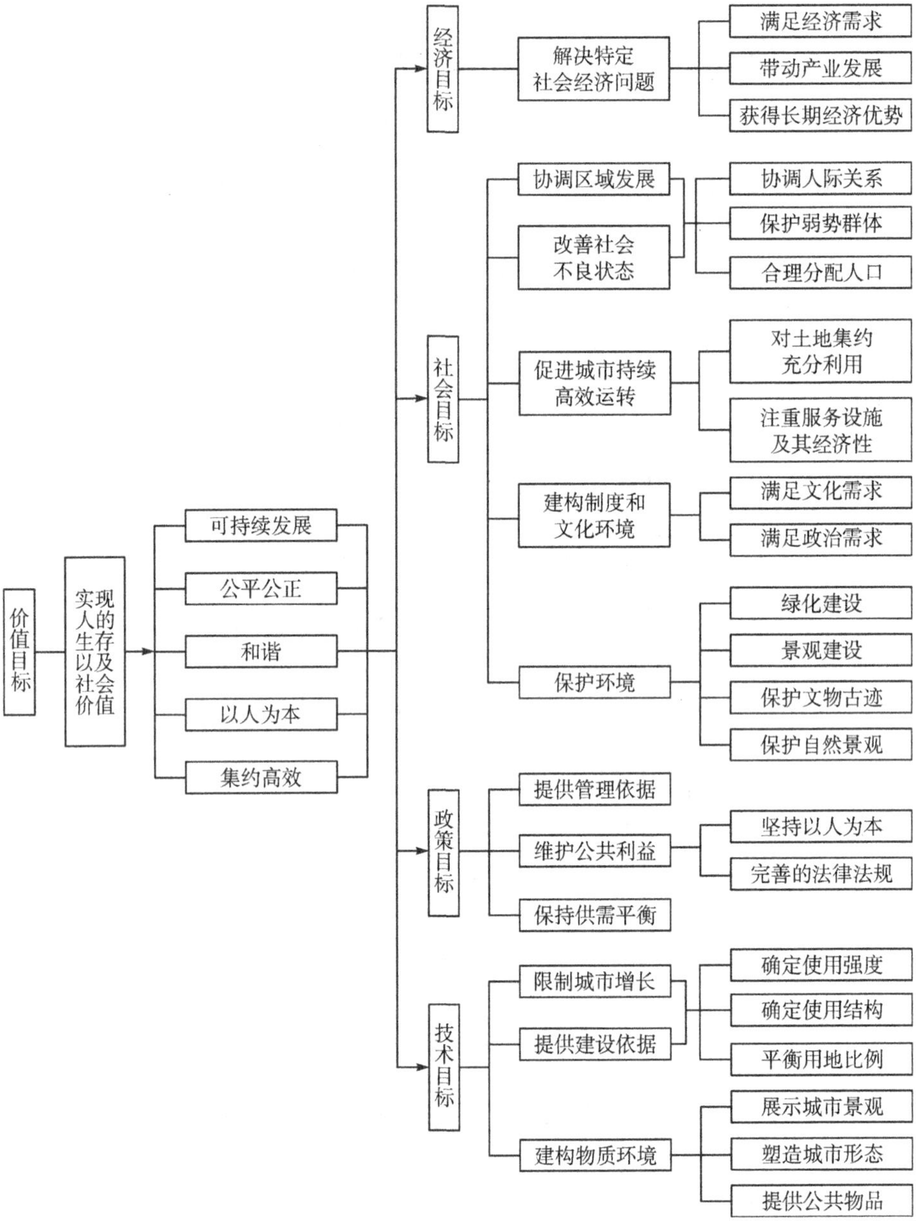

- 价值目标
  - 实现人的生存以及社会价值
    - 可持续发展
    - 公平公正
    - 和谐
    - 以人为本
    - 集约高效
      - 经济目标
        - 解决特定社会经济问题
          - 满足经济需求
          - 带动产业发展
          - 获得长期经济优势
      - 社会目标
        - 协调区域发展
        - 改善社会不良状态
          - 协调人际关系
          - 保护弱势群体
          - 合理分配人口
        - 促进城市持续高效运转
          - 对土地集约充分利用
          - 注重服务设施及其经济性
        - 建构制度和文化环境
          - 满足文化需求
          - 满足政治需求
        - 保护环境
          - 绿化建设
          - 景观建设
          - 保护文物古迹
          - 保护自然景观
      - 政策目标
        - 提供管理依据
        - 维护公共利益
          - 坚持以人为本
          - 完善的法律法规
        - 保持供需平衡
      - 技术目标
        - 限制城市增长
        - 提供建设依据
          - 确定使用强度
          - 确定使用结构
          - 平衡用地比例
        - 建构物质环境
          - 展示城市景观
          - 塑造城市形态
          - 提供公共物品

图 3.2　控规阶段土地使用目标示意图[122-126]

**2. 控规阶段交通规划的目标**

城市交通规划属于多目标规划，科学地选择规划目标是实现规划科学性的首要条件。交通规划目标一般涉及城市功能布局、土地使用、环境保护、社会公平、交通安全、交通建设投资等诸多方面[127]。具体控规阶段交通规划的目标如图 3.3 所示。

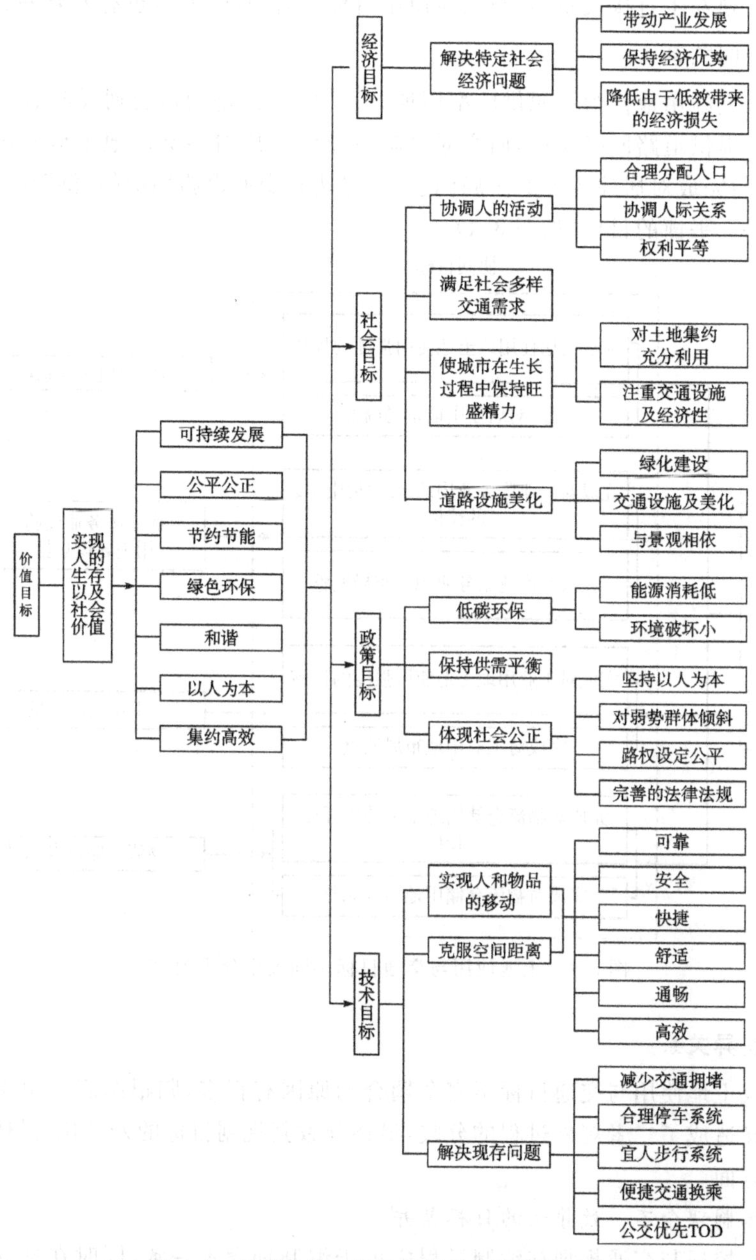


图 3.3 控规阶段交通的目标示意图[126,128-131]

### 3.1.2 交通与其他各类用地的目标关系

针对交通用地来说，其最根本的目的就是实现人和物的高效合理移动，而交通在不同的城市规划阶段，有不同的目标任务[118]。在控规阶段，交通规划主要与土地使用规划发生直接关系，它与土地使用目标既有协同一致，也有差异冲突。

**1. 协同关系**

交通设施用地作为资源供应型用地，其主要目标是确定交通设施容量以及为城市建设提供道路网络支撑，而交通设施主要为完成对各类用地土地使用强度的校核，进而完成对居住用地的布局调整，最终达到交通设施用地的“供”与其他功能用地的“需”平衡的目标（见图 3.4）。

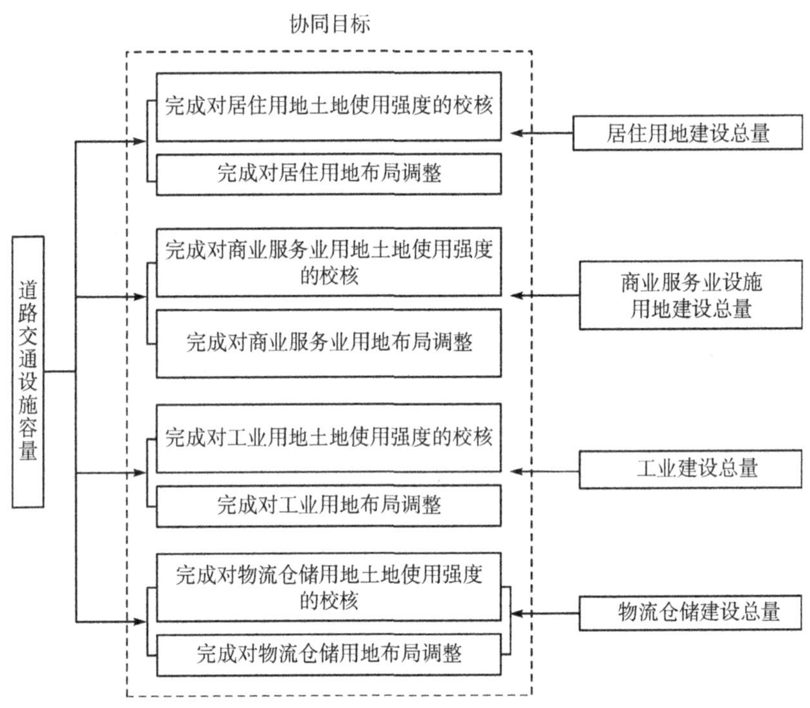


图 3.4 土地使用与交通目标协同关系分析图[44-45]

**2. 差异关系**

造成土地使用与交通目标不完全耦合的原因有很多，归根结底是由于编制技术的差异造成了二者规划过程的分歧，最终导致其规划目标的差异化，具体说来有以下几方面。

1）编制理念不一致导致的目标差异

现行控规与交通规划在编制过程中由于编制理念不一致，同时在规划编制目标、价值体系等方面存在冲突，所以控规侧重于城市三维物质空间形态规划，以定性分析为主；而交通规划主要侧重从城市交通量生成、分布、方式选择、分配等一系列“数学模型”测算，更注重如何真实地反映城市交通现状和预测交通趋势[132]。

2)编制方法不一致导致的目标差异

交通规划作为市场经济的产物，与已在计划经济产生的控规存在体制背景上的差异。传统的控规以土地使用规划为核心，而交通规划作为附属性规划，两者编制方法不一致主要表现在以下方面：

首先为编制时序差异。主要表现为两种规划各自的编制过程方向相反。控规编制过程是基于对总规的继承来进行对未来的预测，接着通过对控规土地使用方案进行交通评价，来验证其合理性的“自上而下”过程；而交通规划则是基于对现状的调查解决现时问题的“自下而上”过程。同时，两种规划之间的编制时序也存在先后，由于现阶段的技术、政策、体制等各种人为因素的影响，控规与交通规划大多分开编制，通常的模式是“先控规，后交通专项规划”。因此各自编制时序导致其目标不同。

其次为空间划分层次的差异。分层控规分为“片区—管理单元—地块”三个层次，交通分区分为“交通大区—交通中区—交通小区”三个层次。由于两者划分原则存在差异，前者主要是根据总规、用地以及容量来进行划分，而交通分区则是基于不同城市用地的交通特征分析进行区划，因此两者在不同层次的规划目标也有所不同。

最后为规模大小的差异。由于控规与交通规划的内涵和规划内容的不同，因此两者的编制空间层次划分标准也不同，由此对规划目标的影响也有所不同。

3)编制内容不一致导致的目标差异

控规主要编制内容为土地的功能、总量、配套设施与四线控制[133]，而交通规划在控规阶段的主要内容则是对道路红线的控制以及对交通容量的分析。前者以土地使用为核心，后者以合理的交通容量为核心。

综上所述，控规阶段中土地使用和交通具有协同目标，即“校正土地使用强度，调整用地布局，使控规土地使用强度与交通容量达到供需平衡”，其存在的差异性可以总结为“由于编制技术的差异所导致的交通与土地使用之间的目标不一致，从而引发供需失衡”。为了使控规和交通规划达到供需平衡的一致目标，我们需要通过科学合理的一体化编制手段将控规土地使用和交通规划有机结合，通过二者在空间层次上以及指标上的耦合，进而提出分层控规中的土地使用与交通一体化动态协同优化模式，从而实现交通容量与土地使用强度的供需平衡，达到目标的一致。

## 3.2　土地使用与交通的空间层次耦合分析

本节主要从空间层次划分、规模和影响因子三个方面来分析土地使用与交通在空间层次上的耦合性，其框架如图 3.5 所示。

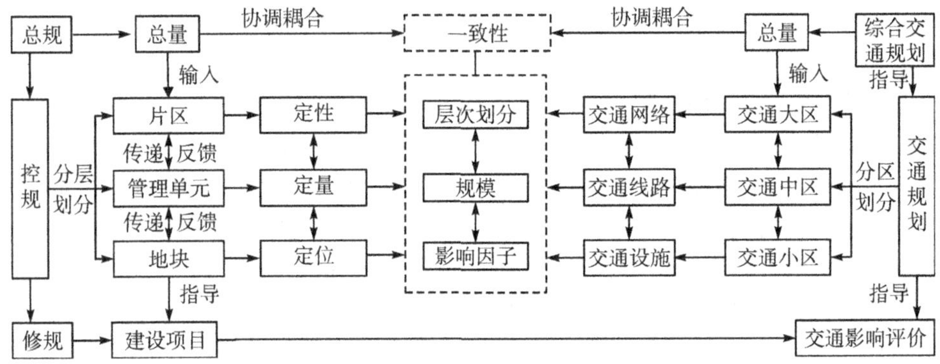


图 3.5　控规分层与交通分区耦合分析框架图

### 3.2.1　层次的耦合

#### 1. 控规空间层次划分

将城市划分为规模适度、界线明确的单元进行规划管理已经成为发达国家和地区城市规划体系的核心。分层控制适应我国当前控规编制体系，很多城市或地区都根据自身特点划定了不同的编制层次，可归纳为“片区—管理单元—地块”，三个层次在规划内容、划分原则和主要控制指标上各有不同[134-136]（见表 3.1）。

表 3.1　控规空间层次规划内容、划分原则及控制指标一览表

| 空间层次 | 规划内容 | 划分原则 | 主控指标 |
|---|---|---|---|
| 片区 | 落实与深化城市总规、各类专项规划对本片区的控制内容，主要确定主导功能、总用地规模、人口规模、规划用地控制、单元划分等，以指导下一层次控规编制 | 1. 应与现行规划设计规范与行政管理体制接轨；<br>2. 考虑片区在城市中所处的区域位置；<br>3. 考虑自然地理界线及主要交通干道；<br>4. 考虑不同地区的用地功能属性；<br>5. 具有适当的人口容量；<br>6. 综合考虑城市各类公共设施实际使用需要 | 主导功能、总用地规模、人口规模、规划用地控制、单元划分 |

续表

| 空间层次 | 规划内容 | 划分原则 | 主控指标 |
|---|---|---|---|
| 管理单元 | 确定管理单元的主导功能、三大设施控制、开敞空间、人口规模、规划用地控制、地块划分等 | 1. 尽量与居住社区(新区)、行政街道(旧区)界线范围一致；<br>2. 具有明确的围合界线(如主次干道、重要河流、铁路等)；<br>3. 考虑土地使用性质的同一性和功能内在的关联性；<br>4. 具有合理的公共设施服务半径 | 主导功能、三大设施控制、开敞空间、人口规模、规划用地控制、地块划分 |
| 地块 | 确定地块坐标、用地规模、用地性质、容积率、地面以上最大建筑面积、建筑密度、绿地率、建筑高度、配套公共服务设施数量与规模等指标 | 1. 尽量保持以单一性质划定地块；<br>2. 应尊重地块现有的土地使用权和产权分界；<br>3. 建议每个地块至少有一边和城市道路相邻；<br>4. 有利于保护文物古迹和历史街区，对于文物古迹风貌保护建筑及现状质量较好、规划给予保留地段，可单独划块，不再给定指标；<br>5. 地块划分可根据开发方式和管理变化，在规划实施中进一步重组(小块合并成大块，或细分小块) | 地块坐标、用地规模、用地性质、容积率、地面以上最大建筑面积、建筑密度、绿地率、建筑高度、配建公共服务设施数量与规模 |

**2. 交通分区划分**

交通分区是城市交通规划中的重要环节，城市交通规划一般分为三个空间层次，即交通大区、交通中区和交通小区，三个层次的研究对交通分区体系分别有不同的深度和广度的要求[137-138](表 3.2)。

**表 3.2 交通规划各空间层次规划内容、划分原则及控制指标一览表**

| 空间层次 | 规划内容 | 划分原则 | 主控指标 |
|---|---|---|---|
| 交通大区 | 主要根据城市总体用地特征、设施发展水平、交通需求以及环境容量等因素，拟订差别化的宏观战略政策分区、公共交通与小汽车发展政策等方面战略方案并测试分析 | 1. 遵循相似性与目的性原则；<br>2. 尽量配合行政区划，便于调查统计小区内的人口数等用地指标；<br>3. 尽量迁就自然或人工界线，如河流、公路等 | 结构性路网密度、结构性路网结构、道路交叉口形式、道路等级级配、道路通行能力，公交线网密度和长度、公交分担率、公交总配车数、公交出行总量，片区停车吸引率、停车总需求量、总规给定的总停车供给、公共停车场用地面积等 |

续表

| 空间层次 | 规划内容 | 划分原则 | 主控指标 |
| --- | --- | --- | --- |
| 交通中区 | 主要用于城市交通规划具体方案的拟订与落实。依据交通大区规划内容，结合各专项规划的研究特点，拟订多层次的中观网络规划分区体系，通过分区差别化的研究，使得规划方案更具针对性 | 1.尽可能与城市管理单元相一致，尽量不打破行政划分；<br>2.交通中区用地性质尽可能一致；<br>3.尽量以原有交通小区为合并基础；<br>4.突出公交出行特点；<br>5.交通中区面积大小应当合适 | 干路网密度、干路网结构、道路交叉口形式、道路通行能力、机动车道数和宽度，公交线网密度、公交出行总量、公交首末站、综合场站、公交站点间距，单元停车吸引率、片区分配的单元停车总供给等 |
| 交通小区 | 主要用于城市局部区域、路段以及地块交通实施方案的分析；注重交通吸引源的发生与吸引特征和流线组织，以及区域交通与整体交通的协调、区域内部各交通方式之间的和谐 | 1.利用行政街道或社区划分；<br>2.利用天然屏障作为界线划分；<br>3.划定区应尽可能规则，避免狭长形状；<br>4.分区数量和面积适当；<br>5.充分考虑划定区与道路网的协调一致；<br>6.划定区内的出行次数尽可能不超过全区域内出行总数的10%～15% | 各级路网密度、全路网结构、建筑道路后退红线距离、出入口方位、平纵设计参数、交叉口展宽、道路主要控制点坐标、标高，公交线网密度、公交出行总量、港湾式公交中途站设置率，停车配建指标、公共停车需求与供给量、配建停车位供给量等 |

**3.控规分层与交通分区在空间划分层次上的耦合关系**

通过对两者规划内容和划分原则的比较，得出控规空间层次和交通分区在三个划分层次上有一定的对应关系，如图 3.6 所示。

### 3.2.2 规模的耦合

**1.控规空间层次的规模**

首先，通过对北京、上海、广州、武汉、南京和济南等城市在空间各层次的规模进行统计，如表 3.3 所示。

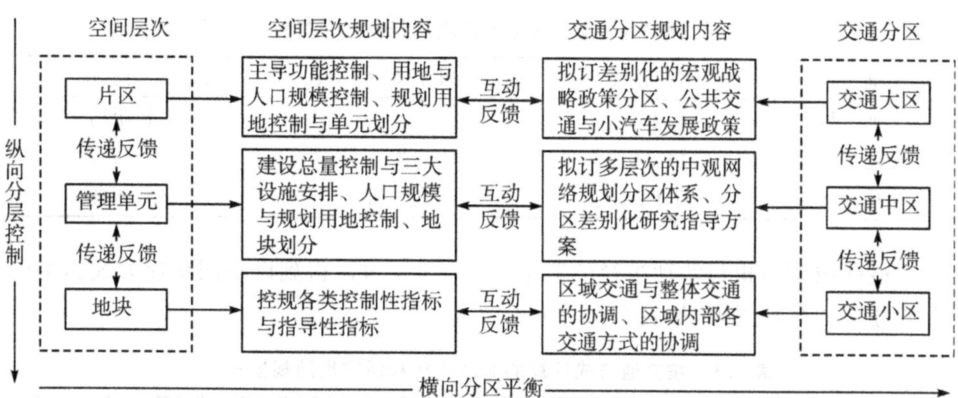


图 3.6 分层控规中空间分层和交通分区层次划分的耦合关系框架图

**表 3.3 控规各空间层次规模大小一览表**

| 城市名称 | 空间层次 | | |
|---|---|---|---|
| | 片区/km² | 管理单元/km² | 地块/hm² |
| 北京 | 10～20 | 新区 2～3<br>旧区 0.8～1.5 | — |
| 上海 | 3～4 | — | — |
| 南京 | 4～20 | 新区 0.8～1<br>旧区 0.2～0.3 | — |
| 济南 | 4～20 | 新区 0.5～1<br>旧区 0.3～0.5 | — |
| 广州 | 5 | — | — |
| 杭州 | — | — | 新区 0.5～3<br>旧区 0.05～1 |
| 武汉 | 1.5～4 | 0.5～1 | — |

通过表 3.3 将各个层次的规模大致可总结如下：片区的用地规模主要按照功能区划分，承接总规的功能区划分规模；管理单元的用地规模最大不超过 4 km²，便于地块管理进行适当性合并；地块划分依据开发方式和管理手段，在规划实施中进一步重组（小块合并成大块，大块细分为小块），用地规模一般不超过 0.5 km²。

**2. 交通分区的规模**

片区层次的交通规划主要明确快速路网结构与布局，其主要承担长距离出行，与交通大区相吻合；管理单元层次的交通规划主要明确道路干线网结构与布局等，其主要承担中长距离出行，与交通中区相吻合；地块层次的交通规划主要承担短距离出行，与交通小区相吻合（见表 3.4）。

**表 3.4　交通分区各层次出行特征一览表**

| 交通分区 | 出行方式 | 出行距离/km | 出行范围 |
|---|---|---|---|
| 交通大区 | 私家车 | 6～20 | 长距离 |
| 交通中区 | 常规公交车 | 2～5 | 中长距离 |
| 交通小区 | 自行车、步行 | <2 | 短距离 |

根据城市面积与活动半径的关系 $S=\pi r^2$，可以得到以不同交通方式为主的交通分区的合理规模，如表 3.5 所示。

**表 3.5　按交通方式计算的活动半径和城市用地规模一览表**

| 交通方式 | 行驶速度/(km/h) | 计算速度/(km/h) | 活动半径/km | 城市建成区用地规模计算值 $S/km^2$ |
|---|---|---|---|---|
| 步行 | 4～5 | 5 | 1.8 | 10 |
| 自行车 | 8～14 | 12 | 4.4 | 61 |
| 公交车 | 15～22 | 20 | 7.3 | 167 |
| 轻轨 | 25～35 | 30 | 10.9 | 373 |
| 地铁 | 35～40 | 35 | 12.8 | 514 |
| 小汽车 | 35～45 | 40 | 14.6 | 669 |

资料来源：毛海虓. 中国城市居民出行特征研究[D]. 北京：北京工业大学，2005.

根据宋小东等关于分区合理性基础研究得出交通分区划分的三条规律，即交通分区面积小、大小均匀以及应为正多边形、接近圆形[139]。本研究将交通小区面积等效成圆，以出行半径为计算方式，基于不同交通方式的交通小区面积各有差异，并遵循交通小区一般取小不取大的原则(见图 3.7)。

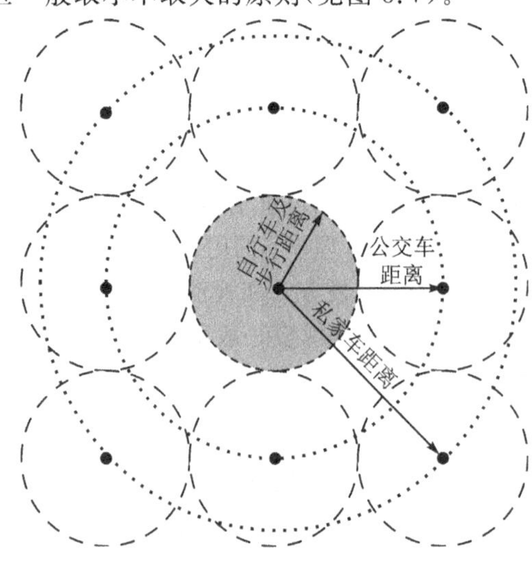


图 3.7　不同交通方式的出行半径关系示意图

**3. 控规分层与交通分区在规模上的耦合关系**

基于空间层次上的对应关系可知，控规分层与交通分区也存在规模大小的耦合，控规空间层次与交通分区在规模上是一一对应的，我们总结出一套合理的、协调一致的用地规模划分原则(见图 3.8)，使其对规划方案更具有指导意义。

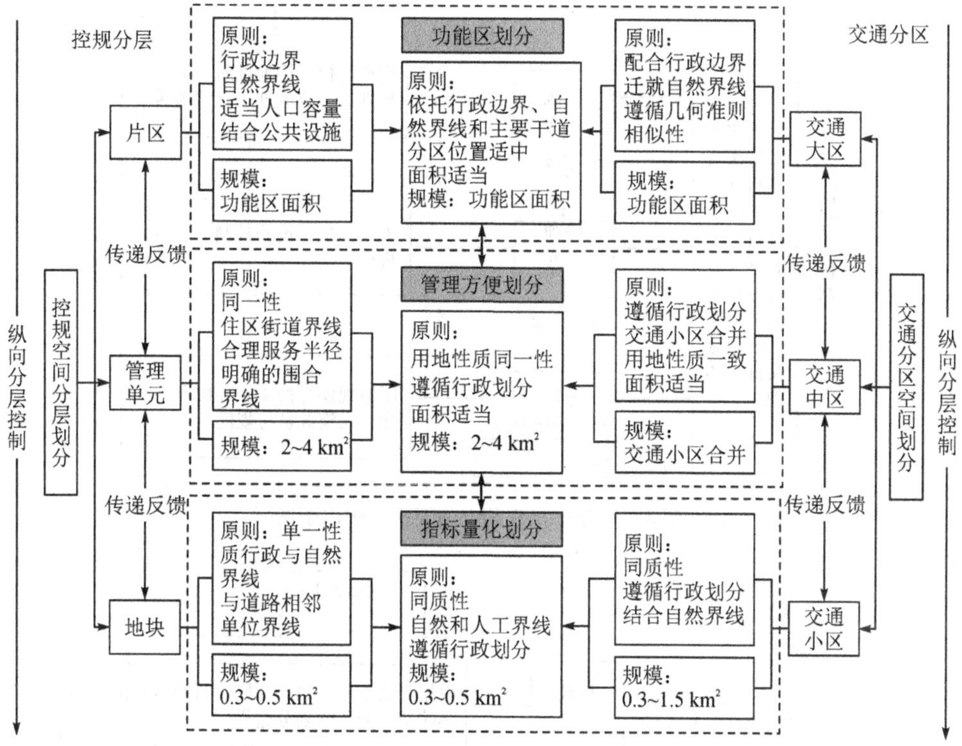


图 3.8 控规分层与交通分区规模划分的耦合关系框架图

## 3.2.3 影响因子的耦合

**1. 控规各空间层次的影响因子**

控规分层控制包括片区、管理单元、地块三个层次，技术体系强调三层次“自上而下传递”与“自下而上调整反馈”的双向分层机制，同时应综合考虑“片区—管理单元—地块”划分时各层次之间的相互影响机制(见图 3.9)。在“自上而下”控制中，片区层次主要与总规衔接，完成相应总量约束指标的确定，地块作为控规指标控制的基本单位，土地使用强度指标同时也要遵循地块指标的整体要求来确定；“自下而上”的控制主要通过现状详细情况反作用于地块[140]。

**2. 交通各分区的影响因子**

交通分区包括交通大区、交通中区和交通小区三层次，三层次遵循“自下而上”

的传递机制，主要基于交通小区的规模来划分交通中区和交通大区。进行交通分区时，用地性质、人口规模、自然地貌、交通设施容量和行政区划都会对交通分区产生影响(见图 3.10)。

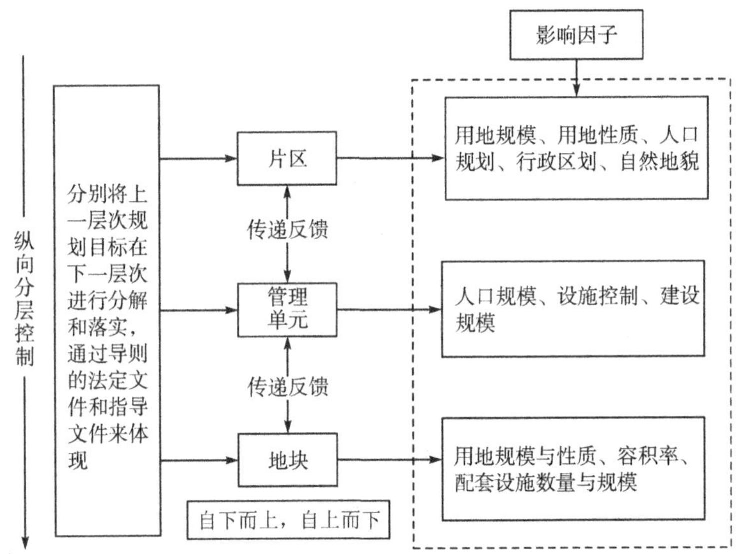


图 3.9　分层控规的空间层次影响因子图

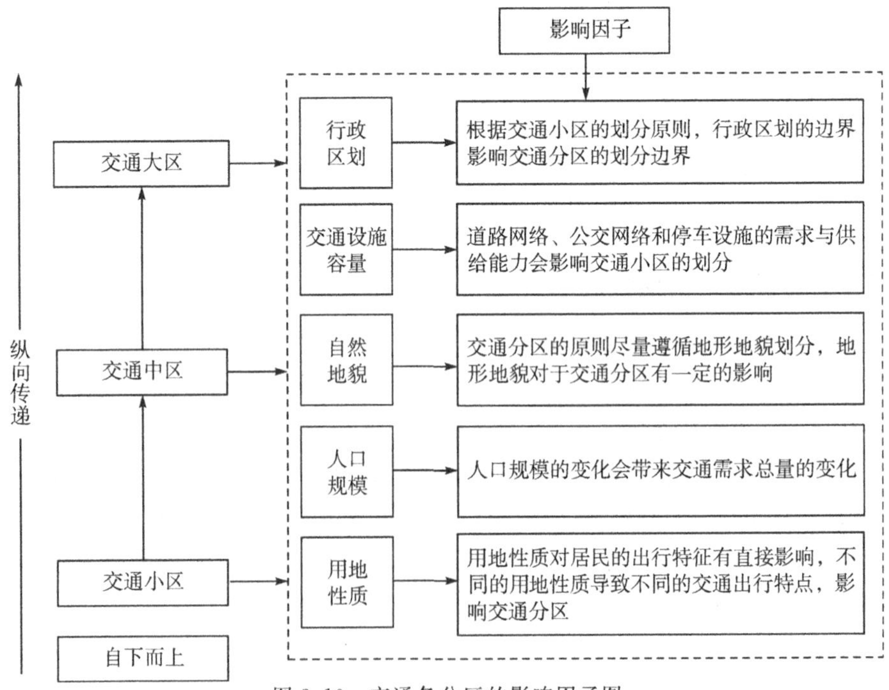


图 3.10　交通各分区的影响因子图

**3. 控规分层与交通分区在影响因子上的耦合关系**

基于层次和规模的对应关系，分析得出在影响因子上控规与交通三层次也存在耦合，其耦合关系框架如图 3.11 所示。

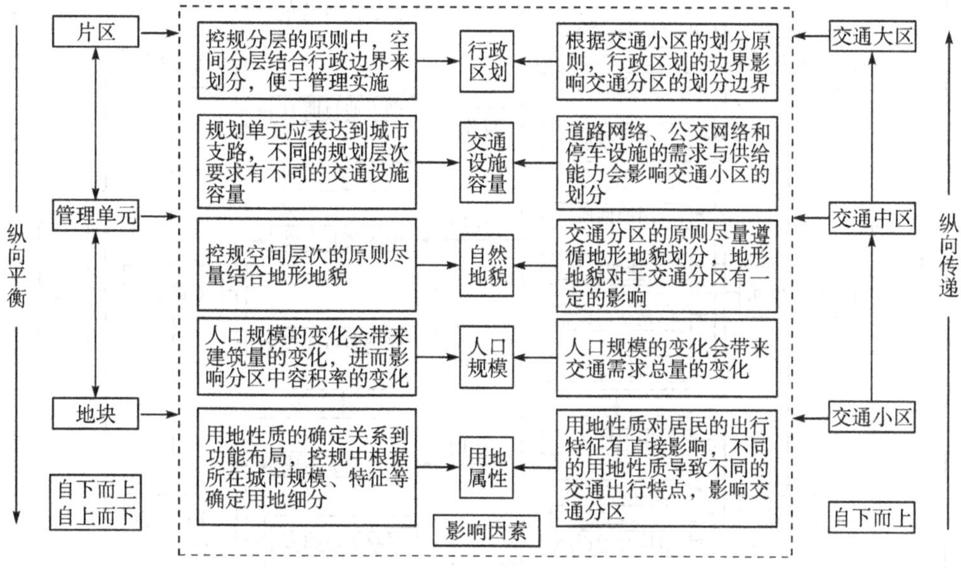


图 3.11 控规分层与交通分区影响因子的耦合关系框架图

## 3.2.4 空间划分上的耦合

在土地使用与交通一体化研究中，以城市规划的视角来分析和解决交通问题是一种交通规划的新方法。控规阶段的交通影响评价主要对研究范围内的道路交通设施的配置提出布局建议，同时在核算交通容量的基础上，对规划土地使用强度提出要求和建议，对土地使用所引发的交通量进行分析预测研究[141]。因此，在控规土地使用强度指标确定过程中，应考虑交通的制约因素对控规三层次（片区、管理单元、地块）的影响，对土地使用与交通的协调程度进行判断。当协调出现问题时，从土地使用与交通两方面进行考虑与改善，实现两者的互动反馈，达到土地使用与交通相互协调的目的（见图 3.12）。

在控规阶段土地使用强度中，对交通生成具有显著影响的因素为容积率，不论是居住用地还是公共服务设施用地，土地使用强度越高，对应的地块建筑面积就越大，能容纳的居住人口或者就业人口就越多，于是地块的发生或吸引量就越大，即交通出行生成量增大[28]。

在交通规划阶段，影响交通容量的因素有很多，主要包括土地使用情况（土地使用性质、使用强度以及用地布局）、交通设施情况（道路、常规公交、停车设施等）、出行特征（交通方式结构、出行时间及空间分布等）、交通管理情况四方面。

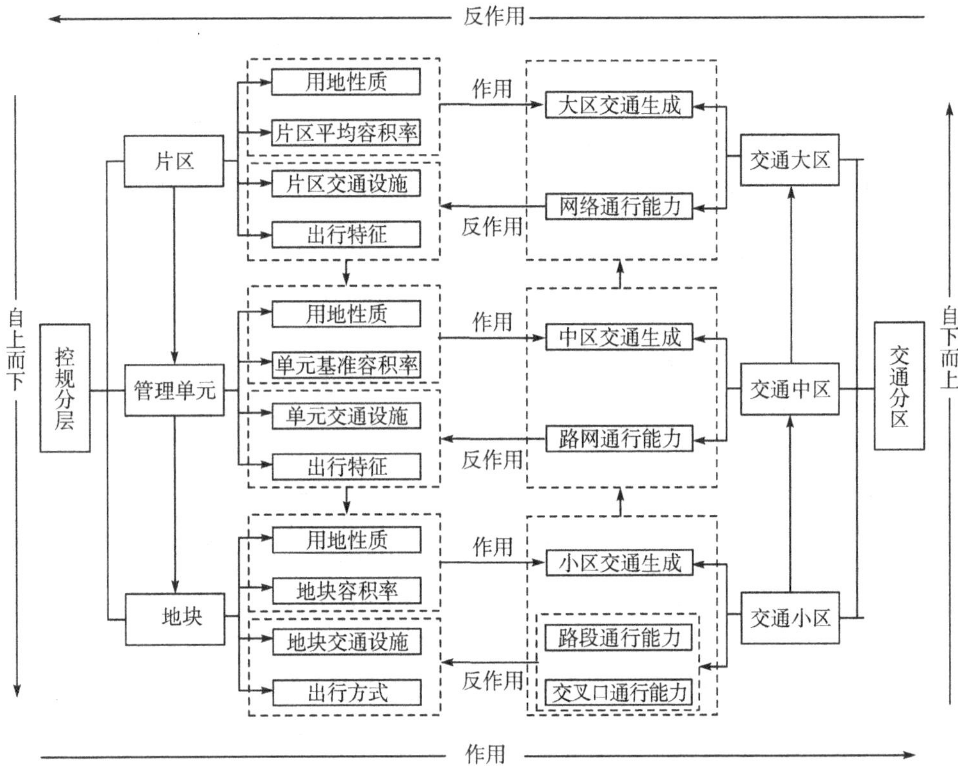


图 3.12　控规分层与交通分区空间划分上的耦合关系框架图

## 3.3　土地使用与交通的指标耦合分析

### 3.3.1　研究思路

研究土地开发建设总量与交通容量在指标上的耦合对控规中土地使用与交通一体化规划编制具有重要作用。本书的研究思路是首先辨析技术范畴，再对研究对象进行分类、递进研究，最后实现研究对象在技术范畴内的耦合（见图 3.13）。

**1. 技术范畴——分层控规**

分层控规的“片区—管理单元—地块”三级控制体系，使控规能将总规赋予片区层次的指标总量实现分层逐级配置。层级的划分不仅能在纵向上对控制指标进行合理的衔接与分配，且在横向上保证了控规在不同层次中资源的合理优化配置。

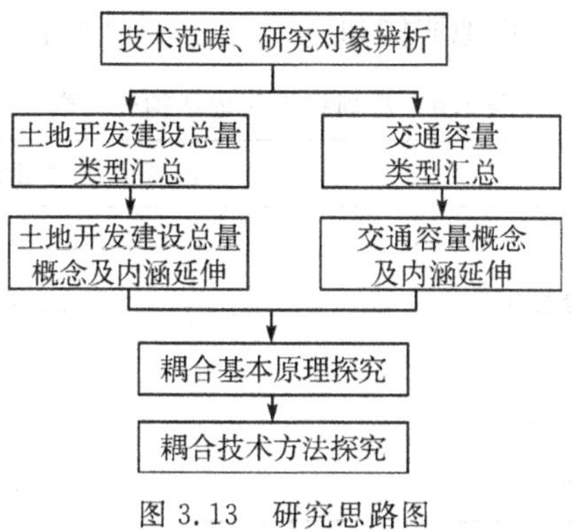


图 3.13 研究思路图

**2. 研究对象**

1)"资源性消耗用地"土地开发建设总量

控规在继承并细化总规的土地开发建设总量的基础上，根据控规编制范围的现状与未来的社会、经济、人口、环境、交通等要素，将总规的用地面积指标转化为控规的容积率、建筑密度、建筑限高等指标。所以，控规对土地开发建设总量的控制是由"二维土地"到"三维空间"的细化。根据前文研究的各类用地的不同使用特征可知，本研究所指"土地开发建设总量"主要针对 R、B、M、W 四类"资源消耗型用地"。

2)交通容量

交通容量是指在一定时间、一定范围内各种交通运输方式实现的人或物的移动量的总和[142]。根据城市交通运输目的可以将城市交通划分为客运交通与货运交通两大类，而本书现阶段研究为客运交通容量。

## 3.3.2 开发建设总量概念及内涵延伸

**1. 人口容量**

在生态学和经济学范畴中均根据各学科的特点对人口容量做出描述，而本书主要研究人口容量在城市建设方面的内涵。在城市建设方面，城市人口容量关系到城市各类用地建设与各类设施建设，在确定城市适宜建设用地总面积的情况下，人口容量关系到城市人口密度，进而影响到人们的生活质量与城市的环境风貌。

**2. 用地总量**

用地总量指一个区域内阶段性实施城市和村庄、集镇建设以及其他性质用地转为建设用地的土地面积之和。用地总量在控规片区与管理单元层次表现为空间范围内同一类型用地面积之和，地块层次则表现为单一地块用地面积。各类用地总量在中心区总规、控规等城市上层次规划中比例大致相当，而各类用地总量的比例差异体现了规划范围的用地职能和生产生活特征(见表3.6)。

表3.6 规划建设用地结构一览表

| 类别名称 | 占城市建设用地的比例/% |
| --- | --- |
| 居住用地 | 25.0～40.0 |
| 公共管理与公共服务设施用地 | 5.0～8.0 |
| 工业用地 | 15.0～30.0 |
| 道路与交通设施用地 | 10.0～25.0 |
| 绿地与广场用地 | 10.0～15.0 |

资料来源:《城市用地分类与规划建设用地标准》(GB 50137—2011)。

**3. 用地建设总量**

用地建设总量指通过容积率将各类用地总量转化为相应城市开发建设总量。由于不同性质用地容积率不同(见表3.7),因此用地建设总量直接与建筑面积、人口密度等开发建设指标相关,是土地使用强度最直观的体现。

表3.7 陈仓组团管理单元基准容积率一览表

| 指标类型 | 用地类型 | 强度一区 | 强度二区 | 强度三区 | 强度四区 |
| --- | --- | --- | --- | --- | --- |
| 基准容积率 | 居住用地 | 3.0 | 2.5 | 1.8 | 1.5 |
| | 商业、金融(含贸易资讯、服务建筑以及商务写字楼)用地 | 4.0 | 3.5 | 3.0 | 2.5 |
| | 办公(主要为行政办公)、旅馆用地 | 4.0 | 3.5 | 3.0 | 2.5 |
| | 其他公共设施(含中小学、文化、体育、教育、医疗及其他公益性服务设施)用地 | 2.0 | 1.6 | 1.2 | 0.8 |
| | 工业(一般通用厂房)、物流仓储用地 | — | — | 1.3 | 1.1 |

资料来源:夏双.城市设计视角下控规阶段土地使用强度研究:以宝鸡市陈仓组团控规为例[D].西安:长安大学,2014.

### 3.3.3 用地交通活动的特性分析

交通活动特性主要分为交通发生与交通吸引两类,其中居住用地为一日交通发生地,人口总量研究对象为居住人口,而商业服务业设施用地、工业用地与物流仓储用地为一日交通吸引地,人口总量研究对象为就业人口(见图3.14)。

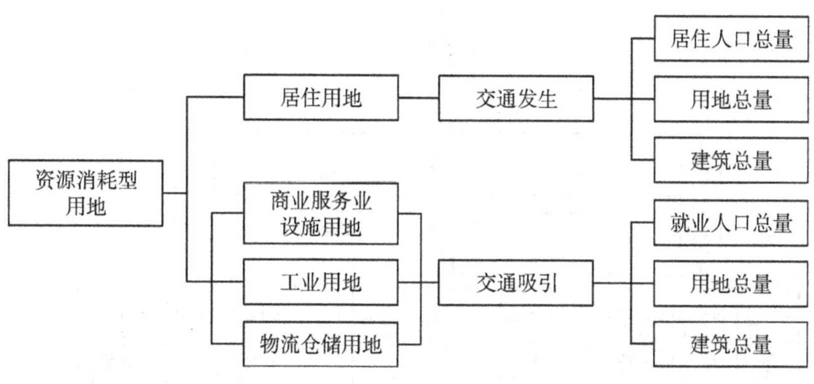


图 3.14 “资源消耗型用地”交通活动特性分析图

**1. 居住用地**

居住用地作为人类日常居住的主要场所，通常作为居民一日出行链的起点和终点（称为据点）。在这类一日活动链中，第一次和最后一次出行均为基家出行，但出行的空间指向以及出发和结束的时间则因出行目的不同而不同[45]。

**2. 商业服务业设施用地**

商业服务业设施用地是各类商业经济活动（商业、商务、娱乐康体等）的场所，通常是日出行链中的暂时停留地，但因其包括旅馆类用地（B14）故也有可能是出行链的起点或终点，因此该类用地引发的出行时空分布较为复杂[45]。

**3. 工业仓储用地**

当工业用地和物流仓储用地被视为就业地点而不考虑货流时，二者在交通活动上具有相似性，因此可合称为“工业仓储用地”。工业用地是工作生产商品货物的场所，物流仓储用地主要是货物的存储、中转、批发交易等的场所。在交通活动中，工业仓储用地表现为早晚高峰时段的集中性。

## 3.3.4 土地使用与交通的指标耦合分析

本控规土地使用与交通的指标耦合分析分为横、纵两个方向，从基本原理、作用机制、理论模型与方法三部分展开研究。纵向上片区与交通大区、管理单元与交通中区、地块与交通小区在空间层次一一对应，横向上各层次在土地开发建设总量与交通容量指标上一一对应（见图 3.15）。

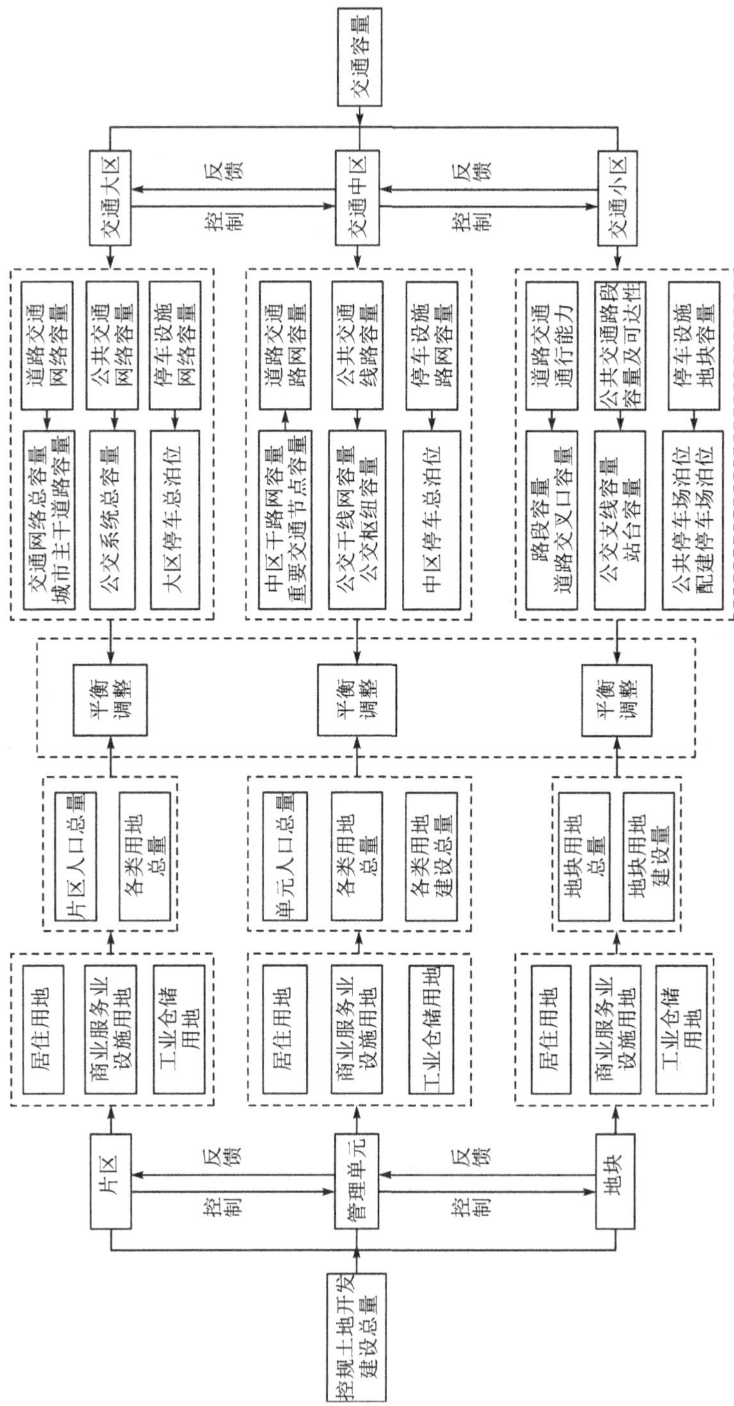


图 3.15 土地开发建设总量与交通容量的指标耦合分析图

### 1. 片区层次开发建设总量与交通大区交通容量的耦合分析

1)基本原理

交通大区层次的交通发生以内部活动为主,对交通容量的控制作用主要体现在对区内全局的把握,根据城市总规的功能区划,了解内部交通问题,有效进行交通诱导与控制,并指导下层次交通容量的控制[6]。

2)作用机制

片区层次土地使用强度与交通容量的匹配是进行中观管理单元层次研究的基础,用地性质、平均容积率与用地面积是影响交通发生的主要因素。由于该层次土地使用强度呈现均质化特征并划分强度分区,用地性质成为影响交通发生的核心因素。在这种情况下,首先研究片区中交通需求总量与供给总量的匹配关系。若供给不足,则要根据其他承载力的约束来调整用地比例及平均容积率,增加交通设施,以达到供需平衡;若供给富余,则依据其他承载力的约束及现状建设等制约情况,确定是否可提高片区平均容积率,以达到供需匹配。

3)理论模型与方法

片区层次有关两者耦合的理论模型主要包括:王根城以北京市现有的交通模型为基础,采用逆四阶段反算用地的数学方法建立区域交通预测模型进行用地反馈分析,提出容许土地开发量,并对拟建开发计划提出合理建议,判断交通影响是否在合理范围内以及此开发规模是否需要调整,确定适合区域交通发展的建筑规模[143](见图 3.16)。逄莹等提出了控规阶段交通承载力分析的主要技术框架,计算出交通设施的现状运行能力,作为土地开发使用的制约条件,进而得到土地使用的适宜开发建设量,为控规的土地开发量提供科学合理的参考和依据,形成控规的土地使用控制指标方案,进而预测规划范围内的交通需求量。由此形成“校核—反馈—调整”链条循环机制,直到达到交通需求预测的合理水平[26](见图 3.17)。

### 2. 管理单元层次开发建设总量与交通中区交通容量的耦合分析

1)基本原理

管理单元属于一个中间层次,其向上承接片区,向下规定地块。在管理单元的尺度下进行交通供需均衡性分析有利于从总体上对片区内部交通的分布情况进行分析,并对片区内部的干路设置合理性做出评估以及优化[6]。

2)作用机制

对管理单元中各类用地面积和基准容积率进行分析,得出各类用地上单位建筑面积的出行发生吸引率的量。将所获得的干路各路段交通流量与各路段规划通行能力相比较,就可以对管理单元尺度下的交通符合程度做出具有空间差异化的判断,进而能够分析出各管理单元的基准容积率能否适应干路网络容量、公交干线容量及单元总停车容量。

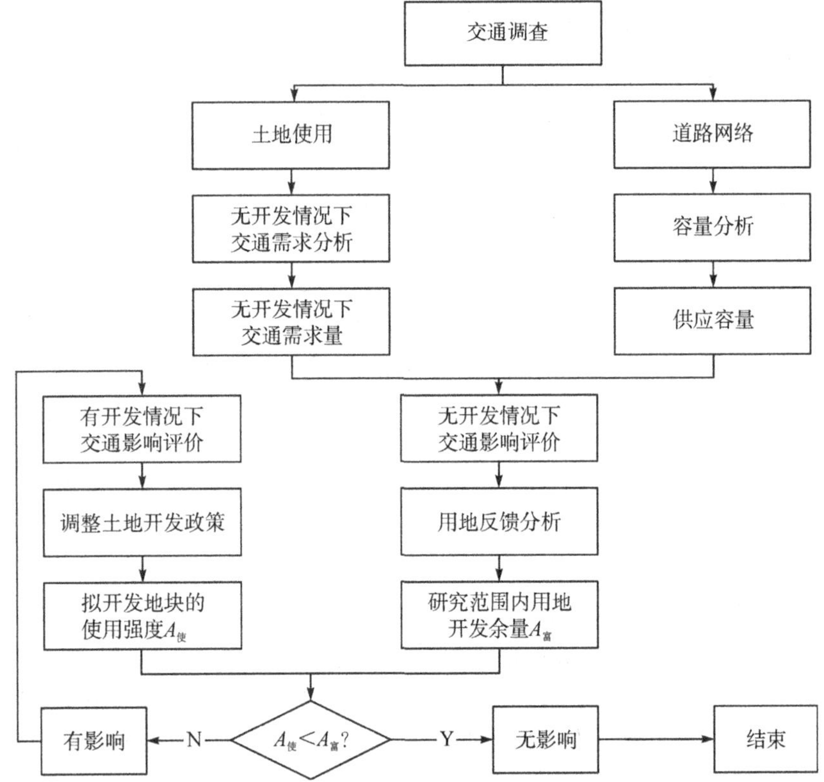


图 3.16　区域交评用地推算的基本推算思路框架图

（资料来源：王根城．大城市区域交通影响分析方法研究[D]．北京：北京工业大学，2007.）

3）理论模型与方法

管理单元层次有关两者耦合的理论模型主要包括：段进宇等将交通需求管理应用于控规管理单元层次（原文"街区"）的人口预测，通过计算管理单元内交通设施服务能力预测适宜居住人口与就业人口，与现状人口对比，实现土地开发建设总量与交通容量耦合，达成对建设用地与交通设施调整的目的[30]（见图 3.18）。郑璐提出城市土地使用与城市交通的协调程度可通过土地使用强度产生的道路交通车道公里需求量（$V$）与道路交通设施提供的车道公里容量（$C$）的比值，即路网负荷度（LOS）来表示[28]：

$$\text{LOS}=V/C=F(\text{FAR})/C \tag{3.1}$$

式中　$V$——管理单元的道路交通车道公里需求量；

$F(\text{FAR})$——管理单元的道路交通车道公里需求量；

$C$——管理单元内的道路车道公里容量。

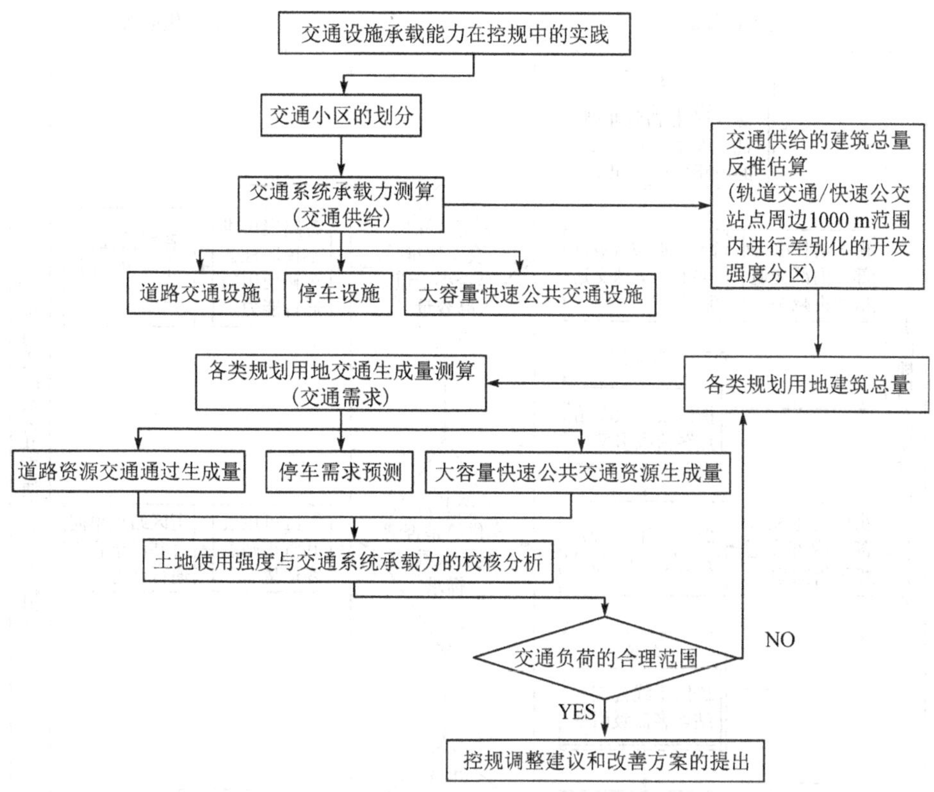


图 3.17 控规中交通设施承载力技术思路图

(资料来源:逢莹,宋强,谭迎辉,等.交通承载力在确定土地适宜开发强度中的实践:以乌鲁木齐市新市区、高新区部分片区控规为例[C]//中国城市规划学会.多元与包容:2012 中国城市规划年会论文集.昆明:云南科技出版社,2012.)

**3. 地块层次开发建设总量与路段容量的耦合分析**

1)基本原理

地块层次是控规编制技术环节中尺度最小的一个环节,也是用地规划管理技术落地的关键环节。此阶段规划区内的用地类型、面积和使用强度已基本敲定,道路网方案也基本落实,这为较精确地测算交通需求和交通容量奠定了基础。因此,采用预期服务水平控制下的路段容量作为输入,运用 OD 反推模型最终反推出适应路网方案的地块最佳容积率,作为控规编制的参考依据。

2)作用机制

OD 反推模型可依据路段交通流量推算最可能的 OD 分布关系,得到各个地块的出行发生、吸引量。根据地块层次用地的规模、性质和容积率等实现对地块建设量的推测,同时考虑分类用地建筑面积与出行量生成之间的关联。而交通小区层次中路段的通行能力和交通设施对地块交通的容量就可以更进一步地得到地块

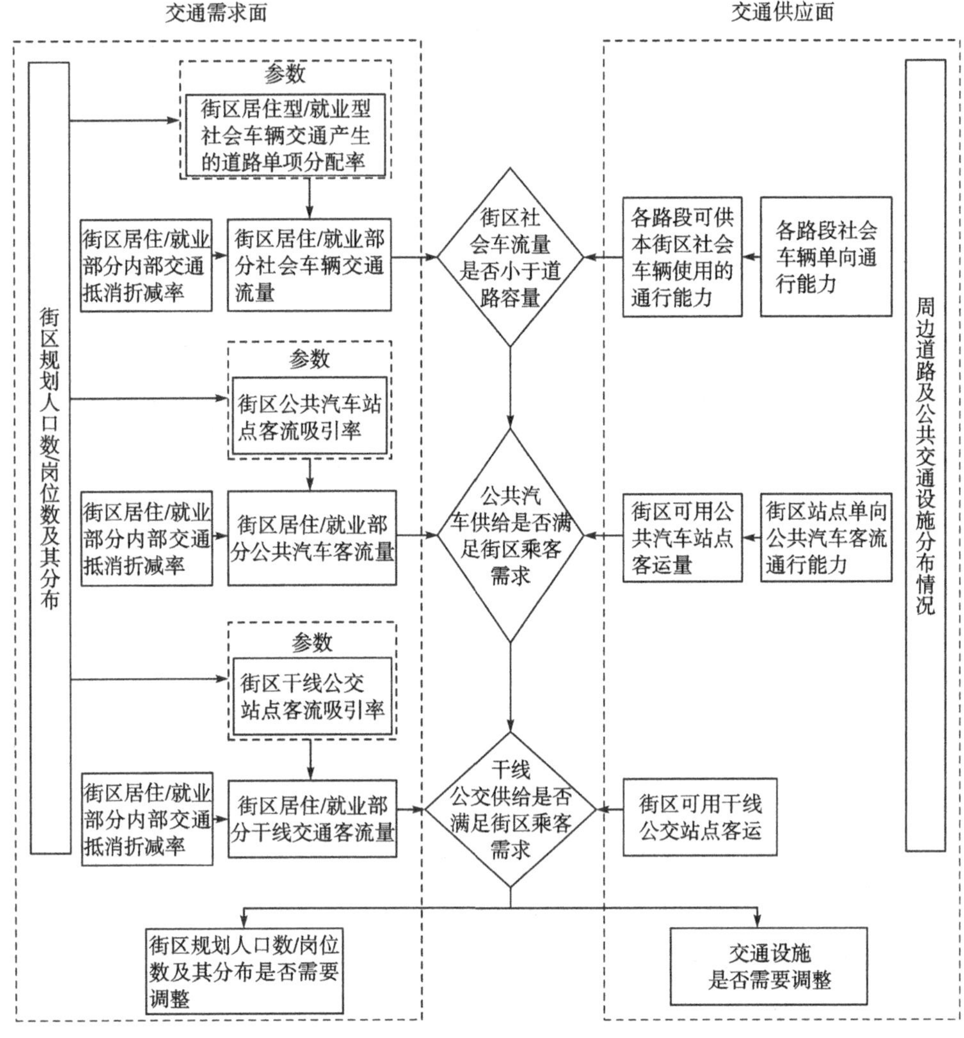


图 3.18 适用于控规的交通约束应用程序流程关系图

（资料来源：段进宇，梁伟．控规层面的交通需求管理[J]．城市规划学刊，2007(1)：82－86.）

使用强度的值域，即可得到各个地块在交通容量约束下的最佳容积率。

3）理论模型与方法

逯莹等基于时空资源消耗的道路容量分析法提出小区内道路路网总容量 $Q$ 计算公式：

$$Q=\frac{L_n \times M_n \times C_n}{V_n} \tag{3.2}$$

式中 $C_n$——第 $n$ 种道路的总容量，pcu；

$n$——高速公路、快速路、主干道、次干道、支路、辅路；

$L_n$——小区内每条道路的长度，km；

$M_n$——每条道路的单向车道数；

$V_n$——平均车速，km/h。

而核算控规土地使用强度与城市道路交通承载力的比值为

$$\lambda_i = \frac{T_n}{Q_n} \tag{3.3}$$

当承载率 $\lambda_i < 0.6$ 时，表明该交通小区内道路网络的供需关系适当；当承载率 $\lambda_i > 0.8$ 时，表明道路资源供给存在不足，可考虑削减用地使用强度或适当增加道路长度或机动车道数[26]。

从以上分析可以看出，土地使用是交通需求产生的根源，城市建设用地的不同用地性质、用地规模、城市用地空间布局形态和用地使用强度等都是城市交通生成的主要影响因子，特别是城市土地使用强度决定了交通方式选择、交通需求总量、空间分布以及影响交通出行距离与分布，进而影响着交通方式构成[144]。反之，交通容量也对城市土地使用具有反馈调节作用，并刺激与制约着土地使用强度，其是土地开发建设总量制定的重要支撑，可以说城市土地使用是影响交通需求特性的最主要因素[145]。

## 3.4 土地使用强度与交通容量协同优化方法体系建构

依据城市社会经济发展目标，确定总规中的城市总人口和总用地规模，同时结合分层控规编制技术特点，以控规及交通规划各自系统中的定量化因素进行平衡分析作为协同优化的主线，可得控规与交通规划一体化编制技术方法及总量之间的匹配关系。

### 3.4.1 协同优化方法确立的思路

协同优化方法确立的思路主要包括四个方面：第一，控规土地使用规划与交通规划在编制时序、空间划分方式及技术方法上的差异，造成了两者目标价值的不一致，因此，应首先实现在目标价值层面的协调；第二，由于两者系统构成方式的不一致，即控规土地使用系统一般根据空间尺度不同分为三个层次，而交通规划则由总系统与各分项子系统构成，因此要实现协调发展必须要梳理清楚规划对接层次[146]；第三，协同优化如何在传统控规土地使用及交通空间划分的基础上创新，对两者编制过程中进行空间划分方式和规模大小的统一；第四，实现土地使用对交通需求“总量”与交通支撑土地使用所提供的“容量”之间的供需平衡。

城市土地使用强度与交通容量的协同优化本质就是实现二者之间的供需均衡

或使之接近均衡状态。在二者关系中，供需双方始终处于相互反馈、此消彼长的动态变化中，均衡既不是静态也不是常态，以城市土地使用强度与交通容量的协同优化为目标的均衡是过程中的动态均衡。

### 3.4.2 确立土地使用强度与交通容量“双向”协同优化方法体系

基于分层控规编制技术体系平台，在土地使用强度与交通容量的相关理论研究的基础上，结合两者的目标耦合分析、空间层次耦合分析和指标耦合分析，以供需平衡作为土地使用强度与交通容量的协同优化的最高目标，以量化研究取向为主要途径，以横向分区协同优化为主、纵向分层传递反馈为辅，按照横纵“双向”协同优化方法的技术特性，把二者整合在一个统一的二元体系中，将定量与定性的研究方法与规划编制技术统一起来，建立具有综合化特征“双向”协同优化方法体系[147]。理论框架如图 3.19 所示。

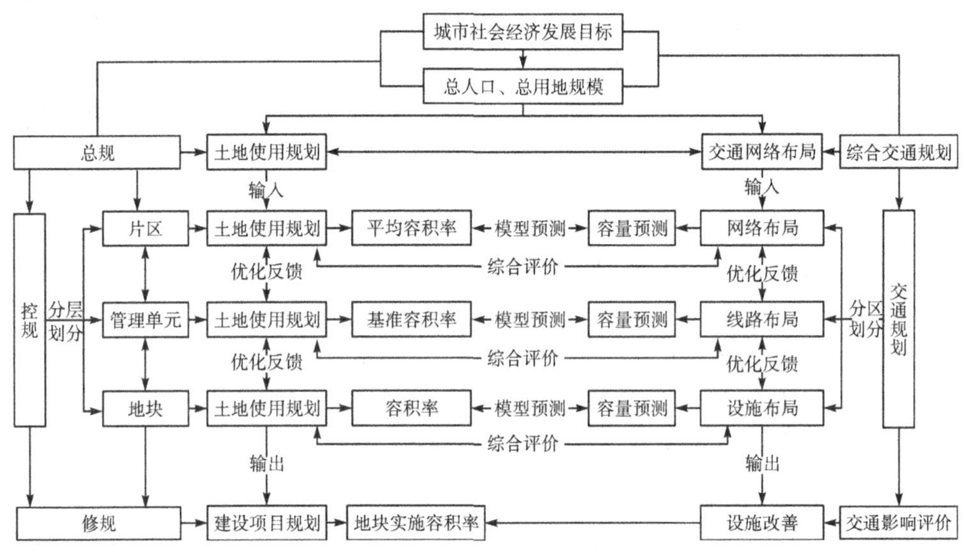


图 3.19 “双向”协同优化方法理论框架图

该理论的基本思想：在横纵上，“双向”协同优化方法是一个分层次、连续、动态的技术体系；在方法论层面上，该理论体包含了经验实证的、系统的、科学与人文的具体科学方法论思想；在一般研究方法层面，它既包含定量调查法和相关法、统计分析、归纳和演绎分析、数理统计分析等科学研究基本方法和逻辑推理，也有人文方法中的定性分析等；在具体的协同优化方法和技术层面上，有科学化程度较高的量化协同数学模型，也有人文化较高的定性优化评价，还有量化与定性两者结合的方法。总之，它把不同的协同优化技术有机统一于一个二元体系中，并在实践中以动态和均衡的方式研究两个对象，共同解决同一问题。

### 3.4.3 协同优化方法体系的特征

土地使用强度与交通容量的“双向”协同优化方法体系作为一个新系统具有如下新的特征：

(1)多元论。该体系是多学科研究方法交叉的集合。它不局限于单一的方法论和具体协同模型及优化评价技术，所有技术在理论上具有相同的地位，只是在实践中的适应性和应用效果有所区别。

(2)系统性。它要求协同优化不仅遵循城市规划、交通规划系统程序和严谨的技术规范，而且把系统的思想方法贯彻到每一个具体的协同优化方法与技术中去。

(3)连续性。土地使用强度与交通容量是该体系的二元主体。它们之间不是完全对立的关系，而是连续共生的二元体。其中有分三层次的横向协同优化互动性，还有分三层次的纵向传递反馈连续性。

(4)技术综合性。它对三层次协同数学模型与优化评价技术进行了“互补与融合”，以增强技术的可应用性。

(5)适应性。由于多学科技术交叉，它针对不同层次建立指标体系，进行科学的量化分析，并提供评价技术方案。

## 3.5 本章小结

本章从控规土地使用与交通两者的规划目标入手，判断了控规阶段土地使用与交通在规划目标上的一致性与差异性，构建了控规土地使用与交通一体化规划编制技术体系目标，同时以目标耦合为基础进行了空间层次耦合和指标耦合的研究。通过研究发现，在空间层次上，土地使用与交通存在着层次划分、规模、影响因子三方面的耦合，是构建一体化编制技术的空间基础。同时土地使用强度决定城市交通需求量，而交通容量为城市提供交通供给，两者存在纵横方向的协调机制，应在控规阶段实现两者的供需平衡，实现指标上的耦合。最终，在目标价值、空间层次和指标耦合的基础上构建了分层控规中土地使用强度与交通容量协同优化方法体系，为“两规”一体化编制建立理论框架。

# 第 4 章 “双向”协同优化机制分析

分层控规中土地使用强度与交通容量协同优化方法体系的建构，是建立在两者的目标、空间、指标关系一致性的基础上的，涉及两者多方面的指标内容和影响因素。由此可见，土地使用强度与交通容量之间存在着一定的作用关系，使得两者在编制过程中实现协同优化。本章引用微观经济学中的“供求关系”，以“交通”为媒介，来研究控规中的交通“供需关系”，探析分层控规中城市土地使用强度与交通容量的“双向”协同优化的工作原理——机制，为找到两者协同优化技术方法提供理论支撑。

## 4.1 分层控规中土地使用强度与交通容量协同优化框架

要理清分层控规中土地使用强度与交通容量的协同优化机制，首先要基于分层控规技术平台，找到控规三层次与交通容量对接的内容，建立起三层次的协同框架。在协同优化框架的基础上，对不同类别的交通、不同层次的交通供需关系进行阐述，全方位地理清土地使用强度与交通容量的协同优化机制，见图 4.1。

### 4.1.1 协同优化原理性研究

土地使用规划与交通规划存在规划目标、空间、指标关系三方面的一致性，涉及规划中的许多指标要素，这是两者协同的纽带，但两者之间需要一种机制，使得其多方面的链接要素得以运转。而揭示土地使用强度与交通容量之间的协同机制，首先需要对机制的原理性进行研究，找到揭示机制的合理方法。

**1. 机制的内涵**

所谓机制，即有机体的构造、功能及其相互关系和工作原理。机制在社会学中的内涵可以表述为“在正视事物各个部分存在的前提下，协调各个部分之间关系以更好地发挥作用的具体运行方式”。这正符合本研究的实际需要，通过对机制的研究掌握土地使用强度与交通容量之间正确的运行方式，揭示其在规划中的工作原理。

**2. 机制的研究方法**

对于机制的研究，需要从机制的构成来看，引用构造学中的原理性知识。对于

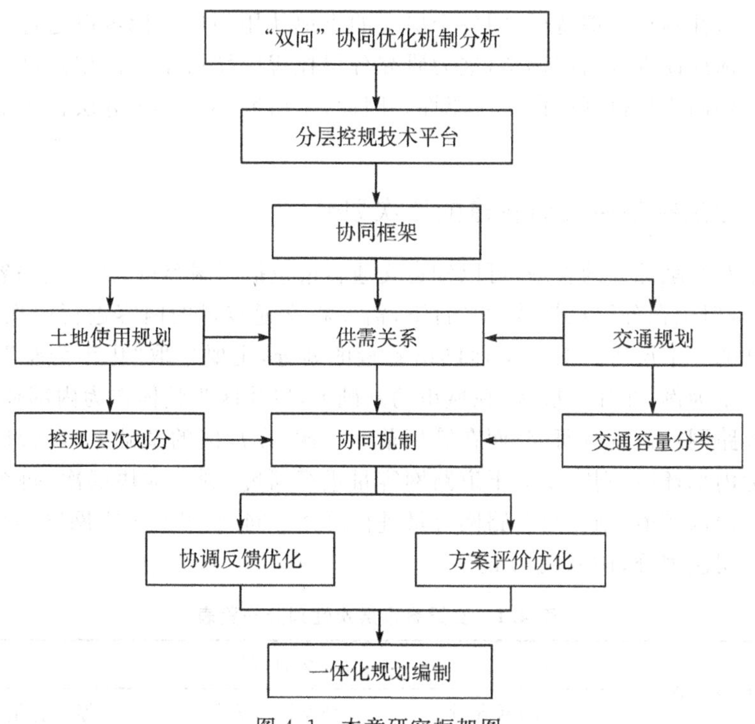


图 4.1 本章研究框架图

机制要从以下两方面来解读：一是机制由哪些部分组成和为什么由这些部分组成；二是机制怎样工作和为什么要这样工作。因此研究机制的过程也应该由两个阶段构成：第一个阶段，解读形成机制的内容，而内容的构成应该是两方面甚至多方面的；第二个阶段，揭示机制的运行方式。

从本研究的实际情况来看，机制的内容构成应包括土地使用规划与交通规划两方面的内容，但是对于两个系统中的具体内容、协同要素还需要进一步研究。而对运行方式的揭示，需要建立在分层控规的研究平台上。

### 4.1.2 协同优化框架建立技术平台

众所周知，土地使用规划在各个阶段都具有不可逆的传递性，即在总规、控规、修规以及各专项规划中都具有承上启下的作用，下一层次规划都必须承接上一层次规划的要求，并在其原则基础上细化深入，不能够违背其要求及方向，保证在上一层次指标范围内完成合理布局的任务。而土地使用强度作为规划核心控制指标，也继承了该特性。

而在分层控规的“总量控制、分层控制、分区平衡”技术体系中，即在控规阶段内部，各个层次的土地使用强度指标在内涵上存在本质的差别，并且存在传递性，但这个传递性具有反馈特征，即各个层次的土地使用强度指标可以通过接收下一层次的指标反馈进行内部调整，这为研究分层控规中城市土地使用强度与交通容量"双向"协同优化机制提供了可能性。因此，本研究必须基于分层控规的技术平台来完成。

### 4.1.3 分层控规中交通容量的层次划分

通过对文献综述的整理，可以知道交通容量包括路网容量、公交网络容量以及停车容量，但是在分层控规技术平台下，需要将交通容量的内容进行层次划分，以对应控规的三个层次。对于交通网络容量的划分，主要采取"化零为整"的方法。以路网容量为例，在片区层次，在城市的基础上，以片区为整体作为内部环境，只需对结构性路网容量进行研究；而在管理单元层次，在片区的基础上，以管理单元为整体作为内部环境，则需要对干道路网容量进行研究；到了地块层次，每个地块作为单独的内部环境，则需对全路网容量进行研究。同理，可对公交网络容量和停车容量进行层次划分，详见表 4.1。

**表 4.1　交通容量层次性划分一览表**

| 控规层次 | 交通容量 | | |
| --- | --- | --- | --- |
| | 路网容量 | 公交网络容量 | 停车容量 |
| 片区 | 结构性路网容量 | 公交总容量 | 片区总停车容量 |
| 管理单元 | 干道路网容量 | 公交干线容量 | 单元总停车容量 |
| 地块 | 全路网容量 | 站台容量、线路容量 | 公共、配建停车容量 |

### 4.1.4 分层控规中土地使用强度与交通容量供需关系揭示

美国学者麦恩黑姆(Manheim)将交通系统和社会活动系统进行整体分析，认为对象系统由交通系统、社会活动系统以及交通模式三者构成。从经济学角度看，交通系统是供应方，社会活动系统是需求方，而表示交通网络上人与物移动的交通模式则是交通供需平衡后的结果[148]。这种系统表现出以下两个特点：

第一，需求和供给双方经常出现短期平衡，且这种平衡是动态的；

第二，交通系统、社会活动系统、交通模式三者是相互作用的[149]，如图 4.2 所示。

Manheim 使用服务模型、需求模型及平衡模型来描述交通系统供需关系。这三个模型说明了以下几个问题：第一，交通系统包括供给系统、需求系统和供需平衡后的表现系统；第二，供需矛盾时时刻刻都会达到一种随机的、动态的平衡，这种平衡具有自发性；第三，平衡后的状态最终形成宏观的交通行为和交通模式，而不同的供需水平所形成的平衡状态是有差别的；第四，平衡后的宏观交通行为、模式作用于城市社会经济系统，起着促进或阻碍其发展的作用。

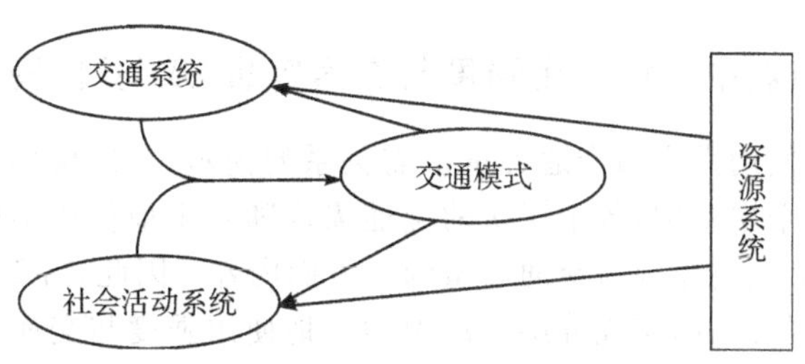


图 4.2 Manheim 系统作用关系图

（资料来源：刘灿齐.现代交通规划学[M].北京：人民交通出版社，2001.）

在实际情况中，这种供需平衡是动态的、随机的、短时的交通流宏观表现，它包含以下四个层次上的平衡：首先，路网容量与交通需求总量上的平衡；其次，城市交通结构与城市规模、道路系统承载力的耦合；再次，道路网布局与交通需求空间结构的耦合；最后，道路网的等级配置与交通出行规律的耦合。

其中，交通需求是土地使用强度的函数。交通工程学认为，交通需求起讫点之间发生以及发生多少不是任意的，而是与城市土地使用的布局与强度有着密切的关联性，不同强度的土地使用引发不同的交通需求，表现为不同的交通流状态；相反，通过对交通需求的管理，可以控制土地使用强度和类型，进而改变城市空间结构。

交通供给作为交通系统的另一个部分，是指一定时期内在一定价格水平上，交通运输生产者愿意并能够提供的交通服务数量。就城市交通而言，它主要包括出行方式、交通供给数量、对外设施、公共交通场站等的分布和配置状况；就道路系统来讲，交通供给数量表现为道路网所能容纳的交通实体数，即交通容量，它是交通供给的重要反映。

土地使用强度是量化交通需求的核心要素，交通容量是衡量交通供给的主要指标，两者在供需平衡关系中占主导地位，两者的关系可以通过供需平衡联系起来，如图 4.3 所示。

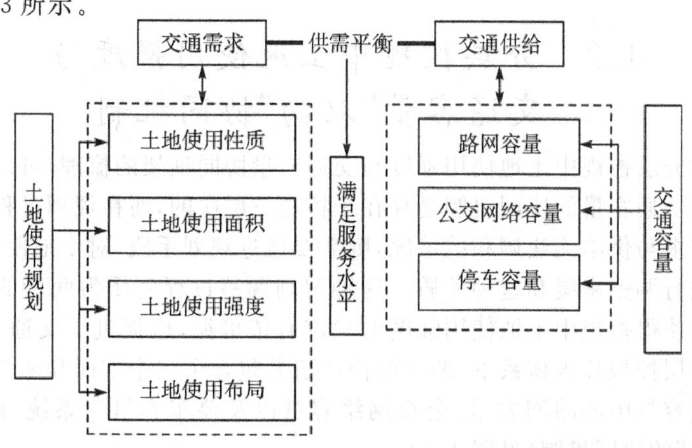


图 4.3 土地使用强度与交通容量的供需关系图

### 4.1.5 分层控规中土地使用强度与交通容量"双向"协同优化框架

通过对土地使用强度与交通容量供需关系的揭示，可以构建两者的协同优化框架。在控规三个层次中，各个层次的交通需求随着土地使用强度的不均衡化而变化，而交通供给主要体现为交通容量的三方面内容。因此，需要对各层次交通供需关系进行平衡与协调，完成分层控规中的土地使用强度与交通容量的"双向"协同优化框架，如图 4.4 所示。

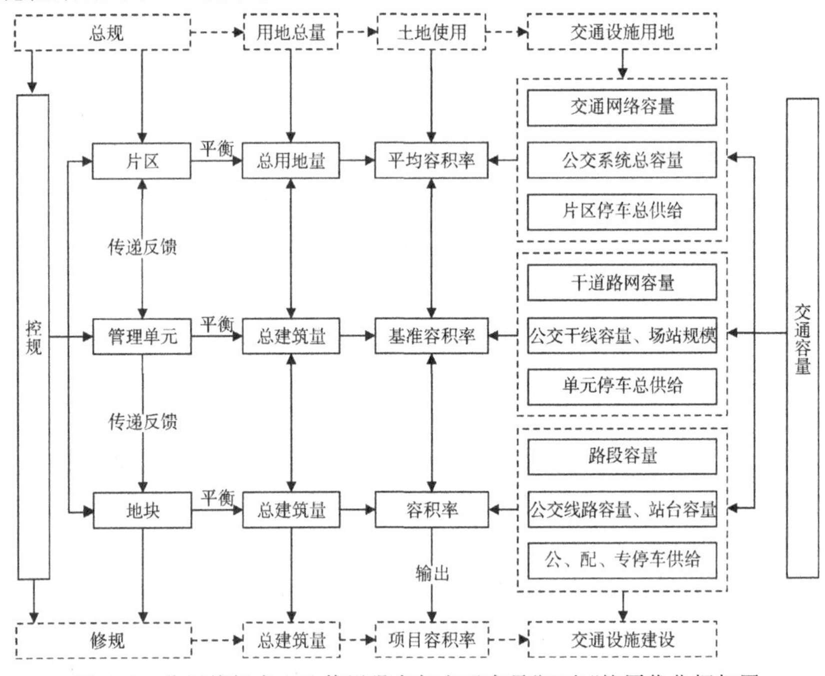

图 4.4 分层控规中土地使用强度与交通容量"双向"协同优化框架图

## 4.2 分层控规中土地使用强度与交通容量"双向"协同机制

通过对分层控规中土地使用强度与交通容量协同框架的梳理，可以看出，土地使用强度与交通容量的协同机制是存在于控规三层次的，而在规划过程中，难免会出现交通需求与供给无法调和的情况，则需要通过规划手段，对土地使用强度或者交通结构进行调整来缓和这种矛盾。这种规划调整过程实质为两者的协同机制，该机制不仅使得控规中土地使用强度的确定有依可循，也促进了交通结构的优化完善。在分层控规技术体系下，两者的协调机制包含了三个方面和两个方向，三个方面即交通容量中的路网容量、公交网络容量以及停车容量三系统，两个方向即纵、横"双向"的协同机制(见图 4.5)。

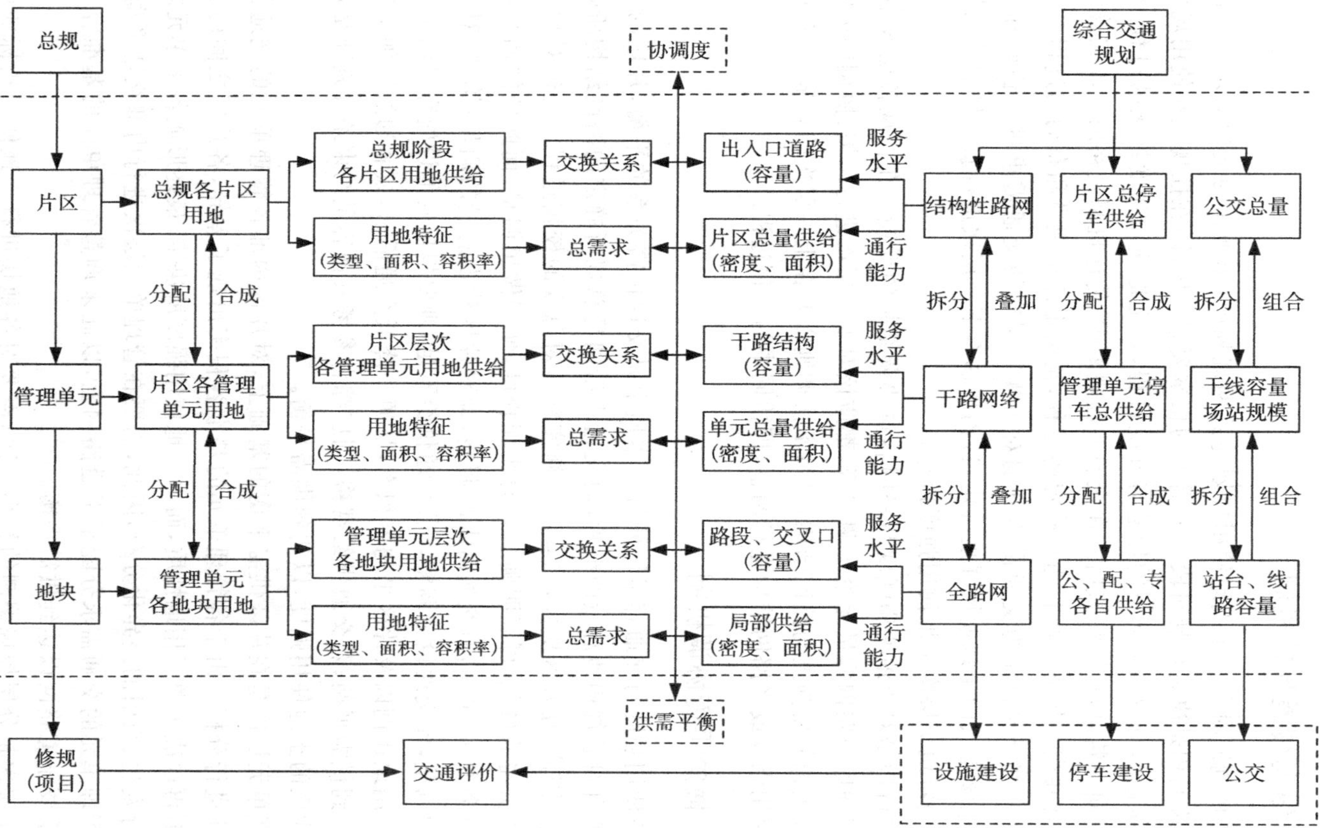


图 4.5 土地使用强度与交通容量"双向"协同机制框架图

### 4.2.1 纵向传递反馈机制

传递机制同时存在于土地使用规划与路网规划中，土地作为交通需求产生的根源，建筑面积是决定控规阶段交通需求的根本要素。因此，在控规土地使用规划中，传递机制是总量自上而下的传递与分配过程，是土地使用强度细化的过程，是用地总量向建筑总量转变的过程；在交通专题规划中，传递机制是路网逐步完善的过程，是公共交通状态平衡和趋势确定的过程，是确定停车规模和布局的过程。交通容量的三部分内容作为交通供给分别对控规三层次的交通需求进行检验和平衡，以约束该层次的土地使用强度确定，进而传递至下一层次进行新的供需关系校核，最终确定地块层次土地使用强度指标。

反馈机制是对土地使用强度与路网容量协调结果的反馈。在控规各层次中，土地使用强度与路网容量无论协调与否，都应该对上一层次进行反馈：协调则证明上一层次土地使用强度与路网结构合理；不协调则需要在上一层次的总量约束下，对土地使用强度或者路网结构进行调整，即协同中的优化过程。

### 4.2.2 横向平衡协调机制

土地使用强度与交通容量协同机制本质上是交通供需关系的平衡，片区的交通需求源自对总规用地总量的继承，而交通供给则是总规所确定的路网结构所带来的供给，因此，在片区层次，二者的平衡实际是对总规的校核过程。通过对片区层次交通供需的量化，可以明确二者的匹配程度，便于做出调整，而此处的调整主要包含两个方面：第一，对交通需求的调整，即对片区建设总量的调整；第二，对交通供给的调整，即交通设施调整。若交通供给不足，则要根据其他设施容量约束来调整片区用地比例以及片区平均容积率，从源头降低交通需求，或者通过增加交通设施来达到供需平衡；若交通供给富裕，则应综合参考其他容量约束条件判断是否提高本片区的土地使用强度，以达到供需平衡。

管理单元层次是在片区供需平衡的基础上，对片区内部各管理单元的交通供需均衡性进行分析。由于各管理单元的基准容积率出现了差异，各片区之间的交通需求不再取决于单元用地性质，而由土地使用强度所决定，最终形成各个单元之间的出行发生、吸引的差异化分布，因此，需要在管理单元层次进行内部交通平衡。若将各管理单元的交通需求分配至干道路网上，以此来调整管理单元的基准容积率以及重要干道路网以达到供需平衡。

地块层次是分层控规编制的最小层次，需要对各地块进行土地使用指标的确定，作为用地管理的依据。在地块层次，路网结构以及用地方案已基本敲定，没有大幅调整路网方案的技术可行性，因此，重点在于探索如何使得既定路网本身效益最大化。调整的内容主要为地块容积率以及支路网络结构、公交站点的设置。

# 4.3 交通容量三系统协同机制分解

## 4.3.1 路网容量系统

从土地使用规划来看，土地使用强度是土地使用规划的核心指标，决定控规三层次的交通需求。而道路与交通设施用地(S)作为城市用地的一部分，是路网容量产生的基础，因此，路网容量是控规阶段交通容量中与土地使用协同的核心内容。判断路网容量方面的协同要素是交通供需关系的协调度，其三层次的协同机制如图4.6所示。

**1. 片区层次**

由于单个片区的交通生成和吸引难以真实反映整个城市的交通关系，因此，需要将片区层次的研究面放大到整个城市。将片区当作一个整体，其交通生成的影响因素为土地使用三要素，包括用地性质、用地面积和平均容积率。同样，城市的其他各片区也会产生相应的交通生成，而各个片区的交通吸引量由于城市功能、区位等因素的不同而各异，于是产生了各片区之间的交通交换关系。在片区作为整体的情况下，研究交通供给则只需要对城市结构性干道路网进行判断。结构性路网源自城市总规的确定，因此在片区层次，交通供需协调的实质是对总规结构性路网容量的校核，通过校核来判断片区平均容积率的合理性，这个校核过程即片区层次两者的协同机制。

**2. 管理单元层次**

依照片区层次的协同机制，管理单元的协同机制研究可以在片区的基础上，将各管理单元作为单独的整体，其交通生成与交换关系由土地使用产生，影响要素为土地使用性质、土地使用面积、单元基准容积率，同样各管理单元之间存在交通的交换关系。通过管理单元的划分原则可知，承载各管理单元之间交通交换的是城市的干道系统。因此，在管理单元层次的交通供给需要对干道网络容量进行模型量化，进而判断供需关系。与片区层次不同的是，管理单元层次的协同机制是对土地使用规划与交通规划双方面的校核，通过供需关系来判断单元基准容积率的合理性，并且对片区内的干道路网结构合理性进行检验。

**3. 地块层次**

地块层次的协同机制则进一步以各地块为整体进行交通需求的量化，影响因素包括用地性质、用地面积与地块容积率，交通供给需要对片区全路网容量进行量化，从而完成对各地块容积率的校核和对支路网结构的检验。

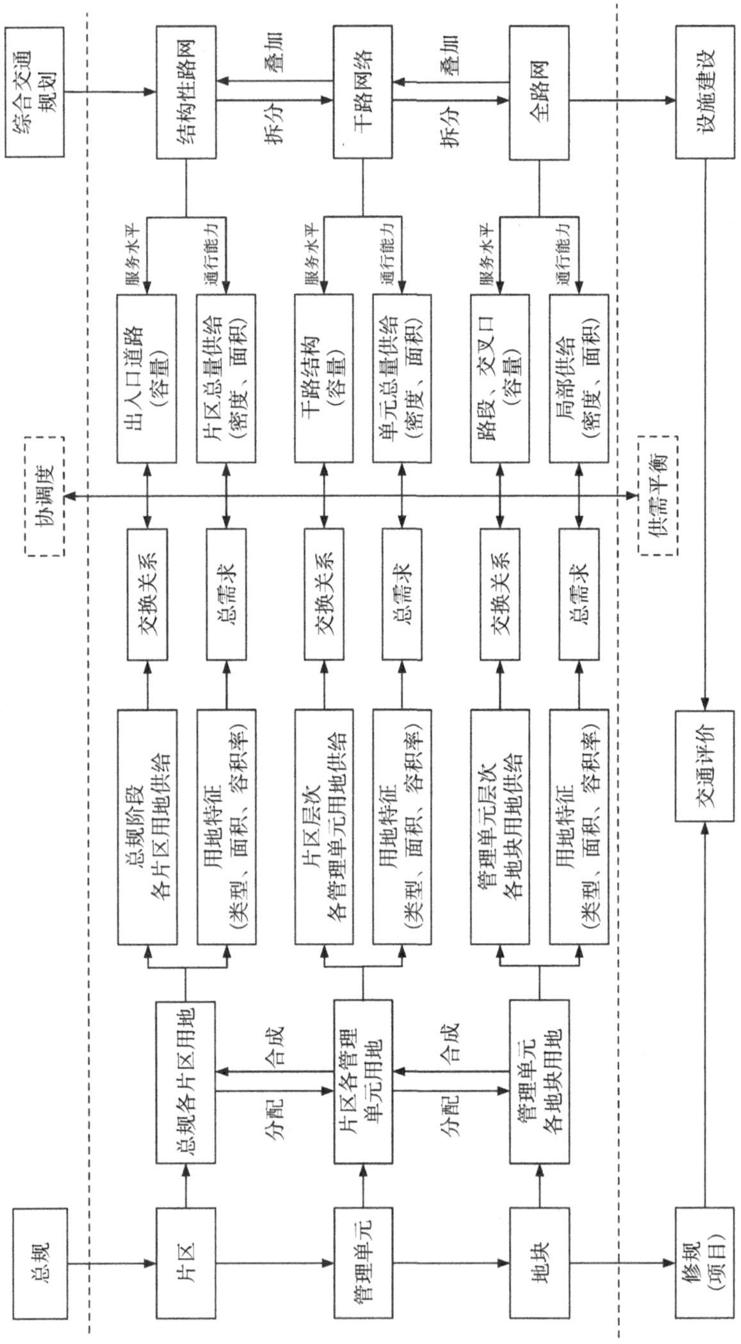

图 4.6　土地使用强度与路网容量“双向”协同机制框架图

### 4.3.2 公交网络容量系统

公共交通是城市交通中不可或缺的部分，在控规阶段研究公共交通容量与土地使用强度的协同机制是掌握城市公共交通状态与发展趋势的关键。公共交通的需求是总交通需求的重要组成部分，因此，公共交通需求从本质上是依附于交通需求的公交子系统，其承载系统为公共交通。判断公共交通供需关系的纽带为公共交通供需协调度，以此来检验控规各层次的土地使用强度。协同机制详见图 4.7。

**1. 片区层次**

研究片区层次公交网络容量与土地使用强度的协同机制，需将片区作为一个整体，其内部公交需求皆为内部量，另外还包括过境量、出境量和入境量，这四部分构成片区的公交总需求。究其根源，公共交通需求是片区交通总需求中的一部分，通过对交通方式的划分可以对片区公交总需求进行量化，主要影响因素仍为土地三要素。在片区层次，公交站点的设置还未完成，只能通过片区公交运营的线路通行能力来量化片区公交总容量，主要影响因素为公交总线路长度和总配车数。在片区的公交供、需总量确定之后，通过两者的协调度判断片区的土地使用强度的合理性以及公交状态优劣程度。为保证公共交通的运营质量，应保证一定程度的公交供给富余量。

**2. 管理单元层次**

在片区供需平衡的基础上，可以展开对管理单元层次的协同机制的研究。管理单元层次的交通需求量都已确定，各管理单元之间的公交需求可以通过公交方式分担率所确定，最终量化管理单元内部交换量和跨单元交换量。主要影响因素有公交分担率、管理单元之间的直线距离和管理单元的道路网结构。管理单元的公交供给为公交的线路容量，或者说部分网络容量，同样可以通过公交运营的线路通行能力来量化。协调过程中，基于片区的全公交网络容量校核跨单元的公交需求，线路容量校核管理单元内部公交需求，从而判断各管理单元的土地使用强度合理性。

**3. 地块层次**

正如管理单元作为片区的子系统，地块作为管理单元的子系统，各地块的交通需求已经确定，基于管理单元，其协同机制可以套用管理单元层次的机制来检验地块土地使用强度的合理性。

### 4.3.3 停车容量系统

停车容量是静态停车容量，是城市交通中必不可少的部分。从理论上讲，停车需求量是与交通需求相对应的，两者是正相关的。停车的供给包括公共停车与配

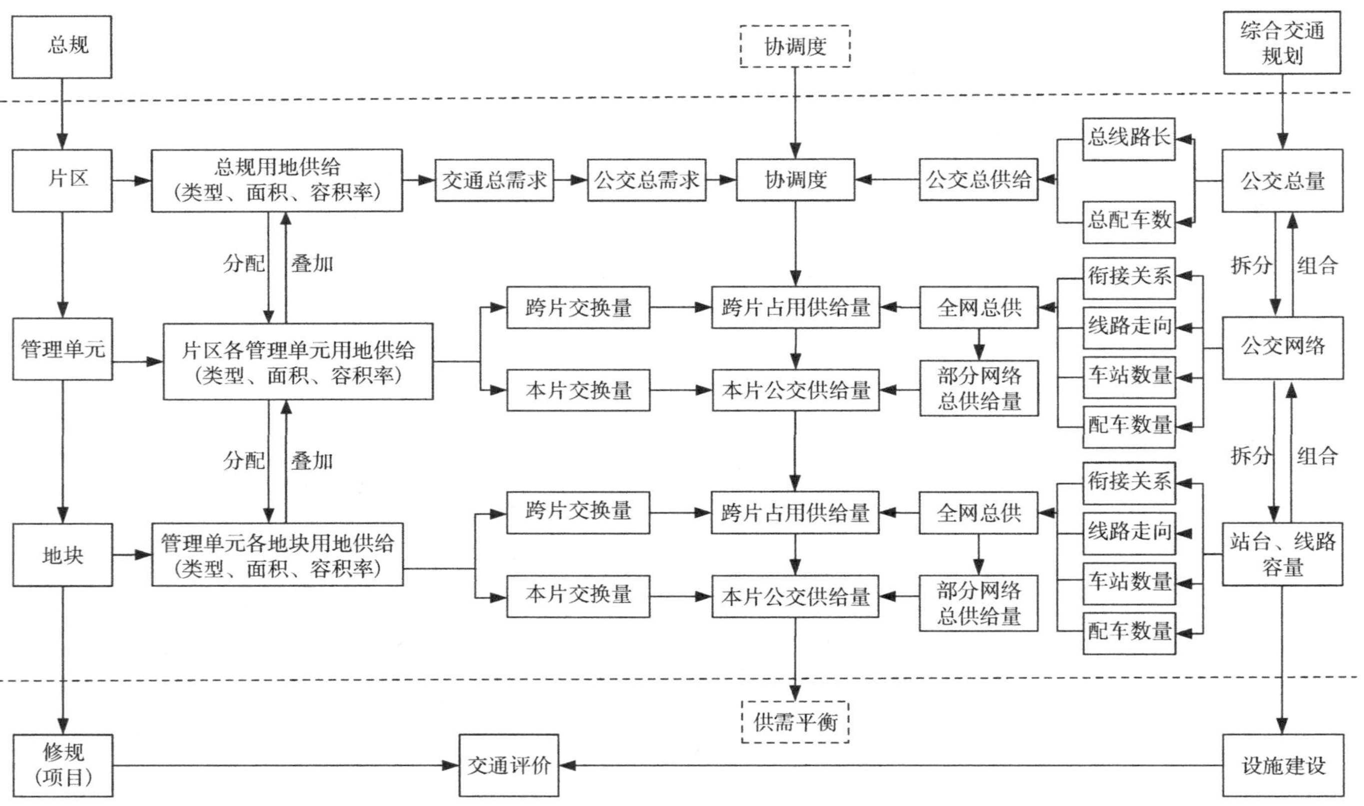


图 4.7　土地使用强度与公交网络容量“双向”协同机制框架图

建停车两部分。在土地使用规划的过程中，停车容量需要落实到用地空间，所以停车容量与土地使用强度的协调机制从本质上是城市土地使用过程中的协调关系，如图 4.8 所示。

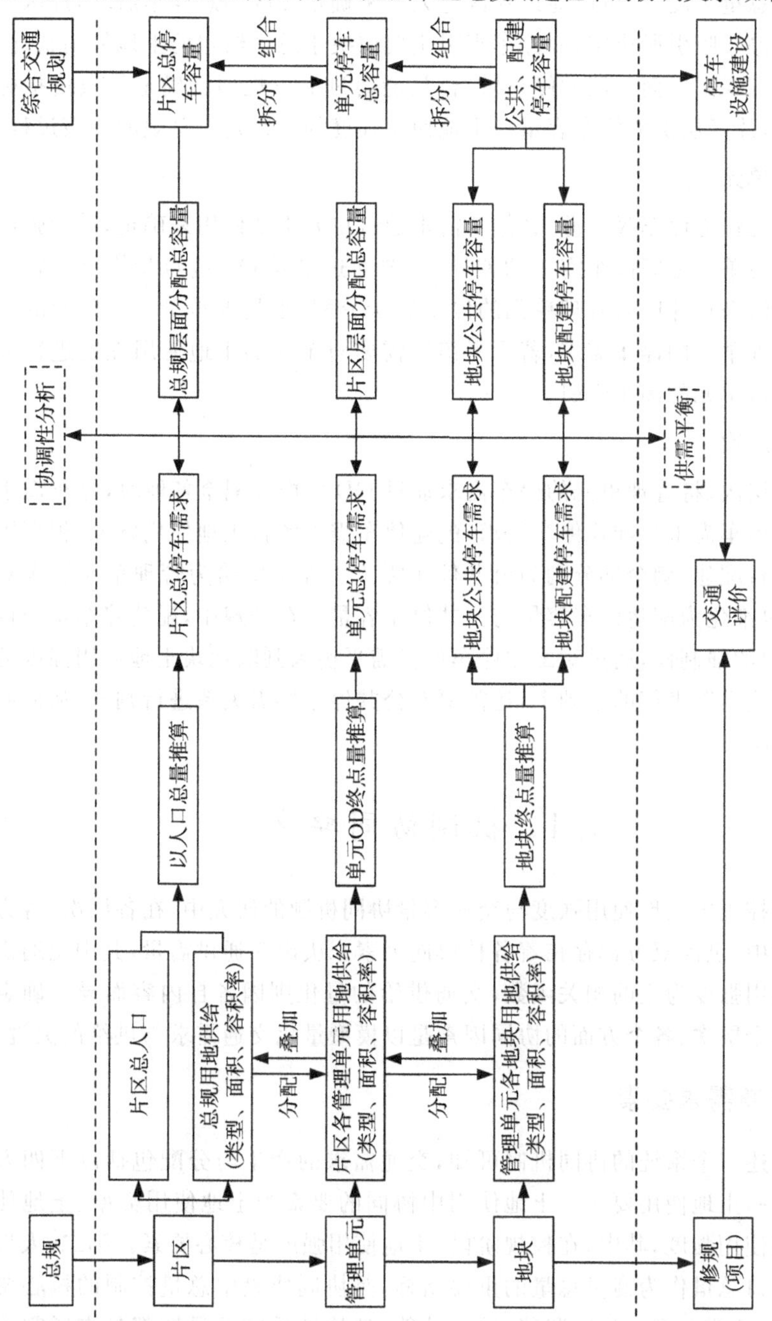


图 4.8 土地使用强度与停车容量“双向”协同机制框架图

**1. 片区层次**

从片区总量角度看，可以通过片区总人口来确定片区的总停车需求，片区的停车需求由其停车吸引所决定，而停车吸引主要取决于总规给定的土地使用状况，包括土地使用三要素。而片区的停车供给，只能通过上位规划所确定的数量指标来衡量。所以，片区层次的停车容量与土地使用强度的关系是对总规的校核过程。

**2. 管理单元**

管理单元作为停车吸引源，其停车需求通过单元土地使用来确定，单元强度的差异造成了各单元之间停车需求的差异，需要通过单元 OD 终点量推算。管理单元的停车供给来自片区对管理单元的停车容量分配，也是继承量。以单元的停车总量校核管理单元的停车需求，若不平衡则需要对单元的土地使用强度进行调整来增加或降低单元的停车吸引。

**3. 地块层次**

在地块层次，将管理单元的停车需求通过 OD 反推分配至各地块，停车需求细化分成公共停车需求与配建停车需求，配建停车需求源自土地使用状况，根据国家相关标准进行配建，剩余部分则为公共停车需求。停车供给为管理单元层次对地块的分配，也细化为配建停车容量与公共停车容量。在控规中，配建停车是硬性指标，具有一定的强制性，通过对配建停车的供需平衡来判断地块土地使用强度的合理性。在配建供需平衡的基础上，还需要对公共停车供需关系进行判断，从而制定公共停车策略。

## 4.4 机制协同要素

在分层控规中土地使用强度与交通容量协同机制的研究中，在各层次、各方面的协同机制中，供需双方都存在着各种协同因素来决定交通供需量，其中交通需求是以土地使用强度为主的相关函数，交通供给的量化则因各自内容而异。确定协同机制中各个层次、各个方面的协同因素是以模型量化交通需求与供给的关键。

### 4.4.1 交通需求要素

通过上述三个系统的协同机制可知，交通需求的产生与分配包括以下四方面的要素：第一，土地使用要素。土地使用中协同的要素为土地使用类型、土地使用面积和土地使用强度，其中，在控规阶段，土地使用强度是核心要素。第二，人口要素。片区人口总量作为衡量总量的重要指标，是协同要素中总量控制的核心要素之一。第三，功能要素。片区职能、单元功能、地块性质的差异性都是交通需求产生及分配的重要依据。第四，指数要素。在交通需求产生的过程中，涉及诸多指数要素，包括公交分担率、道路结构指数、停车吸引率等。

### 4.4.2 交通供给要素

交通供给要素产生于交通容量的三个系统，因此，其要素也包含三个方面。

**1. 路网容量**

确定路网容量的方法有很多，各个方法的参数也不尽相同，但是在控规阶段，道路交通方面研究的要素限定于道路网络、道路断面、交叉口与道路设计中，其他的参数如果想获得皆需要进行大量的调研。因此，本研究主要考虑控规阶段影响道路网络通行能力的要素，包括路网密度、路网结构、道路交叉口形式等。

**2. 公交网络容量**

控规阶段，涉及公共交通的要素包括公交场站、公交线路、公交站点等。因此，在公交网络容量系统中的协调要素包括公交线网密度、长度以及公交车的数量，以此来完成公交网络容量的量化过程。

**3. 停车容量**

控规阶段停车容量主要源自总规，因此上位规划的指标要素是关键。停车总量在控规中被划分为公共停车和配建停车两个部分，还需要对其分别讨论。

本研究通过对协同机制的探析，结合国内外关于土地使用与交通容量的研究，甄选出以下协同因素，见表4.2。

## 4.5 优化机制

探析土地使用强度与交通容量的协同机制，根本目的是促进分层控规中土地使用与交通一体化规划编制技术的落实，而最终一体化规划编制需要在土地使用与交通协同的情况下提出共同的规划策略，完成共同的规划目标，最终真正构建起分层控规中土地使用与交通一体化规划编制技术。优化机制作为协同机制的重要一环，是一体化编制技术中土地使用规划与交通规划协同的结果反映，包括协调反馈优化和方案评价优化两个部分。

**1. 协调反馈优化**

协调反馈优化机制同时存在于协同机制的纵、横两个方向。首先，横向依据交通供需平衡状态进行协调优化，在横向协调机制中，交通供需平衡无异于两种状态：协调与不协调。协调则向下一层次传递，进行下一层次的平衡；不协调则在本层次调整土地使用强度或者交通结构。其次，在纵向协调机制中，在下一层次的平衡过程中出现了不协调的情况，需要反馈到上一层次，在上一层次总量约束下进行调整。

表 4.2　分层控规中土地使用强度与交通容量协同要素一览表

| 控规层次 | 路网容量 | | 公交网络容量 | | 停车容量 | |
|---|---|---|---|---|---|---|
| | 交通需求 | 交通供给 | 交通需求 | 交通供给 | 交通需求 | 交通供给 |
| 片区 | 1. 片区总人口<br>2. 片区用地总量<br>3. 片区平均容积率<br>4. 片区职能 | 1. 结构性路网密度<br>2. 结构性路网结构<br>3. 道路通行能力<br>4. 道路交叉口形式 | 1. 片区交通总需求<br>2. 片区平均容积率<br>3. 公共交通分担率<br>4. 城市结构性干道路网结构 | 1. 公交线网密度<br>2. 公交线路总长<br>3. 公交总配车数 | 1. 片区总人口<br>2. 片区停车吸引率<br>3. 片区平均容积率 | 总规给定的片区总停车供给（面积、车位数） |
| 管理单元 | 1. 管理单元用地总量<br>2. 单元基准容积率<br>3. 单元功能 | 1. 干道路网密度<br>2. 干道路网结构<br>3. 道路通行能力<br>4. 道路交叉口形式 | 1. 单元交通总需求<br>2. 单元基准容积率<br>3. 公共交通分担率<br>4. 片区干道路网结构 | 1. 局部线路长度<br>2. 公交站间距<br>3. 公交总配车数 | 1. 单元基准容积率<br>2. 单元停车吸引率 | 片区分配的单元停车总供给（车位数） |
| 地块 | 1. 地块用地性质<br>2. 用地面积<br>3. 容积率 | 1. 各级道路网密度<br>2. 全路网结构<br>3. 道路通行能力<br>4. 道路交叉口形式 | 1. 地块交通总需求<br>2. 地块容积率<br>3. 公共交通分担率<br>4. 片区路网结构 | 1. 站点线路数量<br>2. 各线路发车间隔<br>3. 各线路车辆额载 | 1. 地块容积率<br>2. 机动车 OD 分布<br>3. 配建指标<br>4. 公共停车需求 | 公共停车供给、配建停车供给（车位数） |

**2. 方案评价优化**

方案评价优化是协同机制中优化的另外一个系统，是规划编制实际过程中对方案的逐步检验优化机制。在控规编制土地使用方案设计过程中，大致可以分为三个阶段：第一阶段为多方案阶段，对片区的多种发展可能性，初步提出多个土地使用方案，进行筛选；第二阶段为统一方案阶段，通过对多方案进行初步土地使用强度与交通容量的协调性判断，结合各种政策、经济环境、实施可能性因素，统一成一个中期方案；第三阶段为方案确定阶段，对中期方案进行全面协调机制检验，最终确定土地使用方案。

协调反馈机制是土地使用强度与交通容量平衡协调过程中的理想优化过程，原则是追求协调度最优化。而方案评价优化是分层控规中土地使用与交通一体化规划编制的实际操作过程。由于控规土地使用还需考虑其他多方面的约束条件，因此，在方案评价优化中，原则是保证一定的协调度，对方案进行综合优化，推进规划编制进程。

## 4.6 本章小结

本章为揭示分层控规中城市土地使用强度与交通容量的协同优化机制，进行了以下研究：首先，在分层控规的技术平台下，构建了土地使用强度与交通容量的协同优化框架，对控规三层次，交通容量三方式，纵、横“双向”的土地使用强度与交通容量的协同机制进行了全面研究。其次，在分层次、分交通方式的指标体系中，对协同机制中各层次的交通供需影响因素进行了归纳总结，为进一步量化模型打下了基础。最后，结合控规编制实际，提出了优化机制和评价优化方法。

# 第5章 “双向”协同优化模型和评价方法

前文提出了土地使用强度与交通容量的“双向”协同优化理论框架，并对其工作原理进行了深入分析，形成了分层控规三层次的城市土地使用强度与交通需求具有直接关系，交通需求与各类交通设施要素之间有明确关系的共识。以这个共识为基础，可以在土地使用强度与交通需求之间建立数量关系，构建交通预测模型，与城市道路交通网络提供的容量进行横向比较、分析、评价和优化，再根据纵向三层次之间传递的反馈信息，计算得到符合发展目标的控规土地使用的优化方案。在控规中将土地使用与交通系统做整体优化考虑，一方面可以保证按照空间需求所设定的土地使用强度指标处在主要规划交通设施所能够支撑的合理范围之内，而另一方面也确保主体规划交通设施能够有效地满足土地使用强度指标优化调整的要求。因此，本章将重点探讨这三种交通系统与土地使用强度规划指标之间的相互制约和反馈关系，并以此为基础提出优化的模型技术和实际应用方法。

## 5.1 三层次模型选择

目前，在交通网络容量研究方面已有很多研究成果。然而对于控规阶段三层次的规划应用而言，现有模型难以适应控规阶段土地使用与交通协同优化的分析需要。对现有交通网络容量分析的主要模型和方法分析如下。

### 5.1.1 现有主要模型技术要点分析

现有各种容量分析模型的技术要点比较如表5.1所示。

表 5.1 现有交通容量模型的技术特点表

| 模型类别 | 模型名称 | 输入参数 | 输出参数 | 优点 | 缺点 |
| --- | --- | --- | --- | --- | --- |
| 路网容量 | 时空消耗法 | • 路网时空总资源<br>• 一次出行距离<br>• 行驶车速<br>• 车流密度 | • 可承担的机动车出行数量 | • 概念清晰<br>• 形式简单<br>• 易于理解 | • 个体时空消耗量调查规模大<br>• 不同城市之间可移植性差 |
| | 数学规划法 | • 出现需求<br>• 路段集合<br>• O、D 点集合 | • 路网承载力 | • 理论完备<br>• 符合实际 | • 计算过程过于复杂 |
| | 割集法 | • 实际流量 | • 发点发量<br>• 收点收量 | • 基础坚实<br>• 算法简单 | • 不符合路网实际<br>• 计算结果不准确 |
| | 交通分配模拟法 | • OD 分配 | • 最大可支持流量 | • 模拟实际 | • 计算过程复杂<br>• 与实际择路行为有偏差 |
| | 宏观供需平衡法 | • 道路理论通行能力<br>• 车道总里程<br>• 交叉口折减系数<br>• 道路平均饱和度<br>• 车道综合折减系数 | • 道路总容量 | • 思路简单<br>• 过程清晰 | • 没有考虑交通分布的不均衡性<br>• 计算结果不准确 |
| 公交容量 | 基于公交停靠站的通行能力 | • 停车站的通行能力<br>• 车辆占用停车站的总时间 | • 公交线路通行能力 | • 计算简单<br>• 结果较准确 | • 需要大量基础数据<br>• 调研困难大 |
| | 基于公交车运营的通行能力 | • 公交车辆数<br>• 公交线路周期长度<br>• 车辆行驶速度<br>• 公交车座位容量 | • 公交线路通行能力 | • 对影响因素把握全面<br>• 符合实际<br>• 计算简单 | • 计算有误差 |

续表

| 模型类别 | 模型名称 | 输入参数 | 输出参数 | 优点 | 缺点 |
| --- | --- | --- | --- | --- | --- |
| 停车容量 | 停车率模型 | • 用地停车需求生成率<br>• 用地类型单位指标 | • 停车需求量 | • 模型科学<br>• 考虑不同用地类型<br>• 计算结果准确 | • 停车需求生成率难以把握 |
| | 相关分析模型 | • 工作岗位数<br>• 人口数<br>• 建筑面积<br>• 零售服务业人数<br>• 小汽车注册数 | • 停车需求量 | • 考虑因素全面<br>• 计算简单 | • 因素简单叠加<br>• 变量较多、精度受影响 |
| | 交通量-停车需求模型 | • 交通吸引量 | • 停车需求量 | • 动静态结合 | • 无法具体到用地 |
| | 出行吸引模型 | • 车辆出行吸引量<br>• 车辆平均停车率 | • 停车需求量 | • 建立于总规<br>• 宏观控制力强<br>• 对动、静态交通都有指引<br>• 计算简单 | • 结果相关宏观，难以准确 |

### 5.1.2 控规三层次模型构建的基本思路

从编制技术的角度而言，好的规划方案应该具备内部技术一致、在可见时空范围内非劣以及最大限度地适应多样化发展前景的基本要求。就本研究而言，更多地探求在上位总规的指导下如何编制一份土地使用强度与交通设施容量相契合的规划方案的问题。因此本研究的总体设计就要针对两个基本问题展开：首先，如何保障规划方案的内在技术一致性；其次，如何保障规划方案的非劣性。回答第一个问题就需要建立土地使用强度与交通设施供给之间的协同优化机制，而要回答第二个问题就需要进行规划方案整体的系统评价。

由于控规编制技术本身的多样性和复杂性，从实践角度而言，很难也无须将规划方案的生成过程完全程序化。一个较为可行的思路就是按照复杂系统的一般原则，即“定性与定量方法结合，以定性为主”“人机交互分析，以人为主”的原则。那么针对本研究的具体特点，不妨制订如图 5.1 所示的基本优化分析框架。考虑将整体规划方案的形成分成两个大的部分，即土地使用规划方案和交通规划方案。这两个过程相互独立地由相应专业的规划师来制订。这样就能够发挥人的能动性，以适应复杂的编制环境和多样的编制目标。为了与定量化分析部分相独立，不妨考虑将这样的创造性研究过程放在主体模型优化程序的外部。

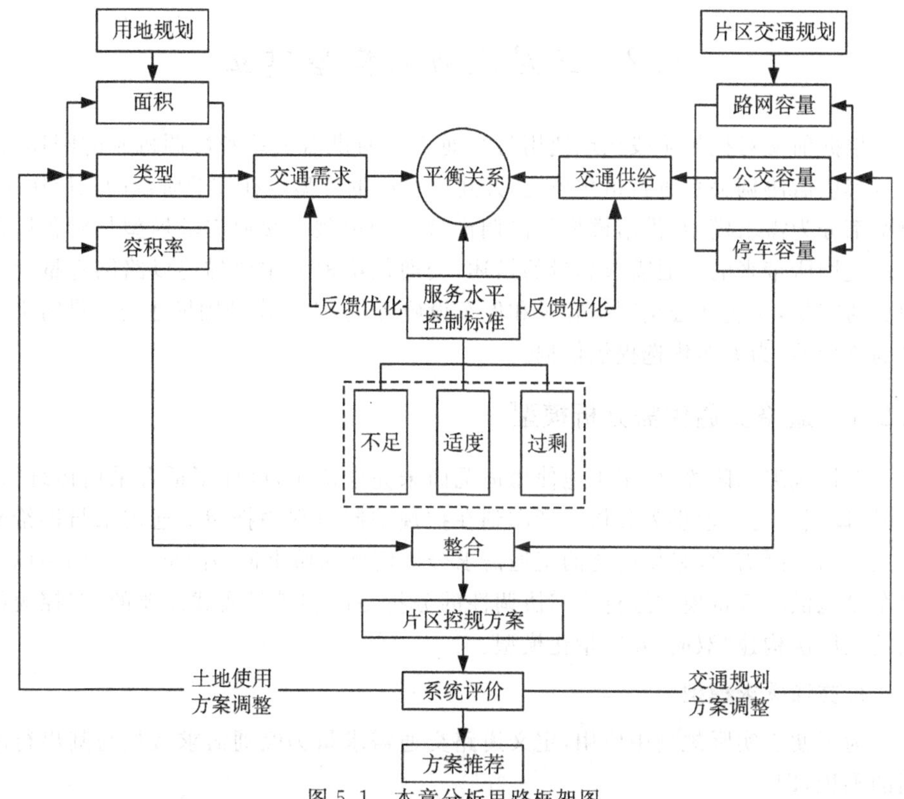

图 5.1　本章分析思路框架图

在主体优化工作程序之内考虑以远期服务水平为控制目标，将土地使用规划方案视为需求的时空形态，而将交通规划方案视为供给的时空形态。两者以出行行为(终点选择、时间选择、方式选择、路径选择)相联系并平衡于特定的服务水平。从更好地服务于远期城市社会经济系统的角度而言，应该将方案内蕴含的交通供需平衡后的服务水平限定在适度的范围内，既要避免供大于求，也要避免供不应求。如果所规划的方案能够达到这样的目标，就可以认为所规划的土地使用强度与交通设施容量达到了技术角度的一致性。

更进一步，为了保证方案的非劣性，考虑以多方案评价优选的模式来加以保障。也就是在规划方案的形成阶段依照不同规划理念和思路，生成多个备选方案，各备选方案在通过土地使用强度与交通供给容量的优化调整后均达到了内部技术的一致性，但究竟采用哪个方案，则要通过最终的评价分析再加以确定。

从评价技术的角度来看，关键在于评价指标集的构建和评价方法的选择。在评价指标集的构建中应综合土地使用规划和交通规划两方面的技术适宜性、规范满足程度和规划意义的合理性；在对备选方案评价排序的基础上，对各方案的进一步优化方向和角度也做出判断。

## 5.2 三层次协同模型建立

根据前文对控规阶段土地使用与交通容量的供需关系和协调机制的阐述，需要对其供需协调关系进行量化研究，并建立相应的模型。在控规阶段的三层次中，模型都分为需求模型、供给模型和协调模型三种模型。交通需求模型是对各层次土地使用所带来的交通需求总量的描述；交通供给模型主要描述以路网容量为主的交通容量，还包括公交网络容量和停车设施容量；协调模型则描述交通供需平衡量的合理性，为方案优选提供依据。

### 5.2.1 道路交通供需分析模型

在控规编制阶段，由于土地使用情况尚未完全确定，因此不适合采用传统“四阶段”模型进行交通供需分析。考虑到在控规编制过程中把握交通需求与供给平衡关系的实际需要，采用简化的交通需求分析模型和城市道路网络、公交网络以及停车设施供给容量模型进行供需协调性的分析是能够满足实践需要的，在控规编制的三层次构建“双向”互馈量化模型。

**1. 交通需求模型**

为了便于实际规划中应用，定义道路交通需求量为交通需求数量与其出行距离的乘积，即

$$T_{ij} = t_{ij} x_{ij} \tag{5.1}$$

式中 $T_{ij}$ ——分区 $i$ 到分区 $j$ 的道路交通需求量，pcu · km/h；

$t_{ij}$ ——分区 $i$ 到分区 $j$ 的交通需求量，pcu/h；

$x_{ij}$ ——分区 $i$ 到分区 $j$ 的出行距离，km。

1）出行生成

由于城市道路交通是相互连通的整体网络系统，因此需要考虑编制片区及其以外的其他片区对本区域的影响，分析思路如下。

（1）总量控制（全市总量）。假设在城市总规中将城市划分为 $n$ 个不同的编制

片区，各个编制片区的总人口数为 $P$，其中规划人口为 $P^0$，预计暂住人口为 $P^1$，流动人口为 $P^2$，各类人口的平均出行强度依次为 $a^0$、$a^1$、$a^2$。那么全市的总出行需求 $G$ 就应该为

$$G=a^0P^0+a^1P^1+a^2P^2 \tag{5.2}$$

（2）各片区、管理单元、地块出行产生吸引（研究区域局部）。对于其中第 $i$ 个分区（可以是片区、管理单元或者地块）的出行产生量、吸引量按照式（5.3）和式（5.4）计算，分类用地出行率指标参考值见表 5.2。

$$G_i=\sum_k(\alpha_1^k L_{i,1}^k \rho_{i,1}^k+\alpha_0^k L_{i,0}^k \rho_{i,0}^k) \tag{5.3}$$

$$A_i=(\sum_k \beta^k L_i^k \rho_i^k)Y_i^\mu \tag{5.4}$$

式中 $G_i$——第 $i$ 个分区的出行产生量，人次/d；

$A_i$——第 $i$ 个分区的出行吸引量，人次/d；

$L_{i,1}^k$——第 $i$ 个分区中第 $k$ 类用地的新增用地面积，$m^2$；

$L_{i,0}^k$——第 $i$ 个分区中第 $k$ 类用地的既有用地面积，$m^2$；

$L_i^k$——第 $i$ 个分区中第 $k$ 类用地的总面积，$m^2$；

$\rho_{i,1}^k$——第 $i$ 个分区中第 $k$ 类新增用地的容积率（片区为平均容积率，管理单元为基准容积率，地块为容积率）；

$\rho_{i,0}^k$——第 $i$ 个分区中第 $k$ 类既有用地的容积率（片区为平均容积率，管理单元为基准容积率，地块为容积率）；

$\rho_i^k$——第 $i$ 个分区中第 $k$ 类用地容积率的平均值；

$\alpha_1^k$——新增第 $k$ 类用地单位建筑面积的出行产生率，人次/（d·$m^2$）；

$\alpha_0^k$——既有第 $k$ 类用地单位建筑面积的出行产生率，人次/（d·$m^2$）；

$\beta^k$——新增第 $k$ 类用地单位建筑面积的出行吸引率，人次/（d·$m^2$）；

$\mu$——待定参数；

$Y_i$——区位调整因子，由式（5.5）决定。

**表 5.2 分类用地出行率指标参考值一览表**

| 大类 | | 中类 | | 高峰小时出行率参考值 | 出行率单位 |
|---|---|---|---|---|---|
| 名称 | 代码 | 名称 | 代码 | | |
| 住宅 | T01 | 宿舍 | T011 | 4～10 | 人次/100 $m^2$ 建筑面积 |
| | | 保障性住宅 | T012 | 0.8～2.5 | 人次/户 |
| | | 普通住宅 | T013 | 0.8～2.5 | |
| | | 高级公寓 | T014 | 0.5～2.0 | |
| | | 别墅 | T015 | 0.5～2.5 | |

续表

| 大类 | | 中类 | | 高峰小时出行率参考值 | 出行率单位 |
|---|---|---|---|---|---|
| 名称 | 代码 | 名称 | 代码 | | |
| 商业 | T02 | 专营店 | T021 | 5～20 | 人次/100 m² 建筑面积 |
| | | 综合型商业 | T022 | 5～25 | |
| | | 市场 | T023 | 3～25 | |
| 服务 | T03 | 娱乐 | T031 | 2.5～6.5 | 人次/100 m² 建筑面积 |
| | | 餐饮 | T032 | 5～15 | |
| | | 旅馆 | T033 | 3～6<br>1～3 | 人次/100 m² 建筑面积<br>人次/套客房 |
| | | 服务网点 | T034 | 5～15 | 人次/100 m² 建筑面积 |
| 办公 | T04 | 行政办公 | T041 | 1.0～2.5 | 人次/100 m² 建筑面积 |
| | | 科研与企事业单位 | T042 | 1.5～3.5 | |
| | | 商务写字楼 | T043 | 2.0～5.5 | |
| 场馆与园林 | T05 | 影剧院 | T051 | 0.8～1.8 | 人次/座位 |
| | | 文化场馆 | T052 | 1.5～3.5 | 人次/100 m² 建筑面积 |
| | | 会展场馆 | T053 | | 人次/100 m² 建筑面积 |
| | | 体育场馆 | T054 | 0.2～0.8 | 人次/座位 |
| | | 园林与广场 | T055 | 0.2～2.0 | 人次/100 m² 建筑面积 |
| 医疗 | T06 | 社区医院 | T061 | 1.5～4.0 | 人次/100 m² 建筑面积 |
| | | 综合医院 | T062 | 3～12 | |
| | | 专科医院 | T063 | 4～8 | |
| | | 疗养院 | T064 | 1～3 | 人次/床位 |
| 学校 | T07 | 高等院校 | T071 | 0.5～2.0 | 人次/100 m² 建筑面积 |
| | | 中专及成教学校 | T072 | 2.5～5.0 | |
| | | 中学 | T073 | 6～12 | |
| | | 幼儿园和小学 | T074 | 12～25 | |

续表

| 大类 | | 中类 | | 高峰小时出行率参考值 | 出行率单位 |
|---|---|---|---|---|---|
| 名称 | 代码 | 名称 | 代码 | | |
| 交通 | T08 | 客运场站 | T081 | 依据调查数据或相关专项指标 | |
| | | 货运场站 | T082 | | |
| | | 加油站 | T083 | | |
| | | 停车设施 | T084 | | |
| 工业 | T09 | 工业 | T091 | | |
| 混合 | T10 | 混合 | T101 | | |
| 其他 | T11 | 市政 | T111 | | |
| | | 其他 | T112 | | |

$$Y_i = \frac{W_i H_i}{\overline{W}\,\overline{H}} \tag{5.5}$$

式中 $W_i$ ——第 $i$ 个分区的就业岗位密度，人/m$^2$；

$\overline{W}$ ——各分区就业岗位密度的平均值，人/m$^2$；

$H_i$ ——第 $i$ 个分区的可达性，s；

$\overline{H}$ ——各分区的时间可达性的平均值，s。

其中，各分区的时间可达性 $\overline{H}$ 可按式(5.6)计算：

$$\overline{H} = \frac{\sum_i t_i}{n-1} \tag{5.6}$$

式中 $t_i$ ——网络中从节点 $i$ 到其他节点的最短行程时间，s；

$n$ ——区域内的节点数；

2)方式划分

考虑到控规阶段交通规划工作的实际，对交通方式划分采用宏观结构控制、微观局部调整的方法进行拆分。

(1)宏观结构控制。由于控规阶段，上位总规当中已经对城市交通方式结构发展目标进行了明确规定，所以控规编制过程中必须按照总规目标进行结构控制。

首先，定义一个集合 $i \in \{w,c,p,b,t,o\}$ 表示各种交通方式所组成的集合，其中元素依次代表步行、自行车、私人小汽车、公共交通、出租车、其他方式。在此基础上，按照整公里出行距离进行距离分段，其中任意一段 $(n-1,n]$ 的分担率指标 $f_{ni}(x)$ 为

$$f_{ni}(x) = \{\mathrm{PR}_{ni} \mid n \in (n-1,n]\} \tag{5.7}$$

式中 $f_{ni}(x)$ ——出行距离在 $(n-1,n]$ 的距离分段时交通方式 $i$ 的分担率；

$PR_{ni}$ ——由微观模型计算得到的交通方式 $i$ 在距离分段内的分担率。

定义一个判别函数如下：

$$\sigma_n = \begin{cases} 1, n \in (n-1, n] \\ 0, n \notin (n-1, n] \end{cases} \tag{5.8}$$

则有总体方式结构控制模型如下：

$$P_i = \sum_n \sigma_n f_{ni}(x) \tag{5.9}$$

式中，$P_i$ 为上位规划中所确定的交通方式 $i$ 的分担率发展目标。

(2)微观局部调整。考虑到模型的精度要求，在微观计算各组交换量 $t_{ij}$ 的时候采用 Logit 模型估计各种交通方式的分担率，具体模型如下：

$$PR_{ni} = \frac{1}{2}\left(\frac{e^{-\theta U_{n-1,i}}}{\sum_j e^{-\theta U_{n-1,j}}} + \frac{e^{-\theta U_{n,i}}}{\sum_j e^{-\theta U_{n,j}}}\right) \tag{5.10}$$

式中　$PR_{ni}$ ——由微观模型计算得到的交通方式 $i$ 在距离分段内的分担率；

$U_{n-1,i}$ ——交通方式 $i$ 在距离分段下限的效用，元/人次；

$U_{n,i}$ ——交通方式 $i$ 在距离分段上限的效用，元/人次；

$\theta$ ——模型参数。

效用函数采用广义费用函数近似，按照下式计算：

$$U_{n,i} = f_{n,i} + \eta \cdot t_{n,i} \tag{5.11}$$

式中　$U_{n,i}$ ——交通方式 $i$ 在出行距离为 $n$ 时的效用，元/人次；

$f_{n,i}$ ——交通方式 $i$ 在出行距离为 $n$ 时的费用，元/人次；

$t_{n,i}$ ——交通方式 $i$ 在出行距离为 $n$ 时的时耗，元/人次；

$\eta$ ——函数参数。

3)出行分布

在得到上述出行生成量的基础上，若假定片区内部的出行分布服从重力模型，那么分区 $i$ 与 $j$ 之间的出行交换量就能够表达为

$$t_{ij} = a_i G_i b_j A_j e^{-\theta c_{ij}} \tag{5.12}$$

$$a_i = \left[\sum_j b_j A_j e^{-\theta c_{ij}}\right]^{-1} \tag{5.13}$$

$$b_j = \left[\sum_i a_i G_i e^{-\theta c_{ij}}\right]^{-1} \tag{5.14}$$

式中　$t_{ij}$ ——$i,j$ 分区之间的出行交换量，人次/h；

$G_i$ ——分区 $i$ 的出行产生量，人次/h；

$A_j$ ——分区 $j$ 的出行吸引量，人次/h；

$e^{-\theta c_{ij}}$ ——交通抗阻函数，h；

$a_i, b_j$ ——行约束系数和列约束系数。

4)出行距离

(1)片区层次。由于片区层次路网未定,所以只能根据城市形态做大概的估算。根据西南交通大学陈尚云等的研究[150-151]:

$$\overline{x} = \alpha \cdot \sqrt{S} \tag{5.15}$$

式中 $\overline{x}$——平均出行距离,km;

$S$——建成区的面积,$km^2$;

$\alpha$——与城市空间结构相关的参数。取值如表 5.3 所示。

**表 5.3 不同城市形态的参数建议取值一览表**

| 城市形态 | | $\alpha$ | 城市形态 | | $\alpha$ |
|---|---|---|---|---|---|
| 带状 | 单中心,特高密度 | 0.36 | 团块状 | 单中心,特高密度 | 0.28 |
| | 带状中心区,高密度 | 0.38 | | 单中心,高密度 | 0.30 |
| | 多中心组团式,不规则形状 | 0.40 | | 主中心及 2～4 个次级副中心 | 0.32 |
| | 多中心组团式,伸长型 | 0.42 | | 多中心 | 0.34 |
| | 纵向强联系 | 0.44 | | | |

资料来源:陈尚云,高世廉.我国特大城市土地利用形态与出行总量的距离分布研究[J].四川联合大学学报(工程科学版),1999(3):83-89.

(2)管理单元层次。在管理单元层次城市道路系统的干路网络已经基本确定,而支路网络未最终确定。在此情况下,采用各管理单元形心间的直线距离替代出行距离,并考虑网络的不同结构形态采用非线性系数调整。计算公式如式(5.16)所示。

$$x_{ij} = \xi_{ij}\, y_{ij} \tag{5.16}$$

式中 $x_{ij}$——管理单元 $i$ 到 $j$ 之间的估计出行距离,km;

$y_{ij}$——管理单元 $i$ 到 $j$ 之间的空间直线距离,km;

$\xi_{ij}$——管理单元 $i$ 到 $j$ 之间的局部路网平均非线性系数。取值如表 5.4 所示。

**表 5.4 不同路网结构形态的非线性系数建议取值一览表**

| 路网结构 | 交通联系总距离/km | 交通联系平均长度/km | 按空中直线联系时的总距离/km | 平均非线性系数 |
|---|---|---|---|---|
| 放射式 | 1877 | 13.0 | 1260 | 1.49 |
| 放射-环形式 | 1355 | 9.4 | 1260 | 1.08 |
| 棋盘式 | 1548 | 10.7 | 1347 | 1.15 |
| 棋盘-对角线式 | 1450 | 10.1 | 1347 | 1.08 |

资料来源:费舍里松.城市交通[M].任福田,钱治国,薛宗蕙,译.修订 2 版.北京:中国建筑工业出版社,1984.

(3)地块层次。地块层次的路网方案已经基本确定，所以在该阶段可以具体计算各地块之间的路径长度。假定路网抽象以后的图为 $G(v,a)$，如果 $v_i$，$v_j$ 均为图 $G(v,a)$ 上的顶点，那么定义最短路运算规则为 $F$，则有

$$x_{ij}=\{f[G(v,a),F]\mid v_i,v_j\in v\} \tag{5.17}$$

式中　$x_{ij}$ ——地块 $i$ 到 $j$ 之间的最短路距离，km；

$f(\cdot)$ ——求路径长度计算过程，采用双标号法；

$F$——最短路运算规则；

$G(v,a)$ ——顶点集为 $v$，边集为 $a$ 的网络图。

**2. 交通供给模型**

定义道路交通供给为道路通行能力与路段长度的乘积，即

$$D=\sum_a C_a l_a \tag{5.18}$$

式中　$D$——片区道路交通容量，pcu・km/h；

$C_a$ ——路段 $a$ 的通行能力，pcu/h；

$l_a$ ——路段 $a$ 的长度，km。

与此同时，不论是现状道路网络还是总规网络，其交通供给总量均可表达为

$$C_a=\alpha\beta C_a^0 \tag{5.19}$$

式中　$\alpha$ ——交叉口折减系数，参考值如表 5.5 所示；

$\beta$——与车道数相关的车道折减系数；

$C_a^0$ ——路段 $a$ 的单车道实际通行能力。

交叉口折减系数 $\alpha$ 按照式(5.20)计算，规划阶段可依据表 5.5 粗估。

$$\alpha=\frac{S_c/\dfrac{V}{3.6}}{\left(S_c/\dfrac{V}{3.6}\right)+\dfrac{V}{7.2a_{加}}+\dfrac{V}{7.2a_{减}}+\dfrac{t_c-t_g}{2}} \tag{5.20}$$

式中　$S_c$ ——交叉口间距，m；

$V$ ——设计行车速度，km/h；

$a_{加}$ ——平均启动加速度，m/s$^2$；

$a_{减}$ ——平均制动减速度，m/s$^2$；

$t_c$ ——交叉口信号周期，s；

$t_g$ ——一个周期内的绿灯信号时间，s。

表 5.5 交叉口折减系数的参考值一览表

| V | $t_c/t_g$ | | | | | | |
|---|---|---|---|---|---|---|---|
| | 60/25 | 70/30 | 80/35 | 90/40 | 100/45 | 110/50 | 120/55 |
| | | | | $S_c=1200$ | | | |
| 60 | 0.69 | 0.67 | 0.66 | 0.64 | 0.63 | 0.61 | 0.60 |
| 50 | 0.74 | 0.73 | 0.71 | 0.70 | 0.68 | 0.67 | 0.66 |
| | | | | $S_c=800$ | | | |
| 60 | 0.59 | 0.58 | 0.56 | 0.54 | 0.53 | 0.51 | 0.50 |
| 50 | 0.66 | 0.64 | 0.62 | 0.60 | 0.59 | 0.57 | 0.56 |
| 40 | 0.72 | 0.70 | 0.69 | 0.67 | 0.66 | 0.64 | 0.63 |
| | | | | $S_c=500$ | | | |
| 40 | 0.62 | 0.60 | 0.58 | 0.56 | 0.54 | 0.53 | 0.51 |
| 30 | 0.70 | 0.68 | 0.67 | 0.65 | 0.63 | 0.61 | 0.60 |
| | | | | $S_c=300$ | | | |
| 30 | 0.59 | 0.57 | 0.54 | 0.52 | 0.51 | 0.49 | 0.47 |
| 20 | 0.70 | 0.68 | 0.66 | 0.64 | 0.62 | 0.59 | 0.59 |

资料来源:徐循初.城市道路与交通规划[M].北京:中国建筑工业出版社,2007.

车道利用系数 $\beta$ 的取值如表 5.6 所示。

表 5.6 车道利用系数折减一览表

| 车道编号 | 车道利用系数 | 车道编号 | 车道利用系数 |
|---|---|---|---|
| 1 | 1 | 3 | 1+0.85+0.79 |
| 2 | 1+0.85 | 4 | 1+0.85+0.79+0.61 |

资料来源:徐循初.城市道路与交通规划[M].北京:中国建筑工业出版社,2007.

$C_a^0$ 的取值可以参照表 5.7。

**3. 供需协调度模型**

如果定义 $\varepsilon_{ij}$ 为道路交通供需协调度指数,那么就有

$$\varepsilon_{ij}=\frac{D_{ij}}{T_{ij}}=\begin{cases}\text{当}\varepsilon_{ij}\in(0,0.8],\text{供给不足}\\ \text{当}\varepsilon_{ij}\in(0.8,0.95],\text{基本协调}\\ \text{当}\varepsilon_{ij}\in(0.95,1.05),\text{良好协调}\\ \text{当}\varepsilon_{ij}\in[1.05,1.10),\text{基本协调}\\ \text{当}\varepsilon_{ij}\in[1.10,\infty],\text{供给富余}\end{cases}\tag{5.21}$$

一般情况下,当 $\varepsilon_{ij}\in(0.95,1.05)$ 时,道路交通供需协调良好。至此,就可以

对片区的交通供需平衡状态及其发展趋势做出一个总体上的判断。

**表 5.7　路段通行能力参考值一览表**

| 车速 V/(km/h) | 小型汽车 | | 普通汽车 | | 链接汽车 | |
|---|---|---|---|---|---|---|
| | 车头时距/s | 通行能力/(pcu/h) | 车头时距/s | 通行能力/(pcu/h) | 车头时距/s | 通行能力/(pcu/h) |
| 20 | 2.61 | 1330 | 3.34 | 1080 | 4.14 | 870 |
| 25 | 2.44 | 1480 | 3.12 | 1150 | 3.90 | 920 |
| 30 | 2.33 | 1550 | 2.97 | 1210 | 3.74 | 960 |
| 35 | 2.26 | 1590 | 2.87 | 1250 | 3.63 | 990 |
| 40 | 2.20 | 1640 | 2.80 | 1290 | 3.56 | 1010 |
| 45 | 2.16 | 1670 | 2.75 | 1310 | 3.50 | 1030 |
| 50 | 2.13 | 1690 | 2.71 | 1330 | — | — |
| 55 | 2.10 | 1710 | 2.67 | 1350 | — | — |
| 60 | 2.08 | 1730 | 2.64 | 1360 | — | — |
| 建议值 | | 1700 | | 1200 | | 900 |

资料来源：徐循初.城市道路与交通规划[M].北京：中国建筑工业出版社，2007.

**4.反馈优化模型**

在供需协调性分析之后，所得到的结论有两种，即协调或不协调。假如出行不协调时，就需要对控规阶段所规划的土地使用、道路网络进行优化调整。

1)控制道路网络容量对土地使用强度的优化

当出现土地使用强度规划与道路网络容量规划不协调时，可以道路网络容量为控制，调整规划土地使用强度，具体方法如下所述。

(1)地块容积率优化调整。定义片区与其余各片区之间的通道型道路交通容量为 $D_{ij}$，其中 $i,j$ 分别表示起讫片区的编号。考虑通道型道路的供需协调度控制指标为 $\varepsilon^0$，那么总的需求量可以反向表达为

$$T_{ij} = \frac{D_{ij}}{\varepsilon_{ij}^0} \tag{5.22}$$

其中

$$\varepsilon_{ij}^0 = \min \varepsilon_{ij} \tag{5.23}$$

$$\varepsilon_{ij} \geqslant \varepsilon^0 \tag{5.24}$$

式中　$T_{ij}$ ——片区 $i,j$ 之间的交通需求量，人次·km/h；

$D_{ij}$ ——片区 $i$ 与其余各片区 $j$ 之间的通道型道路交通容量，人次·km/h；

$\varepsilon_{ij}^0$ ——片区 $i$ 与其余各片区 $j$ 之间的通道型道路的供需协调度指数中的最小值；

$\varepsilon^0$ ——通道型道路的供需协调度控制指标。

考虑将用地类型分成两大类，即发生性用地和吸引性用地，那么对发生性用地

中第 $k$ 种用地土地使用强度的调整见式(5.25),对吸引性用地中第 $k$ 种用地土地使用强度的调整见式(5.26)。式(5.27)、式(5.28)为起讫点约束。

$$\Delta\rho_i^{Gk} = \frac{\varepsilon_{ij}^0 D_{ij} - a_i b_j A_j \alpha_0^k L_{i,0}^k \rho_{i,0}^k \mathrm{e}^{-\theta c_{ij}}}{a_i b_j A_j \alpha^k L_i^k \mathrm{e}^{-\theta c_{ij}}} \tag{5.25}$$

$$\Delta\rho_i^{Ak} = \frac{\varepsilon_{ij}^0 D_{ij} - a_i b_j G_i \alpha_0^k L_{i,0}^k \rho_{i,0}^k \mathrm{e}^{-\theta c_{ij}}}{a_i b_j G_i \alpha^k L_i^k \mathrm{e}^{-\theta c_{ij}}} \tag{5.26}$$

其中

$$a_i = \left[\sum_j b_j A_j \mathrm{e}^{-\theta c_{ij}}\right]^{-1} \tag{5.27}$$

$$b_j = \left[\sum_i a_i G_i \mathrm{e}^{-\theta c_{ij}}\right]^{-1} \tag{5.28}$$

式中 $\Delta\rho_i^{Gk}$——发生性用地的土地使用强度调整量;

$\Delta\rho_i^{Ak}$——吸引性用地的土地使用强度调整量;

$G$——交通发生量,人次/h;

$A$——交通吸引量,人次/h;

$k$——用地类型编号;

$i$——分区编号;

其余符号意义同前。

(2)宏观用地指标控制。假设由上述模型计算得到的各地块容积率调整指标为 $\Delta\rho_i^{Gk}$,$\Delta\rho_i^{Ak}$。设各地块原有规划容积为 $\rho_i^{Gk}$,$\rho_i^{Ak}$,设片区的平均容积率为 $\bar{\rho}$,那么按照土地使用规划技术要求,调整指标应满足如下关系:

总用地指标控制

$$\sum_{i\in B_1} \Delta\rho_i^{Gk} L_i + \sum_{j\in \overline{B_1}} \Delta\rho_j^{Gk} L_j + \sum_{i\in B_2} \Delta\rho_i^{Ak} L_i + \sum_{j\in \overline{B_2}} \Delta\rho_j^{Ak} L_j = \bar{\rho} L \tag{5.29}$$

人均用地指标控制

$$\sum_i \rho_i^R L_i^R + \sum_i \Delta\rho_i^R L_i^R = \mathrm{PS}_0^R \tag{5.30}$$

$$\sum_i \rho_i^A L_i^A + \sum_i \Delta\rho_i^A L_i^A = \mathrm{PS}_0^A \tag{5.31}$$

用地结构控制

$$\sum_i \rho_i^A L_i^A + \sum_i \Delta\rho_i^A L_i^A = \left(\frac{8}{25} \sim \frac{5}{40}\right)\mathrm{PS}_0^R \tag{5.32}$$

$$\sum_i \rho_i^M L_i^M + \sum_i \Delta\rho_i^M L_i^M = \left(\frac{15}{40} \sim \frac{30}{25}\right)\mathrm{PS}_0^R \tag{5.33}$$

$$\sum_i \rho_i^S L_i^S + \sum_i \Delta\rho_i^S L_i^S = \left(\frac{10}{40} \sim \frac{25}{25}\right)\mathrm{PS}_0^R \tag{5.34}$$

$$\sum_i \rho_i^G L_i^G + \sum_i \Delta\rho_i^G L_i^G = \left(\frac{10}{40} \sim \frac{15}{25}\right)\mathrm{PS}_0^R \tag{5.35}$$

2)控制土地使用强度对道路交通网络容量的优化

考虑土地使用情况已经确定,要通过调整道路网络达到供需协调,就意味着在已知各地块间交通量 $t_{ij}$ 的情况下如何合理地选择增容路段。为此考虑两个方面，首先道路的增容(通行能力的扩充)会带来建设和维护费用的增加，其次道路的增容会减少出行所需耗时，从而增加社会财富。

构造目标函数

$$\max Z = \sum [\Delta t_a f_a \varphi x_a - w_a l_a x_a \tau] \tag{5.36}$$

约束

$$\text{s.t.} \quad \Delta t_a = \mu t_a^0 \left(\frac{f_a}{C_a}\right)^\theta, \forall a \in A \tag{5.37}$$

$$C_a = C_a^0 + w_a q x_a, \forall a \in A \tag{5.38}$$

$$(f_a - C_a^0) x_a \geqslant 0, \forall a \in A \tag{5.39}$$

$$x_a > 0,\text{且为整数} \tag{5.40}$$

式中　$\Delta t_a$ ——路段 $a$ 扩容前后该路段行程时间的节省量，h；

$t_a^0$ ——路段 $a$ 扩容前该路段的行程时间，h；

$C_a$ ——路段 $a$ 扩容后该路段的通行能力，pcu/h；

$C_a^0$ ——路段 $a$ 扩容前该路段的通行能力，pcu/h；

$f_a$ ——路段 $a$ 上的交通流量，pcu/h；

$\varphi$ ——单位车小时节约的社会效益，元/(pcu · h)；

$l_a$ ——路段 $a$ 的长度，km；

$w_a$ ——车道折减系数；

$x_a$ ——路段 $a$ 所需增加的车道数；

$q$ ——单车道实际通行能力，pcu/h；

$\mu,\theta$ ——BPR 函数的参数，并满足式(5.41)：

$$t_a = t_a^0 \left(1 + \mu \frac{f_a}{C_a}\right)^\theta \tag{5.41}$$

### 5.2.2　公交供需分析模型

#### 1. 交通需求模型

公共交通方式出行需求由前文所述交通需求预测经过方式划分得到。然而对于控规而言，由于一般控规片区的面积为 15～20 km$^2$，所以往往只涉及公交线路、网络中的一部分。这就涉及局部公交出行需求的估计问题。

在此基础上需要进一步考查控规片区内居民采用公交方式所历经的平均在车出行距离，可参考《城市综合交通体系规划标准》(GB/T 51328—2018)中关于公交线路的站间距的相关规定，即“城市公共汽电车的车站服务区域，以 300 m 半径计算，不应小于规划城市建设用地面积的 50%；以 500 m 半径计算，不应小于 90%”。结合城市建成环境的实际情况，可规定公交间距中心区为 300～500 m，外围为

800～900 m。那么，如果定义公交出行周转量为出行量与一次特定公交出行所跨越的区段数的乘积，则问题能够得到简化。

1）片区

假设 $a,b$ 分别表示公交线路在控规片区上、下游的站点所组成的集合，那么从公交方式出行的性质上来看，可以分成四类交通流。

（1）过境量：

$$t_k^{B_1} = \sum_{ij} t_{ij,k}^B,\text{其中 } i,j \in \{x \mid x \notin a,b\} \tag{5.42}$$

式中 $t_k^{B_1}$——片区内第 $k$ 条公交线路的过境公交的客流量，人次/h；

$t_{ij,k}^B$——片区内第 $k$ 条公交线路的站间 OD，人次/h（假设为已知）；

$i$——公交始发站；

$j$——公交终点站。

（2）出境量：

$$t_k^{B_2} = \sum_{ij} t_{ij,k}^B,\text{其中 } i \in \{x \mid x \notin a,b\},j \in \{x \mid x \in a,b\} \tag{5.43}$$

式中 $t_k^{B_2}$——片区内第 $k$ 条公交线路的出境公交的客流量，人次/h。

（3）入境量：

$$t_k^{B_3} = \sum_{ij} t_{ij,k}^B,\text{其中 } i \in \{x \mid x \in a,b\},j \in \{x \mid x \notin a,b\} \tag{5.44}$$

式中 $t_k^{B_3}$——片区内第 $k$ 条公交线路的入境公交的客流量，人次/h。

（4）内部量：

$$t_k^{B_4} = \sum_{ij} t_{ij,k}^B,\text{其中 } i,j \in \{x \mid x \in a,b\} \tag{5.45}$$

式中 $t_k^{B_4}$——片区内第 $k$ 条公交线路的内部公交的客流量，人次/h。

相应地，控规片区内的公交方式出行需求量为

$$T^B = \sum_k N_k [t_{ij,k}^{B_1} + 0.5 \times (t_{ij,k}^{B_2} + t_{ij,k}^{B_3}) + t_{ij,k}^{B_4}] \tag{5.46}$$

式中 $T^B$——片区以内公交出行需求量，人次/h；

$N_k$——片区内第 $k$ 条公交线路的车站数目。

2）管理单元/地块

在地块层次各个地块之间的出行需求量已经确定，因此有

$$t_{ij}^B = p_{ij}^B t_{ij} y_{ij} \xi_{ij} \tag{5.47}$$

式中 $t_{ij}^B$——地块 $i$ 与 $j$ 之间高峰小时采用公交方式的出行量，人次/h；

$p_{ij}^B$——地块 $i$ 与 $j$ 之间的公交方式分担率，%；

$t_{ij}$——地块 $i$ 与 $j$ 之间的高峰小时出行量，人次/h；

$y_{ij}$——管理单元 $i$ 到 $j$ 之间的空间直线距离，km；

$\xi_{ij}$——管理单元 $i$ 到 $j$ 之间的局部路网结构形态，取值如表 5.4 所示。

不妨假设 $x_{ij}$ 为乘客从 $i$ 站上、在 $j$ 站下所历经的区段数量。首先从首站到末站对各个公交车站进行编号，那么根据窦慧丽等人的研究表明：从 $i$ 站上车、$j$ 站下车的乘客的概率满足泊松分布[152]。记 $p_{ij}$ 为历经 $x_{ij}$ 个站的乘客比率，那么就有

$$x_{ij}=\frac{A_{ij}\,p_{ij}\,Y_{ij}}{\sum\limits_{i=1}^{j-1}p_{ij}\,Y_{ij}} \tag{5.48}$$

其中

$$p_{ij}=\frac{\dfrac{\lambda^{x_{ij}}\,\mathrm{e}^{-\lambda}}{(x_{ij})!}}{\sum\limits_{i=1}^{j-1}\dfrac{\lambda^{x_{ij}}\,\mathrm{e}^{-\lambda}}{(x_{ij})!}} \tag{5.49}$$

式中 $x_{ij}$ ——从第 $i$ 站上车到第 $j$ 站下车的乘客所历经的公交区段数；

$p_{ij}$ ——从第 $i$ 站上车到第 $j$ 站下车的乘客所占全线乘客总数的比例，%；

$A_{ij}$ ——下车人数，即第 $i$ 站上车且在第 $j-1$ 站下车的人数，人次；

$Y_{ij}$ ——留车人数，即在第 $i$ 站上车且在第 $j-1$ 站仍在车上的人数，人次。

$\lambda$ ——泊松分布参数。

**2. 交通供给模型**

一般来说，公交网络的通行能力是由各条公交线路所决定的。而通常一条公交线路的通行能力多采用基于公交停靠站的线路通行能力分析，或者基于公交车运营的线路通行能力分析。由于在控规阶段，具体公交线路的车站设施设计尚未完成，因此采用基于公交停靠站的线路通行能力分析方法在实际操作层面存在一定困难。因此本书采用基于公交车运营的线路通行能力分析方法来核定公交网络供给水平。

宏观交通流主要划分为过境、入境、出境和内部交通四种类型，其内外交通关系和矩阵分块如图 5.2 和图 5.3 所示。

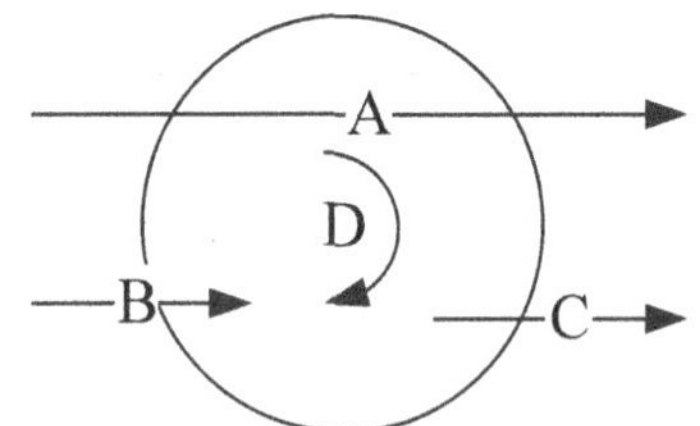


A—过境（不参与内部交通但利于对外交通设施）；

B—入境（既参与内部交通，又利于对外交通设施）；

C—出境（与 B 相反）；

D—内部交通。

图 5.2 内外交通关系图

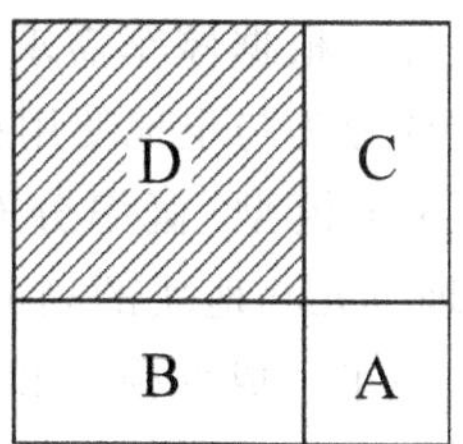


A—过境(不参与内部交通但利于对外交通设施);

B—入境(既参与内部交通,又利于对外交通设施);

C—出境(与B相反);

D—内部交通。

图 5.3 矩阵分块图

由矩阵分块可以得到 $t_k^{B_1}$ 至 $t_k^{B_4}$ 的数值。

通常来说公共交通采用定时、定线、定点的方式进行运输服务,因此线路长度、运营速度、配置车辆数就构成了制约公交线路供给能力的主要因素,即

$$D^B = \frac{NV}{L} C_0^B \tag{5.50}$$

式中 $D^B$ ——公共汽车线路的最大通行能力,人/h;

$N$——公交车辆数,辆;

$L$——一条公交线路周期长度,km;

$V$——车辆行驶速度,km/h;

$C_0^B$ ——公共汽车的座位容量,人/辆。

**3. 供需协调模型**

为了刻画公交网络的服务水平,引入 $\varepsilon^B$ 表示公交网络供需平衡协调程度。按照一般公交规划中对远期公共交通服务水平的规划要求,有

$$\varepsilon^B = \frac{T^B}{D^B} = \begin{cases} 当\varepsilon^B \in (0,0.6],供给富裕 \\ 当\varepsilon^B \in (0.6,1],良好协调 \\ 当\varepsilon^B \in (1,\infty),供给不足 \end{cases} \tag{5.51}$$

一般情况下,当 $\varepsilon^B \in (0.6,1]$ 时,公交网络供需协调良好。至此,就可以对公共交通供需平衡状态及其发展趋势做出一个总体上的判断。

### 5.2.3 停车供需分析模型

**1. 交通需求模型**

关于停车需求预测方法在世界上许多大城市进行了不同程度的研究。由于各国的国情不同、城市发展形态不同、经济发展水平不同,因此停车需求预测模型也

不尽相同，计算方法有较大的差异。根据停车需求预测的出发点和所需的基本数据的不同，停车需求预测模型主要分为与土地使用相关的土地分析模型、与车辆出行相关的出行吸引模型、相关分析模型、概率分布模型及交通量-停车需求模型[153]。针对控规阶段片区、管理单元和地块的划分规模和调控内容，本书利用考虑区位因素的人口原单位模型、停车生成率模型和机动车 OD 预测模型分别对控规阶段三个层次的停车需求进行预测，如图 5.4 所示。

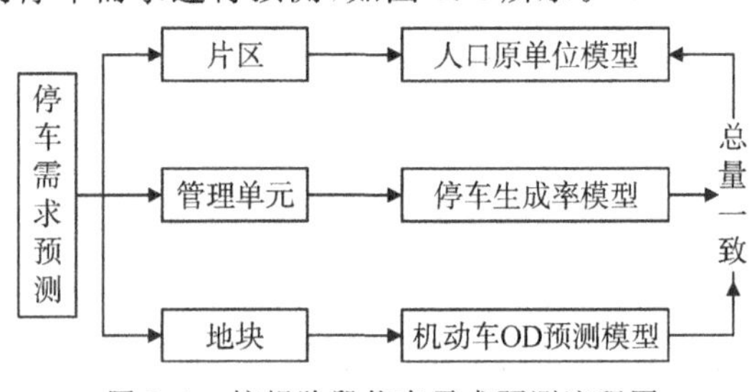


图 5.4　控规阶段停车需求预测流程图

1)考虑区位因素的人口原单位模型(片区层次)

控规阶段片区层次，城市总体及各片区的人口数量和规划面积在上位城市总规中已经给定，片区之间主要通道及片区内部主要干道已规划完成。对于片区层次的停车需求量，利用考虑区位因素的人口原单位模型进行预测。

$$F_i = P \cdot b \cdot A_i \tag{5.52}$$

$$A_i = \frac{V_i \cdot \sum_{u=1}^{m} S_{iu}}{\sum_{i=1}^{n} \sum_{u=1}^{m} D_i \cdot V_i \cdot S_{iu}} \cdot \frac{D_i}{\sum_{i=1}^{n} D_i} \tag{5.53}$$

$$D_i = \frac{L_i}{G_i} \tag{5.54}$$

式中　$F_i$——规划期末 $i$ 片区所需的总停车面积，$m^2$；

$P$——规划期末城市的人口数量，人；

$b$——城市人均所需的停车面积，$m^2$；

$A_i$——$i$ 片区的区位优势度；

$D_i$——$i$ 片区的路网密度，$km/km^2$；

$V_i$——$i$ 片区的平均容积率；

$S_{iu}$——$i$ 片区 $u$ 类停车吸引土地的用地面积，$m^2$；

$L_i$——$i$ 片区的道路总长度，km；

$G_i$——$i$ 片区的规划面积，$km^2$。

不同片区的停车吸引不尽一致，因区域的社会经济程度、交通可达性等因素而有所区别。因此，对人口原单位法进行改进，增加片区的区位优势度指标，将城市总停车需求按各片区区位优势度分解。区域优势度的构成包含多种因素，结合片区层次中能够获得的数据，模型中的区位优势度选取片区的停车吸引度和交通可达性两个因素。

交通可达性即从某一给定区位到达活动地点时，交通系统所提供的便利程度，与交通设施容量、速度、人口密度等有关。模型中将交通可达性简化成道路网密度来体现。

控规片区的用地面积继承于上位总规，并根据片区层次确定出的平均容积率，转化为总建设量。可知片区的停车吸引度与片内能产生停车吸引的建筑总面积成正比，停车吸引建筑总面积等于停车吸引土地的总用地面积乘以片区的平均容积率。

2)停车生成率模型(管理单元层次)

控规阶段管理单元层次，可得到各类土地使用性质以及使用强度的准确数据，因此适用基于土地类型的停车需求模型对其进行预测。停车生成率是指单位土地使用指标所产生的停车泊位数。停车生成率模型建立在土地使用性质、强度与停车需求产生率的关系上，它将各种具有不同使用性质的土地看作停车吸引源。通过研究规划区域内各种不同的土地使用功能所产生的不同停车需求生成率，然后将区域内各单个管理单元的停车需求总量相加得到片区内的总停车需求量[153]。

$$P_i = \frac{\sum_{j=1}^{n} Q_{ij} \cdot L_{ij} \cdot V_i}{R} \tag{5.55}$$

$$P = \frac{\sum_{i=1}^{m}\sum_{j=1}^{n} Q_{ij} \cdot L_{ij} \cdot V_i}{R} \tag{5.56}$$

式中 $P_i$ ——$i$ 管理单元高峰时间停车需求量，泊位；

$P$ ——片区高峰时间停车需求量，泊位；

$Q_{ij}$ ——$i$ 管理单元 $j$ 类土地使用单位强度停车需求产生率，泊位/100 $m^2$；

$L_{ij}$ ——$i$ 管理单元 $j$ 类土地使用面积，$m^2$；

$V_i$ ——$i$ 管理单元的基准容积率；

$R$——停车平均泊位周转率，次/(泊位 · h)。

管理单元层次，片区平均容积率保持不变，但管理单元之间的容积率因管理单元内部土地使用强度需要已发生差异。相同用地面积、相同用地性质因不同的基准容积率产生停车需求量也有所差异，故不同管理单元的停车需求需要单独预测。

3)机动车 OD 预测模型(地块层次)

控规阶段地块层次中，将管理单元内部划分为各个地块，与之对应形成了多个交通小区，同时地块层次中片区的道路网络方案包括主次干道、支路已完全确立，各级道路通行能力已知，因此，可通过 OD 反推技术计算地块与地块之间、地块与外部片区之间的机动车出行 OD 分布。故利用机动车 OD 出行预测模型对地块层次停车需求进行预测。

$$\mathrm{PFH}_i = \frac{Y_i \cdot \alpha_i \cdot \beta_i}{R} \tag{5.57}$$

式中 $\mathrm{PFH}_i$ ——$i$ 地块高峰时间停车需求量，泊位；

$Y_i$ ——$i$ 地块机动车辆出行吸引量(次/d)，不包括出租车和公交车；

$\alpha_i$ —— $i$ 地块机动车平均停车率，泊位/100 $\mathrm{m}^2$；

$\beta_i$ ——$i$ 地块高峰停车修正系数(机动车高峰小时停车量与平均小时停车量的比例)；

$R$——停车平均泊位周转率，次/(泊位·h)。

其基本思路是停车需求与地区出行吸引量有直接关系，在已知区域的机动车出行吸引量(D 量)的情况下，根据平均停车率，换算成实际到达的车辆数，再根据高峰小时系数，可换算成高峰小时机动车停车需求量[154]。

**2. 交通供给模型**

1)停车设施特征分析

(1)停车累计量。停车累计量指在一定时间内停车设施所累计停放的车辆数。

(2)停放时间。停车时间是指车辆在停放设施的实际停放时间，它是衡量停车场交通负荷与周转效率的基本指标之一。平均停车时间可以反映停放车辆的时间特性：

$$\bar{t} = \frac{\sum_{i=1}^{n} t_i}{n} \tag{5.58}$$

式中 $\bar{t}$ ——平均停车时间，min；

$t_i$ ——第 $i$ 辆车的停放时间，min；

$n$——累计停车数，辆。

(3)泊位利用率。位利用率(停放饱和率、占有率)指某一时段内实际停放车辆数量或停放吸引量与停车设施容量之比，它反映停车场的拥挤程度。高峰饱和度 $S$ 是指高峰时刻的实际停放量与停车供应设施容量之比：

$$S = \frac{n'}{C} \tag{5.59}$$

式中 $n'$ ——高峰停车数，泊位·次/h；

$C$——停车设施泊位容量，泊位。

(4)泊位周转率。泊位周转率是指一定时间段内(一日、一个小时或几个小时等)每个停车车位停放车辆次数与停车设施泊位容量的比值。停放周转率越高，泊位利用效率也就越高。

$$T=\frac{n}{C} \tag{5.60}$$

式中 $T$——统计时间段内车辆停车周转率,次/(泊位·h);

$C$——停车设施泊位容量,泊位;

$n$——统计时段内的累计停车数,辆。

2)停车行为特性分析

(1)停车时段。停车行为按停车时段可分为夜间停车和昼间停车。

(2)停车目的。停车目的是指车主在出行中停放车辆后的活动目的。昼间停车按停车目的可分为通勤停车和其他停车。通勤停车主要包括上班、上学等,其他停车包括购物、娱乐等。通勤停车的停车数量和停车时间较为固定,准确地说也是有一定弹性的,发生规律与城市交通早晚高峰相符,是全天中停车需求产生的高峰。片区停车需求与停车容量的供需匹配的服务质量应以昼间停车的通勤部分为控制基准。

(3)停车后的步行距离。停车后的步行距离是指停车者停放车辆后,从停车地点到最终活动的目的地点之间的距离。停车后步行距离一般控制在150～300 m范围内,其中150 m为理想状态。选址困难时可放宽至500 m,该值为停车者步行距离的忍受上限。

3)停车供给的容量测定

从总体上来看,停车设施的供给包括两个方面,即公共停车和配建停车。作为配建停车,因为受规范约束,即建筑停车配建指标已确定,因而可以视为与用地规划量(建筑面积)成正比例关系。而公共停车的结构较为复杂,大体上可以分为路内停车和路外停车。其中路内停车又可以分为路边停车和占道停车两大类(见图5.5)。

在控规阶段需要明确配建停车标准、公共停车设施的选址与规模设定。但通常而言,这些技术指标在上位规划中已有安排,因此控规阶段的核心工作在于校核、优化这些技术指标。停车设施容量测定工作流程如下。

停车设施按服务对象可分为配建停车设施和公共停车设施两大类,即:停车设施总容量($P$)=配建停车设施容量($P_1$)+公共停车设施容量($P_2$)。

(1)配建停车设施容量。配建停车设施建设的标准是依据主体建筑所产生的停车需求,但其泊位同时也承担了一部分由于主体建筑的吸引而产生的外来停车[154]。配建停车设施的建设通常以城市大型公用建筑为依托,为与该设施业务活动相关的出行者提供停车服务,服务对象包括主体建筑的停车以及主体建筑所吸引的外来车辆。各性质土地配建停车标准及土地使用面积在城市总规中均已给定,因此,在控规阶段确定各类土地的使用强度后,配建停车设施可看作是一个固定值。配建停车设施可分为居住停车设施($P_{11}$)、商业停车设施和公建停车设施($P_{12}$)。

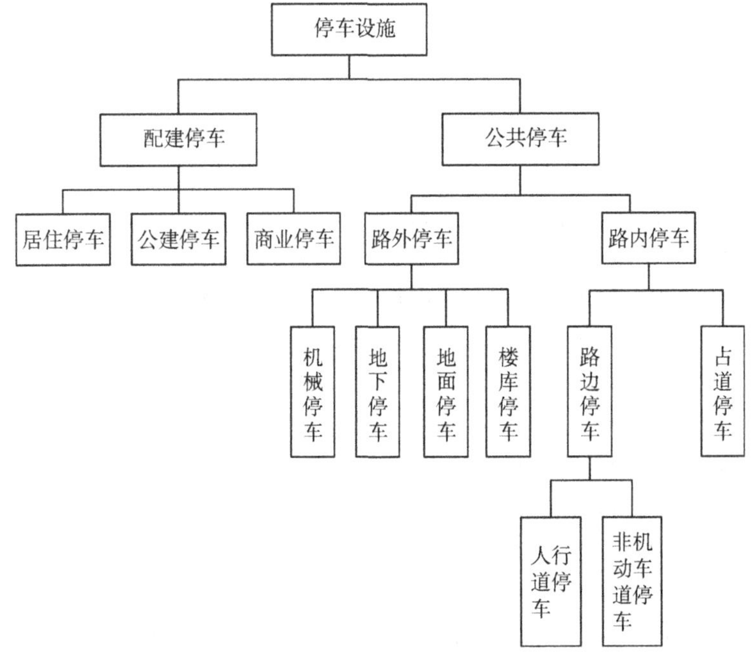


图 5.5　停车设施分类结构图

其中夜间停车需求全部为当地居民过夜停车行为产生，由居住小区内部配建停车设施负责供给。为满足需求，供给容量应等于片区的机动车保有量。

$$P_{11} = N \tag{5.61}$$

式中　$P_{11}$——居住停车设施容量，泊位；

$N$——片区机动车保有量，辆。

商业停车设施和公建停车设施容量计算比较复杂，主要体现在开放时间上。开放时间越长，停车设施的停车累计量越高。不同商业性质的停车设施开放时间差异很大，一般与其主体建筑的业务活动时间相关。为简化计算，假定平均开放时间为 12 h。

$$P_{12} = \sum_{i=1}^{n} L_i \cdot \alpha_i \cdot t_i \tag{5.62}$$

式中　$P_{12}$——配建停车设施容量，泊位；

$L_i$——$i$ 类建筑面积，$m^2$；

$\alpha_i$——$i$ 类建筑配建指标，泊位/100 $m^2$；

$t_i$——$i$ 类配建停车设施开放时间(假定平均值 12 h)，h。

(2)公共停车设施容量。公共停车设施是为从事各种活动的出行者提供公共停车服务的停车场所，服务范围最大，通常设置在商业活动中心、进出路以及公共交通换乘枢纽附近[154]。对于没有停车设施的公用建筑，其产生的停车需求将只能由公共停车场来承担，因此从某种意义上说，公共停车场的布局选址和泊位建设规模是由区域的配建停车场无法满足所产生的停车需求量决定的。区域总停车设施容量中剔除配建容量,剩余部分即为公共停车设施容量。

公共停车设施容量可用式(5.63)来计算。

$$P_2 = \sum_{i=1}^{n} t_i \cdot C_i \tag{5.63}$$

式中 $P_2$——公共停车设施总容量,泊位;

$t_i$——$i$ 处公共停车设施开放时间(一般为 8 h),h;

$C_i$——$i$ 处公共停车设施泊位容量,泊位。

**3. 供需协调模型**

如果定义 $\varepsilon^T$ 为停车供需协调度指数,那么就有

$$\varepsilon^T = \frac{\sum_i D_i^T}{\sum_i P_i} = \begin{cases} 当\varepsilon^T \in (0,0.8],供给不足 \\ 当\varepsilon^B \in (0.8,1.2],良好协调 \\ 当\varepsilon^B \in (1.2,\infty),供给富裕 \end{cases} \tag{5.64}$$

一般情况下,当$\varepsilon^B \in (0.8,1.2]$时,停车供需协调良好。

**4. 停车供给策略分析**

1)限制型停车供给策略

限制型停车供给策略(供需平衡)通过完善公交系统来诱导出行,从源头上减少停车设施的需求量,利用交通管理来促使车辆停放有序,使人们由于停车设施的限制而主动减少出行,一定程度上改变人们的出行行为。限制型停车供给策略见效时间短,利用需求管理调节片区交通秩序[155]。

2)挖潜型停车供给策略

挖潜型停车供给策略(供小于需)通过加强停车场建设与交通管理力度,适度控制机动车发展,为区域交通提供一定的道路空间和良好的停车环境,有助于缓解停车供需矛盾的突出局面。同时通过交通管理实现公交优先,达到优化区域交通结构、提高交通效率和节能环保的基本目的。该策略主要适应于用地限制不严格,同时有一定的停车设施基础的区域[155]。

3)建设型停车供给策略

建设型停车供给策略(供大于需)通过利用诱导系统来促进车辆发展,是一项固定投资大、注重交通适度管理的战略,可以极大地刺激区域机动化水平的提高。该供给策略的实现,主要取决于用地的可能和建设资金的筹措状况,适用于用地非常灵活及停车设施极度缺乏的区域[155]。

**5. 供需平衡反馈协调**

当控规阶段土地使用规划及停车规划初步方案编制完成后,有必要对停车需求与停车容量的协调性进行技术评价。依据所制订的供需平衡策略,对二者进行

匹配并反馈协调。

1)片区层次(总停车容量匹配)

片区层次利用人口原单位模型预测出片区的总停车需求,与上位规划给出的停车供给总容量做比较,根据匹配情况反调片区平均容积率,降低或增加总停车需求。

2)管理单元层次(公共停车容量匹配)

管理单元层次利用停车生成率法预测各单元的停车需求,若匹配不符,调整单元内部土地使用面积或使用强度,减少或增加停车吸引。根据单元之间的停车需求差异,合理分配公共停车供给容量和规划公共停车设施布局及规模。各管理单元停车需求之和与片区预测总量保持一致。

3)地块层次(配建停车容量匹配)

地块层次利用OD反推技术推算出各地块的机动车出行吸引分布,在此基础上根据机动车OD出行模型预测各地块之间的停车需求比,按比例将片区和管理单元的停车需求分解至各个地块层次上。若地块被公共停车设施覆盖,则减去公共停车供给,剩余部分为配建停车需求。将其与配建停车供给匹配,视匹配结果增减配建停车数,优化路边和路内停车协调或反调上层次公共停车容量分配。各地块停车需求之和与片区预测总量保持一致。

## 5.3 三层次协同优化评价

三层次协同优化评价是保证方案非劣性的关键环节。在方案经过模型优化以确保其内部土地使用规划与交通规划方案两者相互一致的基础上,通过建立评价指标体系,对方案的合理性进行分析评价,并找出进一步优化的具体方向。

### 5.3.1 指标体系的建立

**1. 建立指标体系**

通过对相关文献中关于城市交通评价指标和方法的研究,得出城市的土地使用和交通一体化研究基本思路和方法,主要分为以下四个评价步骤:

首先,采用塔式结构的层次分析法来评价指标的影响因素。其顶层为抽象的评价目标,即对土地使用与交通系统进行描述的评价指标,第二层为具体实现过程的子目标,接下来为若干准则层,最底层为指标层。

其次,对评价指标进行收集整理,并细化土地使用与交通系统评价的准则层,依据评价指标的选取原则,结合诸如德尔菲法等分析方法,确定土地使用与交通系统的评价指标体系。

再次,依据城市现有数据及相关规范来确定以上准则层中评价指标体系的取值。

最后,根据现有评价方法的研究及评价的目的,结合评价指标体系的多层次、多因素及定量化的特点，选取层次分析综合评价法对城市土地使用与交通系统进行评价。评价步骤如图 5.6 所示。

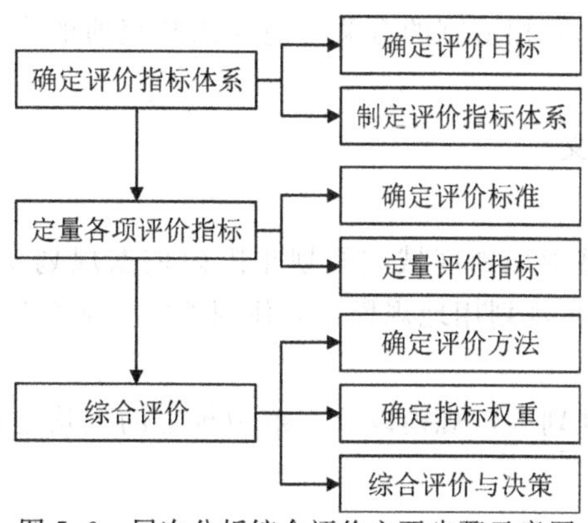


图 5.6 层次分析综合评价主要步骤示意图

在确定了评价的思路和研究方法之后，建立土地使用与交通一体化综合评价指标体系框架(见图 5.7)。框架分为目标层、准则层和因子层三个层次。目标层即土地使用与交通系统综合评价指标；准则层分为土地使用指标和交通系统指标两部分；因子层有土地使用强度、混合度和构成比例以及交通系统部分的道路交通指标、公共交通指标和静态交通指标。

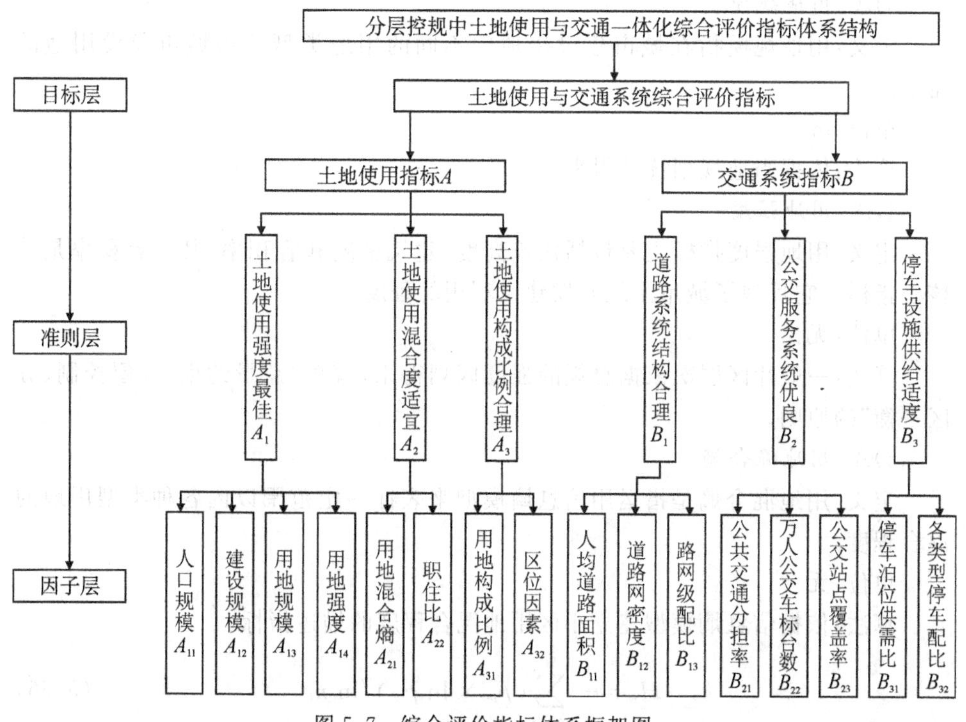


图 5.7 综合评价指标体系框架图

针对有关分层控规中的土地使用规划与交通规划的一体化研究，在指标层次的各单向指标选取中借鉴以上相关研究方法，本书认为可以从控规编制技术体系的三层次入手，分别选取相适宜的有关土地使用和交通的指标进行两者一致性优化评价。

**2. 各项指标的定义**

1)$A_{11}$ 人口规模

定义：人口规模是指规划区域在规划年限内依据规划所能达到的人口总量。规划区域的人口规模与规划用地规模和居住用地的用地总量有关。

单位：人。

算法：依据上位规划人口规模以及规范中规定的人均建设用地面积预测法等方法综合预测得来。

2)$A_{12}$ 建设规模

定义：建设规模指各类型用地的开发建设量，它与用地类型的用地面积和使用强度有关。

单位：$m^2$。

算法：

$$建设规模 = 用地面积 \times 容积率 \tag{5.65}$$

3)$A_{13}$ 用地规模

定义：用地规模指在城市建设用地中不同的用地类型所占城市建设用地的面积。

单位：$m^2$。

算法：依据当地规划统计得来。

4)$A_{14}$ 用地强度

定义：用地强度指标主要包括建筑高度、建筑密度和容积率，其中容积率是其核心指标。它反映了城市土地开发建设利用的程度。

单位：无。

算法：一般片区层次依据总规的强度区划得来，遵循“总量约束、分层控制、分区平衡”的原则。

5)$A_{21}$ 用地混合熵

定义：用地混合熵是指运用信息熵模型来表征一定范围以内各种类型用地的混合程度。

单位：无。

算法：依据信息熵模型建立小区用地混合程度的描述指标

$$H_i = -\sum_{k=1}^{n_i}(p_{ik} \times \ln p_{ik})/\ln n_i \tag{5.66}$$

式中 $H_i$ ——交通小区 $i$ 的用地混合熵，表征小区职住就地平衡的可能性大小；

$n_i$ ——交通小区 $i$ 中用地类型的数目；

$p_{ik}$ ——交通小区 $i$ 中属于类型 $k$ 用地在小区总用地中的比例，%。可按式(5.67)计算：

$$p_{ik}=\sum_{m}A_{ikm}\cdot r_{ikm} \tag{5.67}$$

式中 $A_{ikm}$ ——交通小区 $i$ 中类型为 $k$ 的用地 $m$ 的地块面积，$km^2$；

$r_{ikm}$ ——交通小区 $i$ 中类型为 $k$ 的用地 $m$ 的地块容积率，可以按现状调查或规划限制值取平均。

6) $A_{22}$ 职住比

定义：职住比的概念体现在控规片区及更大范围内的居住用地容纳的人口量和其他各类型用地所提供的就业岗位在用地规模及开发建设量等指标上所表现出的一种平衡的比例关系。

单位：无。

算法：依据经验统计得来。

7) $A_{31}$ 用地构成比例

定义：用地构成比例指在城市或城市内完整功能的片区层次中各大类建设用地之间所表现出的一种结构比例关系。

单位：%。

算法：

$$\text{用地构成比例}=\frac{\text{某大类用地量}}{\text{建设用地总量}} \tag{5.68}$$

根据《城市用地分类与规划建设用地标准》，城市五大类型的主要用地规划占城市建设用地的比例宜符合表3.6。

8) $A_{32}$ 区位因素

定义：城市建设用地的区位因素主要包括地块所处的地理空间位置和周边道路交通便利程度。

单位：无。

算法：

$$\theta=\frac{W\cdot H}{\sum_{i}\overline{W_i}\cdot\overline{H}} \tag{5.69}$$

式中 $\theta$ ——用地的区位影响因素权值；

$W$ ——用地的使用强度值。

$H$ ——用地距城市中心的空间距离的区位权重。

$\overline{W_i}$ ——用地使用强度的平均值。

$\overline{H}$ ——用地空间位置的平均区位权重值。

9)$B_{11}$人均道路面积

定义:人均道路面积是指城市道路面积与中心城区总人口的比值,是衡量城市道路建设总体水平的指标。

单位:$m^2$/人。

算法:

$$人均道路面积 = \frac{城市道路面积}{中心城区总人口数} \tag{5.70}$$

现行的《城市综合交通体系规划标准》(GB/T 51328—2018)之中规定了人均道路与交通设施面积不应小于 12 $m^2$。

10)$B_{12}$道路网密度

定义:城市道路网密度是指中心城区内道路长度与中心城区面积的比值,它反映了城市道路的总规模。

单位:$km/km^2$。

算法:

$$道路网密度 = \frac{中心城区道路长度}{中心城区面积} \tag{5.71}$$

11)$B_{13}$路网级配比

定义:路网级配比是指中心城区道路中干路网和支路网密度的比例。它是衡量路网构成特征的指标,反映道路交通的基础条件,是制定道路交通管理对策的重要参考指标。

单位:%。

算法:

$$道路网级配比 = \frac{干路网密度}{支路网密度} \tag{5.72}$$

12)$B_{21}$公共交通分担率

定义:公共交通分担率是指地面公交出行量和轨道交通出行量之和占城市总出行量的百分比。该指标体现了城市交通结构的合理性,是衡量城市低碳交通系统发展、促进城市交通结构更趋合理的重要指标。

单位:%。

算法:

$$公共交通分担率 = \frac{公共交通出行量}{城市出行量} \tag{5.73}$$

13)$B_{22}$万人公交车标台数

定义:万人公交车标台数指城市公共交通车辆总数与中心城区人口总数的比值。

单位:标台/万人。

算法:

$$万人公交车标台数=\frac{城市公交车总数}{中心城区总人口} \tag{5.74}$$

依据规范一般按照城市人口规模分类,其中300万人口以上城市为15标台数,100万~300万人口城市为12标台数,100万人口以下城市为10标台数。

14)$B_{23}$公交站点覆盖率

定义:公共交通站点覆盖率是反映公共交通服务水平的一项重要指标。它指中心城区内公共交通站点服务面积占中心城区用地面积的百分比(其中公共交通站点服务面积是以公共交通站点为圆心,以300 m或500 m为半径的圆,相交部分不得重复计算)。

单位:%。

算法:

$$公交站点覆盖率=\frac{公交站点服务面积}{中心城区用地面积} \tag{5.75}$$

现行《城市综合交通体系规划标准》(GB/T 51328—2018)中规定城市公共汽电车的车站服务区域,以300 m半径计算,不应小于规划城市建设用地面积的50%;以500 m半径计算,不应小于90%。

15)$B_{31}$停车泊位供需比

定义:中心城区停车泊位供需比为中心城区的停车容量与停车泊位需求之比。

单位:无。

算法:

$$B_{31}=\frac{C_p}{P} \tag{5.76}$$

其中,中心城区的机动车停车容量$C_p$可表示为

$$C_p=\alpha\times\sum N_i \tag{5.77}$$

式中 $\alpha$——高峰小时的平均周转率;

$N_i$——第$i$个停车场的停车车位数。

中心城区的停车需求量$P$等于单个地块停车需求的总和[156],因而城市中心城区停车需求量的计算公式为

$$P=\sum_{j=1}^{n}(P_j\cdot \mathrm{LU}_j) \tag{5.78}$$

式中 $P_j$——预测年中心城区内第$j$类用地类型单位停车需求生成率;

$\mathrm{LU}_j$——预测年中心城区内第$j$类用地类型单位指标(建筑面积、就业人数等);

$n$——中心城区内各类用地总量。

16) $B_{32}$ 各类型停车配比

定义：在交通设施规划中停车场地可分为公共停车场、配建停车场和专用停车场。各类型停车配比指公共停车、配建停车和专用停车占总的停车容量的百分比。一定条件下这三种停车设施所占比例不同所反映的城市整体的静态交通设施的服务能力也有差异，因此不同停车场地之间合理的配比关系是交通优化的保证。

单位：%。

算法：

$$W = \frac{H_i}{\sum_i H_i} \tag{5.79}$$

式中 $W$——不同类型停车设施所占比例；

$H_i$——第 $i$ 类停车设施的容量。

### 5.3.2 三层次协同效果的层次分析评价方法

层次分析法(analytic hierarchy process，简称 AHP)是由美国学者萨蒂(T. L. Saaty)于 20 世纪 70 年代提出的[157]。它是一种将与决策有关的元素分解成目标、准则、方案等层次，在此基础上进行定性和定量分析的决策方法，具有系统、灵活、定性与定量结合等优点，在社会学、经济学等学科领域有着广泛应用[158]。

层次分析法的基本方法是将复杂的单个决策问题按照总目标、各层次子目标、评价准则等方面进行分解，并构建一个层次性强、评价方法明晰的分层结构分析系统，然后按照自下而上的顺序在各个层次中，对各要素进行简单评价、比较和计算，得到各个层次的目标结果，最终得到总目标的计算结果。层次分析法的关键在于层次的划分、权重的确定和排序的合并规则。

**1. 指标量化**

评价指标根据其性质有定性和定量的指标。其中，定量指标可以通过搜集查找相关统计资料或计算确定指标值；而定性指标由于主观性较强，具有较强的描述性而缺乏指标量化，难以进行横向比较，需克服主观因素，赋予定性指标以量化属性。通常的定性指标量化方法为通过分析各个指标的实际意义、影响程度、作用方式的因素，对定性指标评分、分级，使其具有横向可比性。

在评价指标属性值的方法中，无量纲化法具有代表性，具体方法是分析提炼出问题的各个定性指标，根据所在评价区域的具体实际情况进行量化赋值。但由于各个指标的存在环境、所指含义、作用方法等不同，其量化值的意义各不相同，相互之间无法直接比较与计算，因此将指标进行标准化(无量纲化)处理，使其全部限制于[0,1]的数值范围。具体无量纲化方法有直线型、折线型与曲线型等三种[159]。

根据评价指标的类型，给出下列四种无量纲化标准函数：

(1)成本型指标无量纲化的标准函数（$u_i \in U_1$）：

$$r_i = u_{di}(x_i) = \begin{cases} 1 & x_i \leqslant m_i \\ \dfrac{M_i - x_i}{M_i - m_i} & x_i \in d_i \\ 0 & x_i \geqslant M_i \end{cases} \tag{5.80}$$

(2)效益型指标无量纲化的标准函数（$u_i \in U_2$）：

$$r_i = u_{di}(x_i) = \begin{cases} 1 & x_i \leqslant m_i \\ \dfrac{x_i - m_i}{M_i - m_i} & x_i \in d_i \\ 0 & x_i \geqslant M_i \end{cases} \tag{5.81}$$

(3)适中型指标无量纲化的标准函数（$u_i \in U_3$）：

$$r_i = u_{di}(x_i) = \begin{cases} \dfrac{2(x_i - m_i)}{M_i - m_i} & x_i \in (m_i, M(d_i)) \\ \dfrac{2(M_i - x_i)}{M_i - m_i} & x_i \in (M(d_i), M_i) \\ 0 & x_i \leqslant m_i \text{ 或 } x_i \geqslant M_i \end{cases} \tag{5.82}$$

式中
$$M(d_i) = (M_i + m_i)/2$$

(4)区间型指标无量纲化的标准函数（$u_i \in U_4$）：

$$r_i = u_{di}(x_i) = \begin{cases} 1 - \dfrac{\mathrm{vol}_{i1} - x_i}{\max\{\mathrm{vol}_{i1} - m_i, M_i - \mathrm{vol}_{i2}\}} & x_i < \mathrm{vol}_{i1} \\ 1 & x_i \in [\mathrm{vol}_{i1}, \mathrm{vol}_{i2}] \\ 1 - \dfrac{x_i - \mathrm{vol}_{i2}}{\max\{\mathrm{vol}_{i1} - m_i, M_i - \mathrm{vol}_{i2}\}} & x_i > \mathrm{vol}_{i2} \end{cases} \tag{5.83}$$

式中，$[\mathrm{vol}_{i1}, \mathrm{vol}_{i2}]$ 为指标 $u_i$ 的最佳稳定区域(间)。

### 2. 权重确定

权重是目标重要的数量化表示，决策者应按照目标的重要程度给各个目标赋予一定的权重值，一般有以下两种方法。

1)最小二乘法

首先，决策者把 $n$ 个目标 $f_1, f_2, \cdots, f_n$ 的重要性进行两两对比，根据组合原理共需比较 $m(m-1)/2$ 次，把 $f_i$ 对 $f_j$ 的相对重要性记为 $a_{ij}$，这里 $a_{ij} \approx w_i / w_j$，$w_i$ 和 $w_j$ 分别表示目标 $f_i$ 和 $f_j$ 的权重，则两两对比结果的判断矩阵可表示为表 5.8。

表 5.8　判断矩阵分析表

| | $f_1$ | $f_2$ | … | $f_n$ |
|---|---|---|---|---|
| $f_1$ | $a_{11}$ | $a_{12}$ | … | $a_{1n}$ |
| $f_2$ | $a_{21}$ | $a_{22}$ | … | $a_{2n}$ |
| ⋮ | ⋮ | ⋮ | | ⋮ |
| $f_m$ | $a_{m1}$ | $a_{m2}$ | … | $a_{mn}$ |

资料来源：杜栋，庞庆华，吴炎．现代综合评价方法与案例精选[M]．2 版．北京：清华大学出版社，2008．

$$\boldsymbol{A}=\begin{bmatrix} a_{11} & a_{12} & \cdots & a_{1n} \\ a_{21} & a_{22} & \cdots & a_{2n} \\ \vdots & \vdots & & \vdots \\ a_{m1} & a_{m2} & \cdots & a_{mn} \end{bmatrix} \approx \begin{bmatrix} w_1/w_1 & w_1/w_2 & \cdots & w_1/w_n \\ w_2/w_1 & w_2/w_2 & \cdots & w_2/w_n \\ \vdots & \vdots & & \vdots \\ w_m/w_1 & w_m/w_2 & \cdots & w_m/w_n \end{bmatrix} \tag{5.84}$$

式中　$a_{ij}>0\ (i=1,2,\cdots,m;\ j=1,2,\cdots,n)$；

$a_{ij}=1/a_{ji}\ (i=1,2,\cdots,m;\ j=1,2,\cdots,n)$；

$a_{ij}=1\ (i=1,2,\cdots,m;\ j=1,2,\cdots,n)$，$a_{ij}$ 通常取 1，2，…，9 及其倒数。1～9的标度含义为：1 表示 $f_i$ 与 $f_j$ 同样重要；3 表示 $f_i$ 比 $f_j$ 稍微重要；5 表示 $f_i$ 比 $f_j$ 明显重要；7 表示 $f_i$ 比 $f_j$ 重要得多；9 表示 $f_i$ 比 $f_j$ 极端重要。而处于相邻的判断之间时，依次取值 2，4，6，8。

$$\sum_{i=1}^{m} a_{ij}=\frac{\sum\limits_{i=1}^{m} w_i}{w_i}，当 \sum_{i=1}^{m} w_i=1 时，\sum_{i=1}^{m} a_{ij}=\frac{1}{w_j}$$

2）特征向量法

如果决策者对目标的重要性进行两两比对，没有不准确及前后不一致的情况时，则

$$\boldsymbol{Aw}=\begin{bmatrix} w_1/w_1 & w_1/w_2 & \cdots & w_1/w_n \\ w_2/w_1 & w_2/w_2 & \cdots & w_2/w_n \\ \vdots & \vdots & & \vdots \\ w_m/w_1 & w_m/w_2 & \cdots & w_m/w_n \end{bmatrix}\begin{bmatrix} w_1 \\ w_2 \\ \vdots \\ w_m \end{bmatrix}=m\begin{bmatrix} w_1 \\ w_2 \\ \vdots \\ w_n \end{bmatrix} \tag{5.85}$$

此时权系数向量是判断矩阵 **A** 的最大特征根 $m$ 的特征向量，因此可先求出 **A** 的最大特征根 $\lambda_{\max}$，再求

$$\boldsymbol{Aw}=\lambda_{\max}\boldsymbol{w} \tag{5.86}$$

的解 $\boldsymbol{w}$，即为权重数向量。

用这种方法求权系数时，需要进行一致性检验，其方法如下：

（1）计算一致性指标 CI。

$$CI=(\lambda_{max}-m)/(m-1)\ (m\text{ 为矩阵 }\boldsymbol{A}\text{ 的阶数}) \tag{5.87}$$

(2)计算一致性比例 CR。

$$CR=CI/RI \tag{5.88}$$

式中,RI 表示平均随机一致性指标,其值如表 5.9 所示。

**表 5.9 平均随机一致性指标分析表**

| $m$ | RI | $m$ | RI |
|---|---|---|---|
| 1 | 0 | 6 | 1.24 |
| 2 | 0 | 7 | 1.32 |
| 3 | 0.58 | 8 | 1.41 |
| 4 | 0.90 | 9 | 1.45 |
| 5 | 1.12 | | |

资料来源:杜栋,庞庆华,吴炎.现代综合评价方法与案例精选[M].2 版.北京:清华大学出版社,2008.

当 CR<0.10 时,可以认为两两比对的判断矩阵 **A** 的估计基本一致,可以接受,并由公式(5.88)求得 $\boldsymbol{w}$ 作为权系数向量。

当 CR≥0.10 时,说明两两对比的判断矩阵 **A** 的估计不够一致,需要重新调整 **A** 的取值。

如前文所述,控规的容积率大小不仅受到土地适用性、上位规划所确定的片区平均容积率等用地规划因素的制约,同时也受到道路交通网络容量、目标服务水平的制约。根据前述模型可以实现对土地使用规划和交通规划方案的整体优化,接下来的主要问题就是对实践中的具体规划编制工作而言,如何实现上述计算分析过程。为此,本书在研究上述模型的基础上提出组块化计算方法。

## 5.4 计算方法

### 5.4.1 算法思想

依据前述方法的计算成本较大,为了保证对规划方案的快速响应,不妨利用现有各类专业软件,按照组块化计算的方式进行分析。为了说明这一计算方法,首先对计算组块和计算过程做出定义。

(1)计算组块是指在大规模分析计算中相对独立的一部分分析计算内容。它具有如下特征:

①一个组块只涉及一种分析软件;

②一个组块只用到一个专业的分析理论和方法;

③一个组块具有确定的输入输出数据、参数，并且除输入输出以外和其他组块没有额外的联系；

④组块内部的过程是已知并且可控的；

⑤组块的输入参数是可以调整的，并且这种参数调整能够影响本组块的输出数据的特征；

⑥组块既可以是定量的分析过程，也可以是定性的分析过程。

(2)计算过程是指在大规模分析计算中由计算组块所组成的相对独立的分析步骤。它具有如下特征：

①过程由组块所构成；

②一个特定过程相对其他过程独立；

③一个特定过程包含确定数量的步骤；

④过程是可编程的。

根据以上定义，一个组块的基本结构如图 5.8 所示。

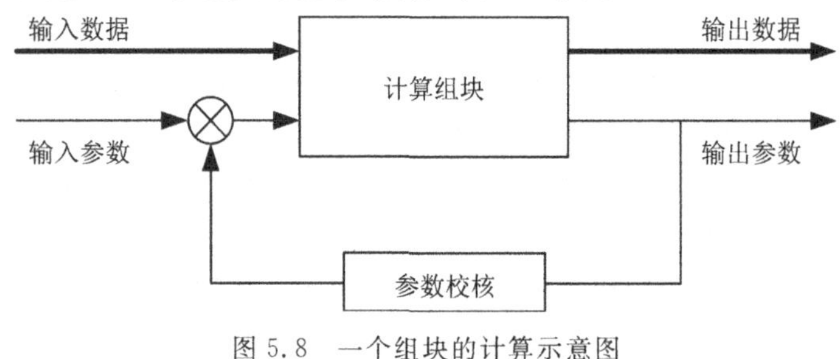


图 5.8　一个组块的计算示意图

### 5.4.2　组块划分

按照上述定义，本书所研究的计算过程可以划分为如图 5.9 所示的组块，各组块之间的联系用有向箭头表示。整体分析过程可以抽象成六个相对独立的分析过程。根据前文机理分析，对各个过程的内部机理分析如下。

**1. 过程 1:通道供需匹配度分析过程**

该过程包含三个组块，即片区 OD 分布组块、通道交通分配组块、通道供需匹配度组块。各个组块之间呈现串联逻辑结构，具体如图 5.10 所示。

总规指标
全市干路网
片区OD分布
功能组团结构
通道交通分配
总规指标
通道供需匹配度
进出通道容量分析
指标调整
合理?
N
Y
用地规划
土地适建性评价
居住用地布局
公共设施选址
其他用地匹配
道路网络结构布局
用地规划合理性控制
用地结构控制
居住面积单项控制
公建面积单项控制
道路面积单项控制
绿地面积单项控制
类比控制
空间分区
分区用地强度
分区用地面积
分区用地类型
用地调整
分区分类建筑面积
反算容积率
单位用地出行率指标
出行生成
容量限制OD反推
地块级发生吸引量
单元级发生吸引量
干路网络布局
地块级OD
单元级OD
干路网络容量
全路网交通分配
干路网交通分配
全路网供需匹配度
干路供需匹配度
建议调整
合理?
路网调整
全路网络布局
全路网络容量
整合
规划方案
规划路网方案
方案评价
用地调整
路网调整
最终方案

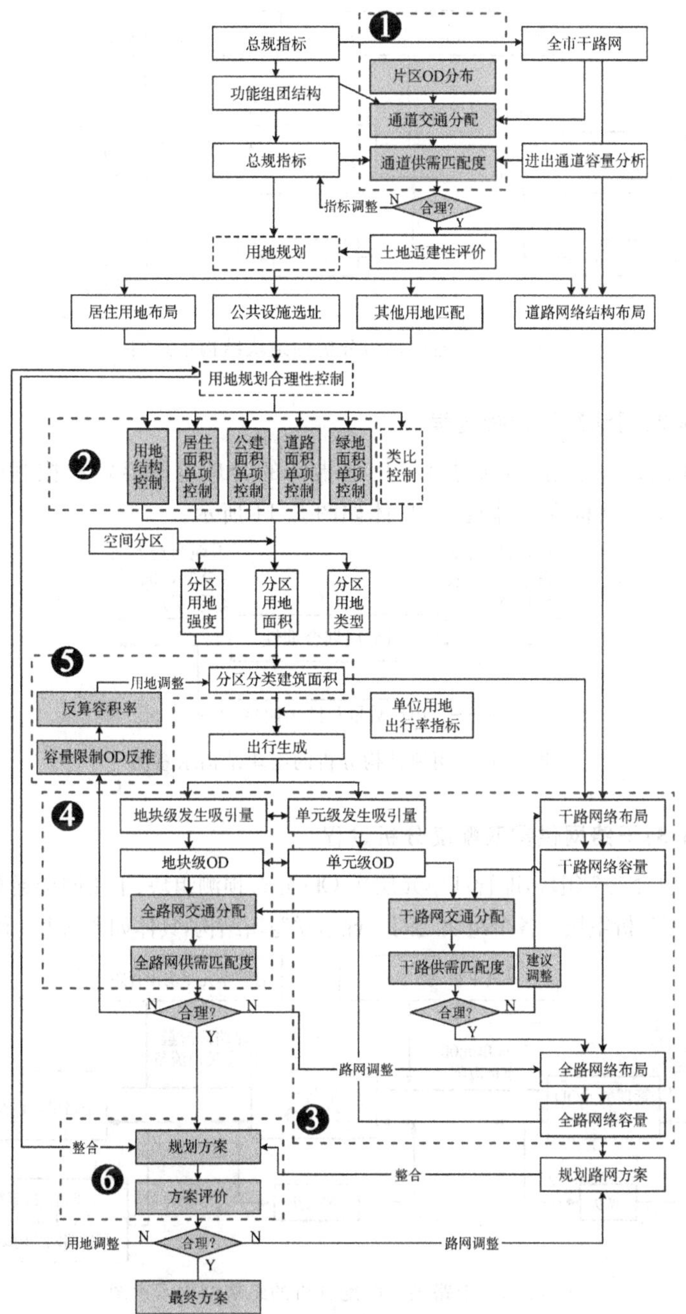

图 5.9 计算流程图

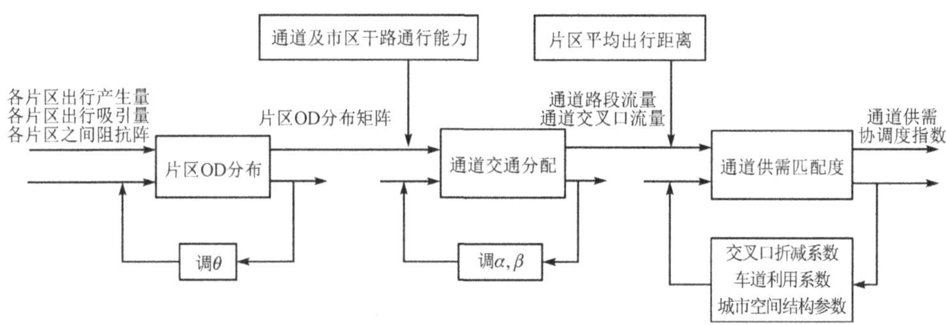


图 5.10　通道供需分析的组块结构示意图

**2. 过程 2:用地结构分析过程**

该过程包含一个组块,通过规范用地指标的合理范围界定和控制所规划用地布局方案的总体结构和总体规划,具体如图 5.11 所示。

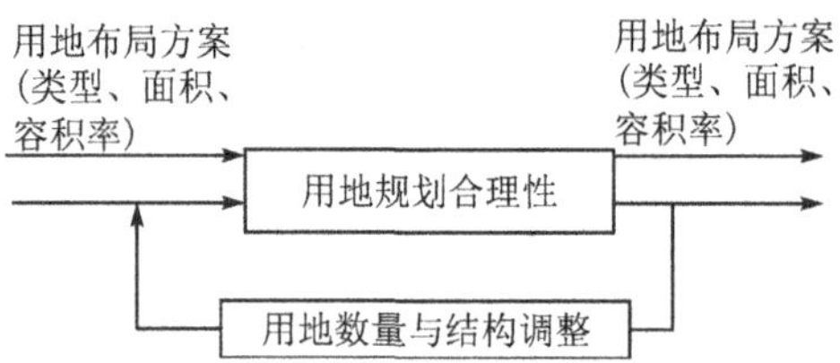


图 5.11　用地结构分析的组块结构示意图

**3. 过程 3:干路网供需匹配度分析过程**

该过程包含三个组块,即管理单元层次 OD 分布预测组块、干路网交通分配组块、干路供需匹配度分析组块。各个组块之间呈现串联逻辑结构,具体如图 5.12 所示。

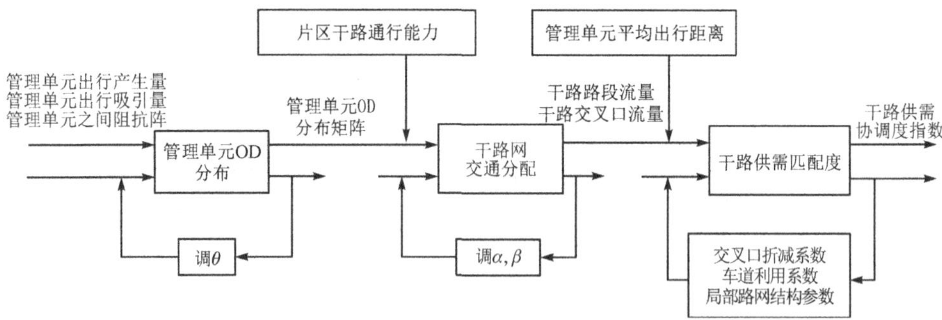


图 5.12　干路供需匹配分析的组块结构示意图

**4. 过程 4:全路网供需匹配度分析过程**

该过程包含三个组块,即地块级 OD 分布预测组块、全路网交通分配组块、全路网供需匹配度分析组块。各个组块之间呈现串联逻辑结构，具体如图 5.13 所示。

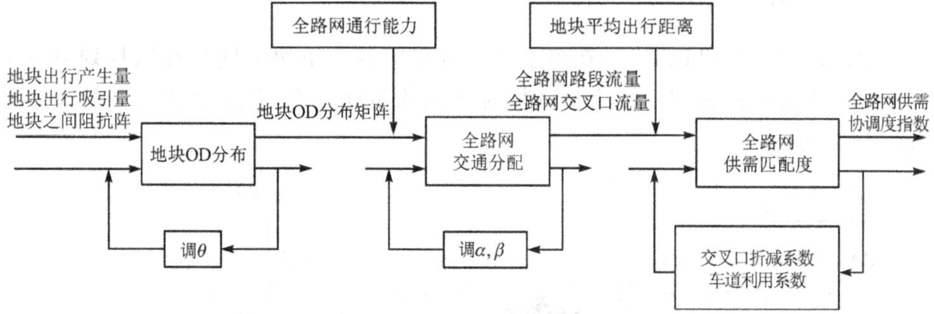


图 5.13 全路网供需匹配度分析的组块结构示意图

### 5. 过程 5：容积率反推过程

该过程包含三个组块，即地块级 OD 反推组块、出现产生量分析组块、出行吸引量分析组块。各个组块之间呈现串、并联复合逻辑结构，具体如图 5.14 所示。

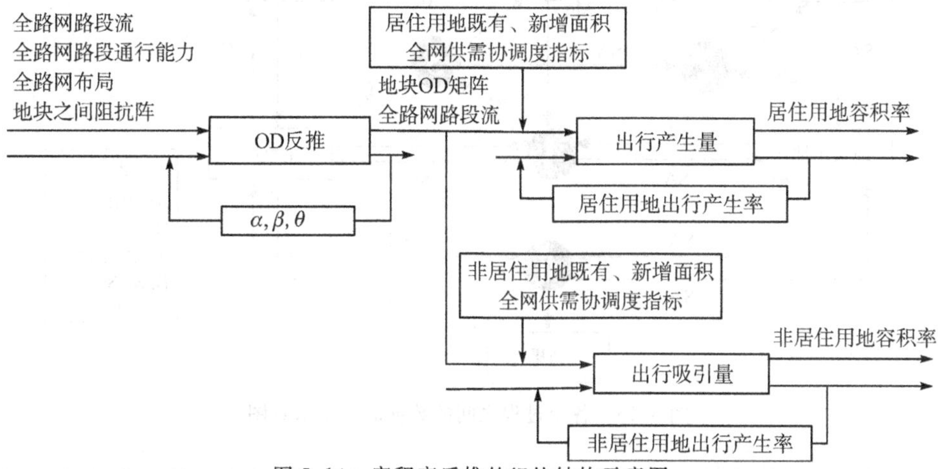


图 5.14 容积率反推的组块结构示意图

### 6. 过程 6：方案评价过程

该过程包含一个组块，通过特定评价系统对规划最终方案进行分析评价以及进一步优化，具体如图 5.15 所示。

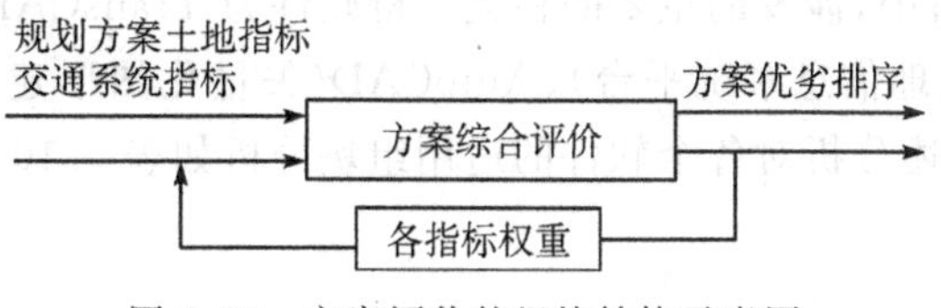


图 5.15 方案评价的组块结构示意图

### 5.4.3 数据流关系

通过以上分析可以看出，在整个分析过程中各个组块之间存在以规划方案为中心的数据流传递过程。那么从数据流传递的角度来看，各个过程之间的关系如图 5.16 所示。

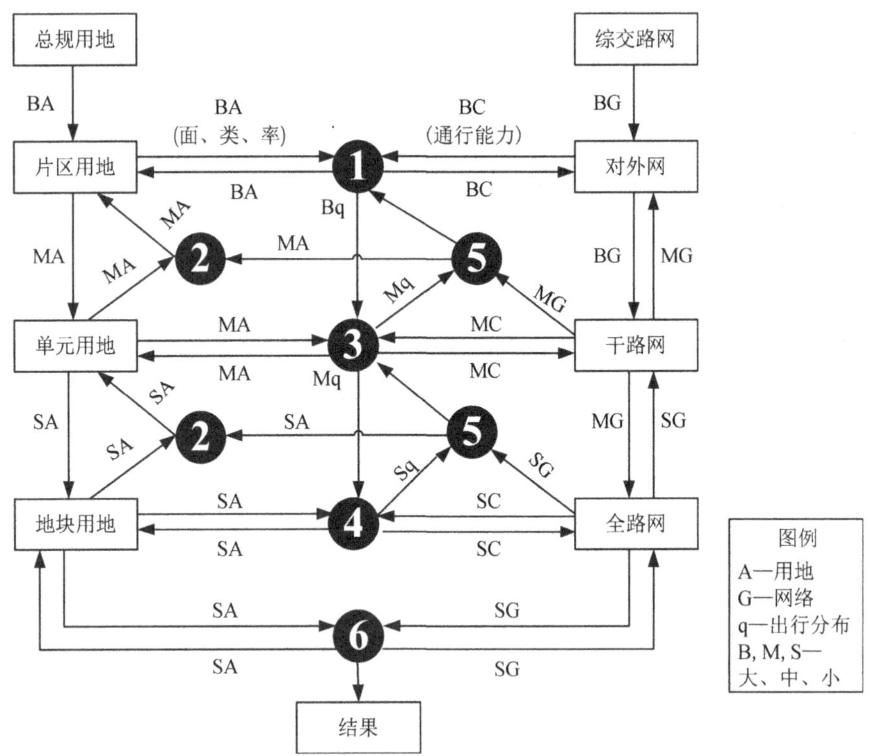


图 5.16　各个过程之间的数据流关系示意图

鉴于各阶段已经有了较为完善的商业模型软件包，同时本书第 4 章已建立起基于多种软件平行交互的技术分析平台，因此在算法设计过程中将各过程中的组块对应到相应的既有商业软件分析步骤中。这样就可以避免专用软件开发，能够更好地利用既有资源。

在本书的分析中，涉及的主要的相关分析软件为 TransCAD(交通规划模型软件包)、ArcGIS(地理信息系统平台)、AutoCAD(矢量化图形建模平台)、Excel(电子表单)。结合上述分析对各个软件的适用组块分析如表 5.10 所示。

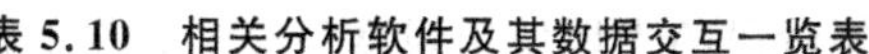

**表 5.10 相关分析软件及其数据交互一览表**

| 过程 | 组块 | 分析软件 | | | |
|---|---|---|---|---|---|
| | | TransCAD | ArcGIS | AutoCAD | Excel |
| 1 | 1A | 重力模型 | 全市地理信息(大区级) | 全市大区规划方案<br>全市干路网 | 大区人口、用地统计表 |
| | 1B | SUE 分配模型 | | | |
| | 1C | | | | 自编标准统计表单 1 |
| 2 | 2A | | 空间统计分析 | 大区用地布局方案 | 大区人口、用地统计表 |
| 3 | 3A | 重力模型 | 片区地理信息(单元级) | 单元用地布局方案<br>规划片区干路网 | 单元人口、用地统计表 |
| | 3B | SUE 分配模型 | | | |
| | 3C | | | | 自编标准统计表单 2 |
| 4 | 4A | 重力模型 | 片区地理信息(地块级) | 地块用地布局方案<br>规划全路网 | 地块人口、用地统计表 |
| | 4B | SUE 分配模型 | | | |
| | 4C | | | | 自编标准统计表单 3 |
| 5 | 5A | ODEM 反推模型 | 片区地理信息(地块级) | 地块用地布局方案<br>规划全路网 | 地块人口、用地统计表 |
| | 5B | | | | 自编标准统计表单 4 |
| | 5C | | | | 自编标准统计表单 5 |
| 6 | 6A | 地块级 OD<br>规划全路网 | 片区地理信息(地块级) | 地块用地布局方案<br>规划全路网 | 自编标准统计表单 6 |

这样就可以将控规阶段的土地使用强度与交通容量的协同优化复杂分析过程分解成利用 TransCAD(交通规划模型软件包)、ArcGIS(地理信息系统平台)、AutoCAD(矢量化图形建模平台)、Excel(电子表单)各自分析的组块,并通过组块间数据的互馈传递实现整体分析的一致性,最后通过评价分析保证整体方案的合理非劣。

## 5.5 本章小结

模型和整体优化技术是规划方案好坏的关键。从控规技术实际来看,由于牵涉因素和变量数目众多,相互关系复杂,因而很难将规划的全过程整合在一组模型之中。控规方案的形成过程必须也只能诉诸规划主体人的经验和创造性。也就是说方案的构建要以人为主、以定性分析和经验逻辑为主。而具体方案的内在技术是否具有一致性、最终规划方案的技术合理性等问题,依靠定性分析和人为判断就很困难。这就需要借助模型分析技术和计算机量化技术加以辅助。这就是人机结合和定性与定量结合的分析。

本章在对土地使用强度与交通需求数量特征、交通设施供给与容量大小的量化研究基础上构建了以远期服务水平为控制的双反馈结构协调优化方法,以达到规划方案在土地使用强度与交通供给容量的一致性。在此基础上,本章构建了以多方案各自优化,再综合评价优选的控规工作模式,并给出了具体的评价指标。

最后本章针对控规编制复杂技术流程的工作实际,提出了“组块化过程优化计算”的算法思路,将各个相对独立的定量化计算单元、定性分析判断单元抽象为标准化的计算组块,并通过对分析过程的组块化分解使整个协同优化工作离散化为各个相对独立的技术过程,并对各个过程间的数据流传递进行了分析和规范化,从而使整体分析得以清晰和简化。

# 第6章　一体化规划编制应用技术

本书依据分层控规编制技术平台建构了土地使用强度与交通容量“双向”协同优化方法体系，并深入分析“双向”协同优化的工作原理来支撑分层控规运行，创建的定性与定量结合的协同优化模型和评价方法超越了现有分层控规的方法，还需回归到分层控规编制中来，实现土地与交通一体化编制。本章完善了分层控规中土地使用与交通一体化规划编制应用技术框架，深入探讨了土地使用与交通一体化规划编制内容与指标体系、一体化规划编制技术以及一体化规划实施管理，即分别从分层控规片区、管理单元、地块三个层次建立一体化规划编制研究框架，实现上文的协同优化结果在控规编制中的应用。本章研究框架如图6.1所示。

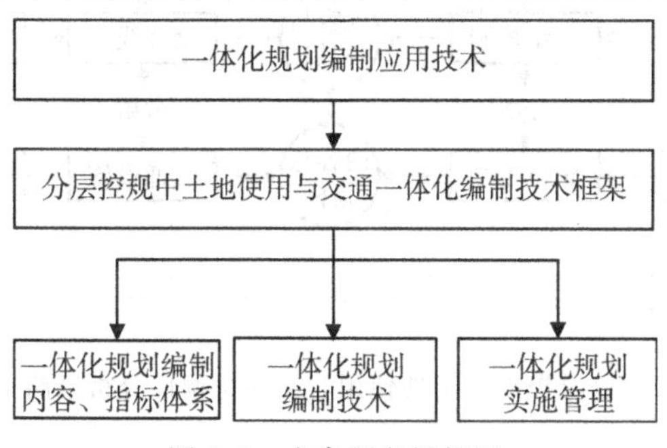


图6.1　本章研究框架图

## 6.1　一体化规划编制应用技术框架

### 6.1.1　交通规划在控规编制体系中的定位

随着“总量约束、分层控制、分区平衡”的分层控规技术体系渐渐完善和不断创新，控规和总规之间无缝对接，对修规也具有一定的指导意义。不论从理论发展还是实践应用，分层控规体系为我们深入探讨控规中土地使用与交通一体化规划编制提供新的契机和技术平台，从源头上将交通规划纳入城市土地使用规划编制体系中。通过“双向”协调反馈机制解决交通供需的动态平衡、需求有序和供给有效，以及土地使用强度的适宜性等问题。根据控规编制思路与创新研究，在进行两者一体化规划编制时应充分体现以下特点[120]：第一，综合性。应进一步增强分层控规阶段交通规划内容的广度与深度，以及交通对策的综合性。第二，同步编制。避免新增编制环节，分层控规成果格式与控规技术准则相一致，从而实现分层控规阶段内的编制一体化。第三，管控与引导结合。将确定性的内容纳入控规强制性管理内容，并对有关建设和管理的内容指标保持一定的适应性和弹性。

### 6.1.2 一体化规划编制思路

控规编制的主要目的是进一步明确土地使用性质、使用强度和配套设施。由于控规具有法律效力，应进一步加强分层控规中土地使用与交通之间的沟通。具体的一体化规划编制思路[6]如图 6.2 所示。

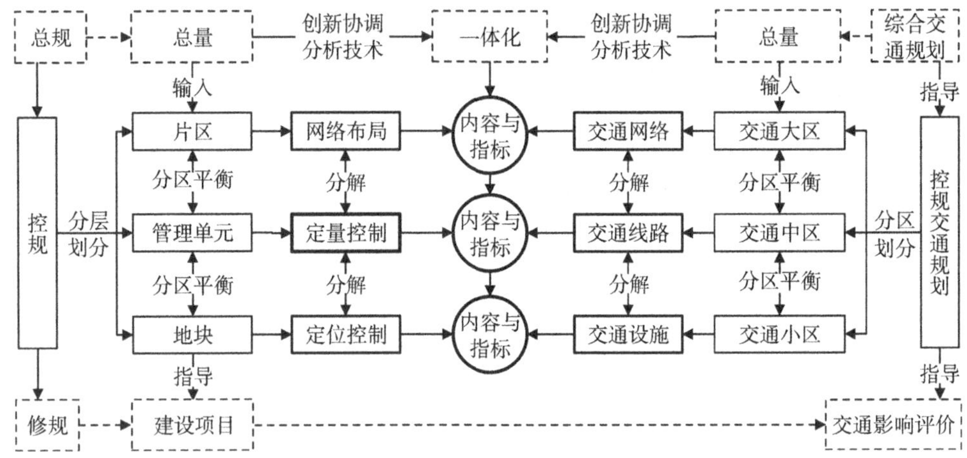


图 6.2 分层控规中土地使用与交通协调性分析思路框架图

第一，明确一体化规划编制内容、深度和审查流程，以法定成果的形式表达交通规划的控制性内容，实现分层控规中土地使用与交通的有效衔接。

第二，创新城市土地与交通协同优化分析技术方法，从片区、管理单元、地块三个层次实现控规中土地使用与交通在规划编制内容和指标体系上的一致。

第三，在总规中得到控规片区方案后，在规划目标分析的基础上运用适宜的技术评价指标（交通容量性能与规划技术性能）体系，对各个方案实施技术评价，并在此基础之上根据方案实现目标程度进行排序和反馈，最终推荐最能达成规划目标的方案。

### 6.1.3 一体化规划编制技术框架

在一体化规划编制过程中，应加强土地使用与交通二者的协作及编制四个阶段的动态反馈机制（见图 6.3），建立紧密的协同反馈关系，并对土地使用规划与交通规划的协调性进行技术评价，通过“方案修正完善—协调性评价”的不断循环反复，最终得出最适宜的规划方案[160]。

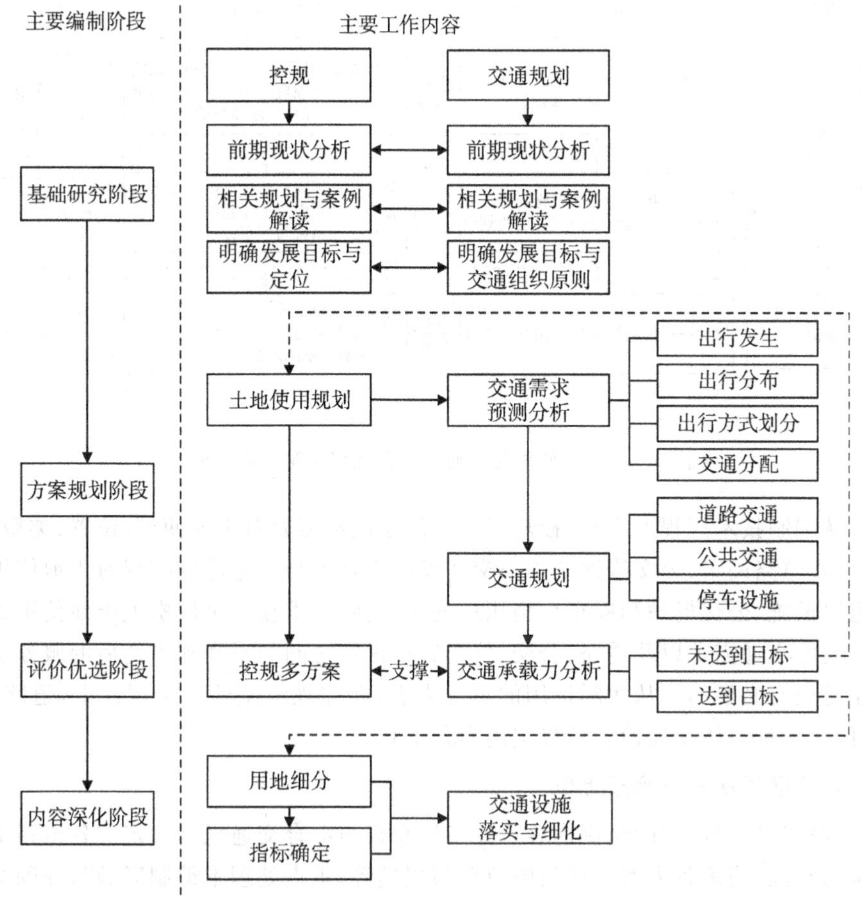


图 6.3 分层控规中土地使用与交通一体化规划编制技术框架图

## 6.2 一体化规划编制内容、指标体系

### 6.2.1 编制内容框架

一体化规划编制应以“土地使用与交通双向引导”为原则，进行各层次土地使用强度与交通容量匹配分析，同时三个空间层次的规划编制内容应分别达到“承接上位、校核完善与落实细化”的控制要求，如图 6.4 所示。

控规阶段中的土地使用规划编制内容在本书中不再提及，主要研究控规三层次下的交通规划编制内容。而出于对研究普遍性和适应性的考虑,本书对公交系统编制内容的研究不考虑轨道交通,主要特指常规公共交通。

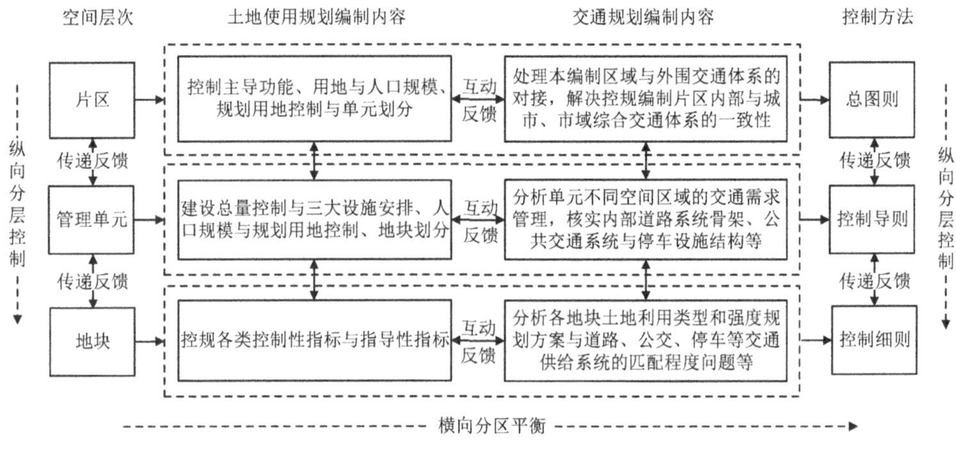


图 6.4　土地使用与交通一体化规划编制内容框架图

从编制技术流程上来看,控规三个空间层次都需要对土地使用(位置、类型、强度)以及道路网络、公交线网和静态交通设施进行安排。考虑到控规对土地使用以及道路设施、公交场站和停车设施用地的法定性,寻求在三个层次上土地使用布局所引发的交通需求以及道路、公交、停车容量供给之间的平衡和平衡后的服务水平控制是很有必要的。从实际运用的角度来看,在控规编制的三个层次上,道路、公交、停车三种主体交通设施的界定内容各不相同。

**1. 片区层次——承接上位**

控规片区层次中的编制内容主要承接总规与综合交通规划确定的各道路系统结构与布局,明确各大型交通设施位置与规模等,重点处理本编制区域与外围交通体系的对接问题,其目的是解决控规片区内部与城市、市域综合交通体系的一致性问题,其主要编制内容详见表 6.1[161]。

**2. 管理单元层次——校核完善**

控规管理单元层次中的编制内容主要为重点分析本管理单元内部不同空间区域的交通需求管理和交通供给策略问题,核实内部道路系统骨架、公共交通系统构成及其结构、停车设施体系结构及其分区供给规模控制指标,同时完善管理单元内各类交通设施的配置标准、数量和位置,具体编制内容详见表 6.1。

**表 6.1　不同交通系统在不同空间层次下的编制内容一览表**

| 系统 | 空间层次 | 编制内容 |
| --- | --- | --- |
| 道路系统 | 片区 | •研究片区规划中交通需求总量与交通供给总量的匹配关系，建立控规片区层次交通承载力分析模型，为管理单元层次建立基础。<br>•深化总规、上位专项交通规划确定的干路网结构和布局，重点处理快速路、交通性或结构性主干路的衔接问题，同时提出支路网规划控制密度和建设标准。<br>•确定对内道路交通线位(表示至次干路以上)，城市快速路及主次干道的红线宽度指标、位置，典型道路断面形式以及主要道路交叉口形式。<br>•明确规划区对外交通设施位置和规模，确定主要交叉口、广场的用地控制要求，确定城市防灾减灾、应急救援、大型装备运输的道路网络方案。 |
|  | 管理单元 | •在管理单元规划中进行交通供需均衡性分析，从总体上对片区内部交通的分布情况进行分析，进而分析出管理单元的基准容积率能否适应干路网络的容量制约，从而对片区内部干路设置的合理性做出评估以及优化。<br>•依据片区层次规划的干路网道路系统方案及具体各级道路网密度取值，结合控规用地布局的细化，校核规划区道路系统，以及快速路、主干道及次干道线形，深化并完善支路系统。<br>•确定各级城市道路的路幅分配情况，标明规划区各类道路断面形式，以及行车道、人行道、非机动车道和绿化带宽度。不同地区各级道路的横断面布置和道路选线应依据规范针对性地设计，并制定断面设计参数。 |
|  | 地块 | •在地块层次中运用OD反推模型最终反推出适应路网方案的地块最佳容积率，作为控规编制的参考依据。<br>•细化交通需求分析，协调交通设施与相邻地块土地使用的关系，合理完善道路网系统。<br>•确定红线控制点坐标、转弯半径及交叉口标高，提出沿线控制要求。<br>•在分析现状道路交叉口存在问题的基础上，明确平面交叉口渠化形式，尽量增加进口车道数，进一步明确车道功能。<br>•明确新建建筑的退让道路红线距离等，保障城市道路建设的标准化和规范化。<br>•确定地块出入口方位、数量及禁开口路段。 |

续表

| 系统 | 空间层次 | 编制内容 |
| --- | --- | --- |
| 公交系统 | 片区 | •依据综合交通规划等专项规划，重点处理结构性公交系统的落地问题。<br>•确定公共汽（电）车停车场、保养场规划布局和用地控制规模标准，提出首末站规划布局原则。<br>•确定公共交通专用道设置原则和技术要求，规划公共交通专用道网络布局方案，提出港湾式公交站点的设置原则和规划建议。<br>•提出出租汽车发展策略和出租汽车招呼站规划布局原则。 |
| | 管理单元 | •落实公交首末站、枢纽站、停车场、保养场等设施的数量、用地规模和具体位置，同时将交通设施的数量和规模作为强制性控制指标。对于具有规模的设施应在控规控制导则中的指导文件和法定文件中分别对其进行用地指标控制和虚线控制。<br>•校核并确定公交专用道位置，同时根据城市发展方向和客流分布特征，确定公交专用道的布置形式要求。 |
| | 地块 | •明确公交港湾式停靠站的位置及对道路红线的要求。 |
| 停车系统 | 片区 | •解决分区差异化交通发展政策与停车总量供给的整体策略问题。<br>•确定城市机动车停车分区和不同类别停车需求的供给目标，并提出城市配建停车指标建议、实施、管理对策。<br>•提出城市机动车公共停车场规划布局原则。 |
| | 管理单元 | •根据片区层次总停车泊位需求和分区差异化、配建与公共车位相协调及路内停车与路外停车相协调的原则，进行各管理单元停车需求预测。<br>•确定社会公共停车场、加油加气站等其他交通设施的数量、用地规模和具体位置，作为强制性控制指标，同时应在控规控制导则中的指导文件和法定文件中分别对其进行用地指标控制和虚线控制。 |
| | 地块 | •明确各地块的配建停车数，机动车位和非机动车位应在控规控制细则的法定文件中予以指标控制。 |

**3. 地块层次——落实细化**

控规地块层次交通规划编制内容主要依据管理单元层次交通规划内容，细化各项交通设施的用地位置与规模，落实各类交通控制指标以指导工程设计，重点分析各地块土地使用类型和强度规划方案与道路、公交、停车等交通供给系统的匹配程度问题，其具体内容详见表 6.1。

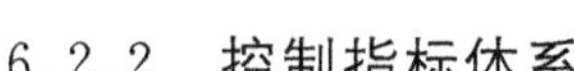

## 6.2.2 控制指标体系

### 1. 控规阶段土地使用控制指标体系

控规控制指标体系主要按指标性质和构成要素分两种，具体框架体系如附图1所示[162]。土地使用的内涵，包含着城市形态(布局)、功能和使用强度等方面，在控规中，土地使用要素包括土地使用属性要素和土地使用强度要素两方面[28]。

1)土地使用属性要素

土地使用属性要素主要包括用地面积和用地性质两类。

2)土地使用强度要素

土地使用强度要素的核心控制参数是容积率，以建筑高度和建筑密度为相关控制参数。本书所讨论的分层控规中的土地使用强度要素就特指容积率指标。

### 2. 控规中交通规划控制指标分类

从交通系统在现行控规中的规划要求可以看出，交通规划的主要道路及交通枢纽是控规阶段需要落实的交通设施[163]，这些指标的控制离不开总规的控制要求，同时又要确定公共交通与停车设施体系结构及规模控制指标，共同形成了道路交通、公共交通和停车设施三个方面的指标内容，具体控制指标如下。

1)道路交通

道路交通包括个体机动车与非机动车，现阶段具体为私人机动车和自行车(包括电动自行车)。其主要分为对外联系的主要道路、街区出入口和内部道路。控制指标应明确区内道路的等级、红线宽度、密度和车道数、横断面、路段出入口方位及主要交叉口形式等。其中道路等级、红线宽度、路网密度和车道数需要以定量的方式来明确。

2)公共交通

公共交通主要确定干线常规公交系统、结构性公交系统落地情况，以及公共交通场站规划情况(含首末站、综合车场等)，以及公交线路和站点设置的一般技术要求等。公交场站的规划数量、规模、位置等都是规划设计时需要考虑的内容。

3)停车设施

停车设施主要包括公共停车场和配建停车场两类。公共停车场主要确定其数量、规模、位置及出入口设置；居住和公共服务设施配建停车规模一般执行省(自治区、直辖市)和所在城市有关建筑物配建停车设施标准；可采用地面、地下及路边停车等方式。其中公共停车场(库)的位置、规模、配建数等静态交通系统指标是以定量方式明确的。

**3. 指标选取的依据与原则**

1）指标选取的依据

在结合国家部委法律、法规、规范以及省市地方性法规、标准和规范性文件的基础上，结合各城市经济社会发展实际需要选取控制指标。

2）指标选取的原则

指标选取过程中主要遵循如下原则：第一，综合性原则。应充分考虑控规各系统的全面性与层次性，全面系统地指导和约束控规方案的制订。第二，实用性原则。指标体系的建立应结合实际需要，选取应科学合理、计算方便、高效实用。第三，针对性原则。应有针对性地根据控规各层次、各分区的特征和交通系统的关键控制要素，对控制指标进行选取。第四，前瞻性原则。控制指标应充分体现控规片区、管理单元层次总量控制，实现由“地块层次指标控制”向“管理单元-片区总量控制”转变的分层控规新理念和新技术，最终实现弹性发展。

**4. 控规阶段交通规划控制指标选取**

通过对控规不同层次交通规划编制内容的研究，主要交通控制指标分类归纳总结见表 6.2，三个层次选取的交通控制指标如表 6.3 所示，其具体的取值范围及计算方法本书不做研究。

**表 6.2　控规阶段交通规划控制指标体系具体内容一览表**

| 系统 | 子项 | 指标内容 | 上位规划 | 控规阶段交通规划 |
|---|---|---|---|---|
| 道路交通 | 道路网络 | 路网结构、道路等级级配、总体和各级道路网密度、道路面积率、各级道路网最小间距、平均宽度、道路通行能力、人均道路面积、车均道路面积 | ★★ | ★★★ |
| | 道路断面 | 道路总宽度要求、机动车道宽度和数量、非机动车道和人行道宽度 | ★★ | ★★★★ |
| | 交叉口 | 形式 | ★★★★★ | ★★★★★ |
| | 道路设计 | 交叉口展宽、道路主要控制点坐标、标高、平纵设计参数 | ★★ | ★★★★ |

续表

| 系统 | 子项 | 指标内容 | 上位规划 | 控规阶段交通规划 |
|---|---|---|---|---|
| 公共交通 | 路网 | 线网密度、长度、重复系数、非直线系数、公交出行总量、公共交通分担率 | ★★★ | ★★★★ |
| | 通道节点 | 公交总配车数、首末站和公交场站人均面积、港湾式公交中途站设置率、公交站点间距 | ★★★ | ★★★★ |
| | 场站 | 综合车场、停车场、车均停车保养面积，车辆进场率 | ★★★★★ | ★ |
| 停车设施 | 公共 | 规模大小、公共停车场人均面积、停车吸引率、公共停车需求、公共停车供给、配建停车供给(车位数) | ★★★★ | ★★★★★ |
| | 配建 | 配建指标、机动车与非机动车配建供给(车位数) | ★★ | ★★★★ |

注释：★—很弱；★★—较弱；★★★——一般；★★★★—较强；★★★★★—很强。

**表 6.3　分层控规各层次交通控制指标选取一览表**

| 空间层次 | 交通系统控制指标分类 | | |
|---|---|---|---|
| | 道路交通 | 公共交通 | 停车设施 |
| 片区 | 结构性路网密度、结构性路网结构、道路交叉口形式、道路通行能力、最小间距、平均宽度、道路等级级配、道路面积率、人均道路面积 | 公交线网密度、长度，公共交通分担率，公交总配车数，公交出行总量 | 片区停车吸引率、停车总需求量、总规给定的片区总停车供给(面积、车位数)、公共停车场用地面积、公共停车场人均面积 |
| 管理单元 | 干道路网密度、干道路网结构、道路交叉口形式、道路通行能力、机动车道数和宽度 | 公交线网密度、长度，公共交通分担率，公交总配车数，公交首末站、综合场站、公交场站人均面积，公交站点间距 | 单元停车吸引率、停车总需求量、片区分配的单元停车总供给(车位数) |

续表

| 空间层次 | 交通系统控制指标分类 | | |
|---|---|---|---|
| | 道路交通 | 公共交通 | 停车设施 |
| 地块 | 各级路网密度、全路网结构、道路交叉口形式、道路通行能力、建筑道路后退红线距离、出入口方位、平纵设计参数、交叉口展宽、道路主要控制点坐标、标高 | 公交线网密度、长度，公共交通分担率，公交总配车数，港湾式公交中途站设置率 | 机动车OD分布、配建指标、公共停车需求、公共停车供给、配建停车供给（车位数） |

# 6.3 一体化规划编制技术

## 6.3.1 建立基于多种软件平行交互的技术分析平台

### 1. 土地使用与交通一体化规划编制技术应用研究综述

1)控规土地使用研究领域

闻雪浩等探索了一条全新的控规编制技术的“数字化控规”编制框架和技术路径，实现GIS技术与传统规划内容相结合[164]。王蕾提出一种基于面向共享的地理空间数据模型的共享方法，实现GIS与CAD两平台间数据的双向共享[165]。李岳通过对控规编制步骤以及成果特点的研究，构建GIS数字技术支撑的城市三维数字建模平台[166]。王警提出了一套空间数据与属性数据一体化的控规编制程序工具[167]。

2)交通规划研究领域

徐建英通过结合传统交通模型和GIS技术，建立便于编辑、显示、查询和管理规划的数据库，方便交通数据分析处理和交通评价，并对解决城市实际交通问题具有显著意义[168]。任敏选取国内外普遍使用的TransCAD、CUBE/Trips和VISUM交通规划软件，从可用性、易用性和灵活性三方面对三个GIS技术软件进行比对[169]。马骥等认为基于地理信息系统，TransCAD软件在交通规划中简化并完善了交通需求预测的建模过程，并通过TransCAD软件对实例的交通需求进行预测，其预测结果与实际调查相符[170]。

3)土地使用规划与交通规划相互关系的研究领域

毛蒋兴、王锡福等学者创建了土地使用与交通综合数据库，运用GIS、RS等空间分析技术深入探讨了土地使用和交通系统的相互作用关系[171-172]。王树盛在

TRANUS软件平台上结合昆山案例，建构了土地使用与交通一体化分析模型并验证了其模型的科学实用性[173]。林逢春和曾智超运用GIS空间分析技术，分析了上海市1988—2004年的城市形态演变遥感图像，并结合城市土地使用与交通互动关系来分析交通在城市外围扩散中的导向作用[174]。梅盛利用VB 2005和ArcEngine 9.2进行二次开发，建立了基于GIS的土地使用与交通协调评价系统，目的是研究两者的相互作用关系及影响协调发展的主要因素，最终建构协调评价指标体系和协调度计算模型[175]。

通过以上三个方面的研究，可以得知城市空间结构是体现城市土地使用与交通关系的重要表现因素，通过ArcGIS的空间分析技术，并结合AutoCAD与TransCAD等分析软件，可以揭示土地使用与交通在空间层次的协调机理。

**2. 创新控规编制技术软件**

从土地使用与交通的一体化规划编制技术应用的发展趋势来看，结合GIS空间分析方法是控规编制技术最主要的发展方向。借助两个学科已经拥有的TransCAD（交通规划模型软件包）、ArcGIS（地理信息系统平台）、AutoCAD（矢量化图形建模平台）、Excel（电子表单）等软件平台，按照AutoCAD、ArcGIS、TransCAD三个主要技术软件的特点，采用AutoCAD建立规划方案设计技术平台，采用ArcGIS建立规划方案的空间分析技术平台，采用TransCAD建立规划方案的交通分析技术平台，同时采用Excel作为辅助软件统计分析人口与用地等数据。通过三大技术平台之间的数据传输对接，从而形成取长补短的多软件平行交互的技术分析平台（见图6.5）。

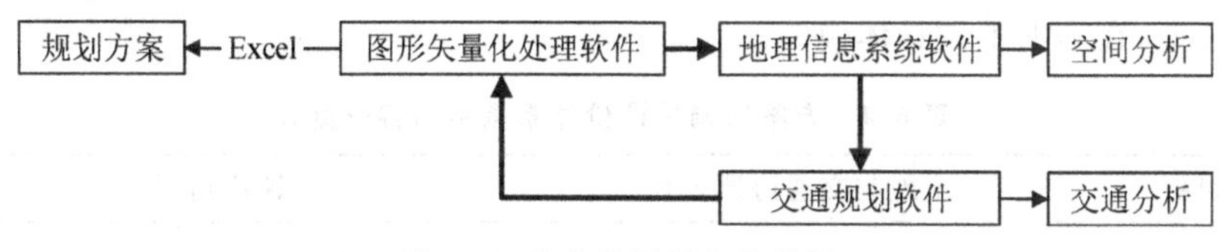


图6.5 技术分析平台示意图

## 6.3.2 方案协调性评价技术方法

**1. 方案协调性评价技术体系**

当分层控规阶段土地使用规划及交通规划初步方案编制完成后，应对二者的协调性进行技术评价，如果二者不协调或者协调程度不足，则应按照“修正完善—协调性评价”的过程先分别进行二者方案的修正与完善，然后对完善后的方案再进行评价，重复按照图6.6的方案协调性评价技术体系分析步骤进行操作，直至协调性达到评价指标要求[176-177]。

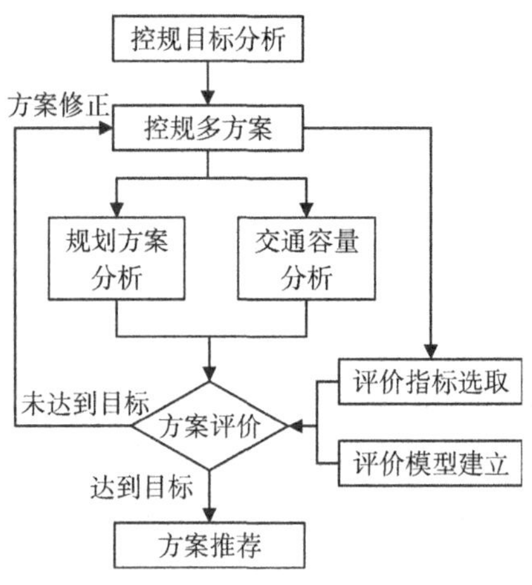


图 6.6　方案协调性评价技术体系分析图

方案协调性评价基本思路如下:首先在控规目标分析的基础上建立适宜的评价指标和评价模型,然后提出实际控规(多)方案,并对各方案进行评价,按照方案达成控规目标的程度进行排序和反馈,最终推荐最适宜的方案。

**2. 方案评价指标选取**

控规阶段方案评价指标的选取可借鉴一些成熟的研究成果,如褚浩然等建立北京中观层次即控规阶段评价指标体系[178]。这一体系与控规相对应,其指标更易获得,因此值得借鉴(见表 6.4)。而评价方法的选取主要运用层次分析法建立评价模型,在本书不做具体说明。

**表 6.4　方案协调性评价体系指标内容一览表**

| 目标 | 土地与交通协调表现 | 评价指标 |
| --- | --- | --- |
| 土地集约化程度 | 避免单一成片开发,鼓励混合土地使用;鼓励 TOD 模式,以公共交通支撑高密度高强度开发;避免大院式开发,促进功能区微循环系统 | 非主要功能性质的用地比例(%)<br>就业岗位、就业人口<br>骨干公共交通网络 800 m 范围人口覆盖率<br>路网密度<br>道路交叉口平均间距(m) |
| 交通系统效率与服务水平 | 公共交通、步行和非机动车出行可达性好;对外主出入口交通通畅,通达性好;交通运行通畅,延误少 | 区内居民与就业人口的绿色出行分担率(%)<br>功能区对外主要出入口服务水平<br>主次干路拥堵路段比例(%)<br>停车设施供需比 |

续表

| 目标 | 土地与交通协调表现 | 评价指标 |
| --- | --- | --- |
| 绿色交通与环境质量 | 步行、非机动车交通环境宜人；大气污染物排放少，车辆废弃物排放量少 | 区内居民与就业人口绿色出行分担率(%)<br>主次干路拥堵路段比例(%)<br>人流集中地带通道和集散广场服务水平 |

资料来源：褚浩然，王江燕，周延虎，等.北京市土地利用与交通发展评价指标研究[J].城市交通，2008，6(5)：30-35.

方案协调性评价技术方法通过土地使用规划方案与交通规划方案之间的校核、检验与优化，进一步实现了分层控规中土地使用与交通真正的协调与互动。所以方案协调性评价技术方法应纳入一体化规划编制技术方法体系中，成为其重要编制内容之一。

## 6.4　一体化规划实施管理

### 6.4.1　规划实施管理研究

**1. 相关机制保障**

第一，为了及时地提出规划要求供控规编制部门作为依据，规划与交通部门应明确各自职责。规划部门必须完善交通专题的研究内容及深度，同时交通部门需强化技术储备，并对其专项规划进行持续的更新完善。

第二，在进行控规编制时，规划编制主体应与国土、城建、交通在内的各部门共同完成规划编制，实行信息共享与技术协调，建立控规编制的协调联动工作机制，提高一体化规划编制的科学有效性。

第三，应明确一体化规划的组织、编制和审批的责任主体，落实经费问题。

**2. 审查程序**

控规阶段交通规划的审查主要结合项目进展划分实施，大致分为规划初审、专家审查、行政审查和成果审查四个阶段[6]（见图6.7）。

**3. 公众参与**

在分层控规的土地使用与交通一体化规划编制中，应健全与开放决策程序，加强社会公示和公众参与，采取“自上而下”与“自下而上”相结合的决策程序。利用相关网络媒体及时地将规划成果和审查结果进行公示，同时将反馈的意见落实情况及时公示，让公众参与到一体化规划编制的全过程中。

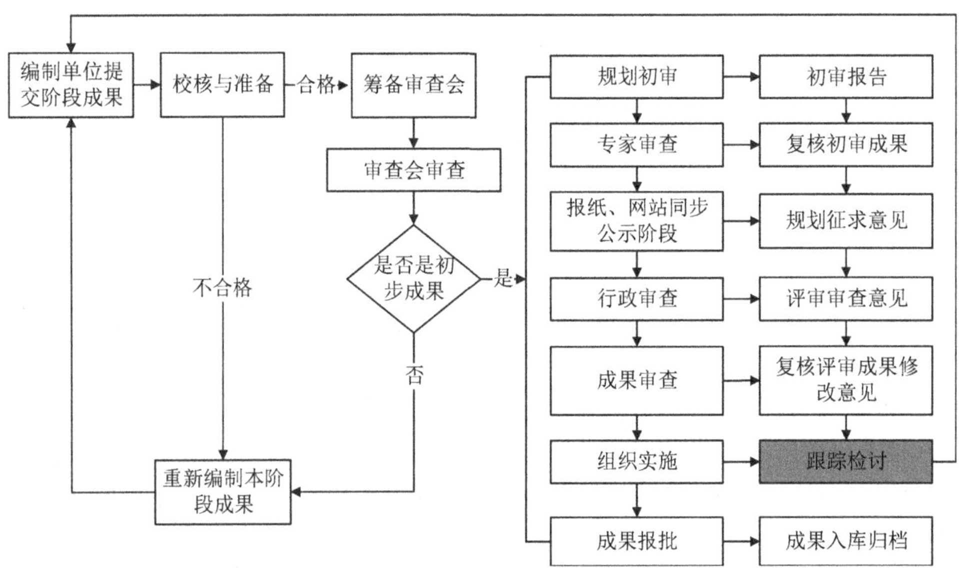


图 6.7 规划编制审查流程图

### 6.4.2 相关建议

**1. 关于促进控规土地使用与交通一体化规划编制的建议**

由于传统交通规划在控规编制过程中位于从属地位的非法定规划，因此在处理分层控规土地使用与交通之间的供需矛盾时应该采取促进两者协调互动及规划编制的一体化，提升交通规划地位。应进一步明确分层控规中交通规划的编制内容和控制指标。

**2. 关于推动控规阶段交通规划立法与完善技术标准的建议**

北京、深圳、广州、宁波等城市在控规编制技术方法、实施机制方面进行了积极的探索，积累了丰富的经验，目的是达到控规中土地使用与交通一体化规划编制的有效实施。然而在分层控规编制体系框架下却缺乏一套成熟的、完善的编制技术标准。因此为避免各城市编制程序、成果的较大差异性，推动完善分层控规中交通规划分层编制技术标准是极其必要的。

**3. 加强控规土地使用规划及交通规划调整联动机制的建议**

当因各种原因需要对控规中土地使用规划及交通规划进行局部调整时，引入并加强控规阶段两者调整的联动机制是极其必要的[176-177]。

**4. 关于建立相关职能部门规划协调机制的建议**

基于城市建设的动态发展特点，在实施阶段土地使用规划与交通规划之间应保持协调与互动，但城市土地使用与交通基础设施建设管理归属于不同的行政主管部门，在规划衔接层面上，应建立两规之间必要的沟通平台和协调机制[179]。

## 6.5　本章小结

本章在“双向”协同优化方法体系、“双向”协同优化机制和“双向”协同优化模型和优化评价方法研究的基础上，补充和完善了分层控规中的土地使用规划与交通规划技术体系，深入探讨了分层控规中土地使用与交通一体化规划编制内容与指标体系及一体化规划编制技术，即分别从分层控规片区、管理单元、地块三个层次建立规划编制研究框架，辅助规划决策，同时建立土地使用与交通一体化规划实施管理机制，并对其编制提出相关建议，实现了上文的协同优化结果在控规编制中的应用。

# 第 7 章　一体化规划编制实证应用

在研究过程中，恰逢宝鸡市上马营片区控规设计课题，成为本书所研究理论方法的实践契机。宝鸡上马营片区位于典型带状城市的核心区，与市区其余片区存在较强的相互联系。而规划区域内部的用地组成较为复杂，既有继承的部分，也有更新的部分，很大程度上可以作为大中城市地区控规中的典型代表。因此，对该实例的分析研究，对于前文所研究理论方法的可用性和通用性，都是一次良好的实证机会。

## 7.1　上马营片区建设及其交通发展现状

### 7.1.1　城市建设概况

**1. 现状建设概况**

宝鸡市地处陕西省关中平原西端，位于陕、甘、宁三省区交界之地。现状城市建设用地总面积 83 $km^2$，人均城市建设用地面积 96.6 $m^2$（图 7.1）。中心城区现状居住用地面积为 2928.07 $hm^2$，占城市建设用地面积的 35.29%，人均居住用地 34.09 $m^2$。

**2. 规划概况**

1）宝鸡市总规（2010—2020 年）

（1）城市性质与规模。依据《宝鸡市城市总体规划（2010—2020）》，宝鸡城市性质为：关中-天水经济区副中心城市，全国重要的新材料和装备制造业基地，西部地区重要的综合交通枢纽，文化名城和生态宜居城市。依据宝鸡市总规确定宝鸡市域人口、城镇化水平和中心城区城市人口规模为 2020 年全市总人口 425 万人，中心城区城市人口规模 130 万人。规划 2020 年宝鸡中心城区建设用地规模达 143 $km^2$，人均城市建设用地面积 110 $m^2$ 以内（见图 7.2）。

（2）城市空间结构。中心城区由中心集团和五个外围片区组成，以中心集团为核心主要向东延伸，沿渭河两岸带状发展。空间结构形态以南山、北塬为屏障，渭河水系为开敞空间，构成“城市与自然”高度和谐的“山、塬、水、林、城”融为一体的带状布局与组团结构（见图 7.3）。

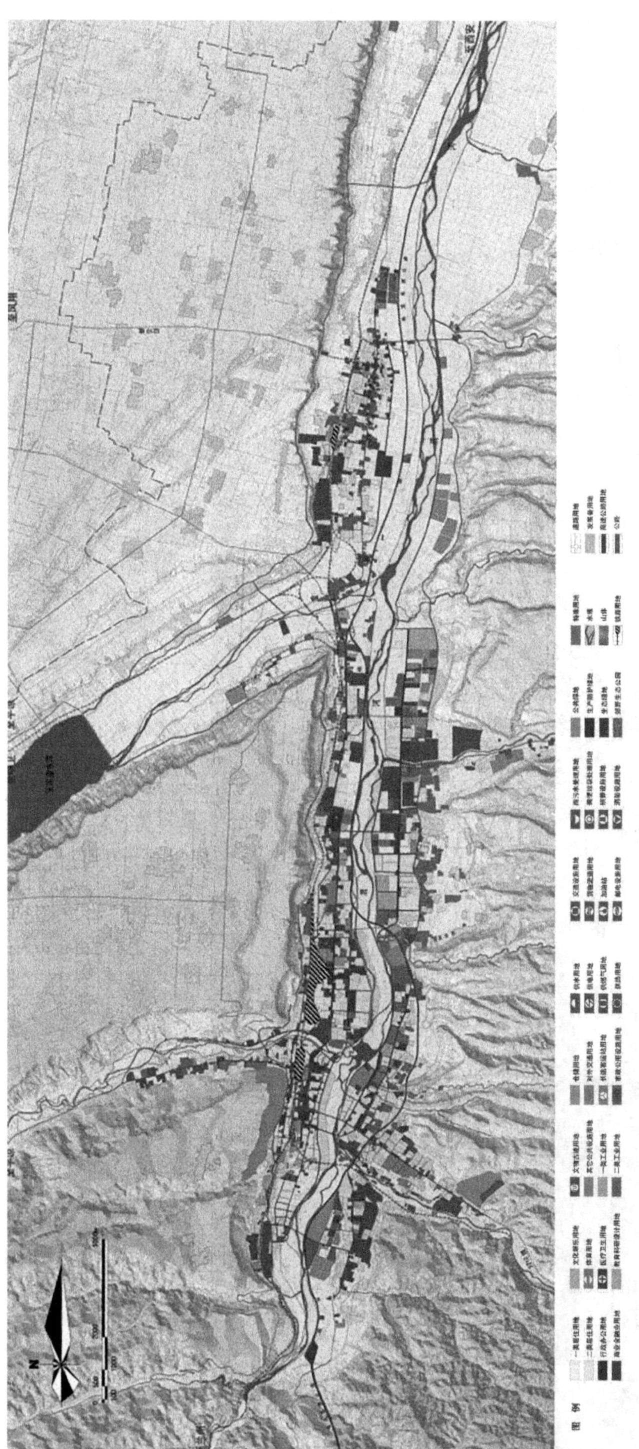

图 7.1　宝鸡市中心城区用地现状图
（来源：宝鸡市总规（2010—2020））

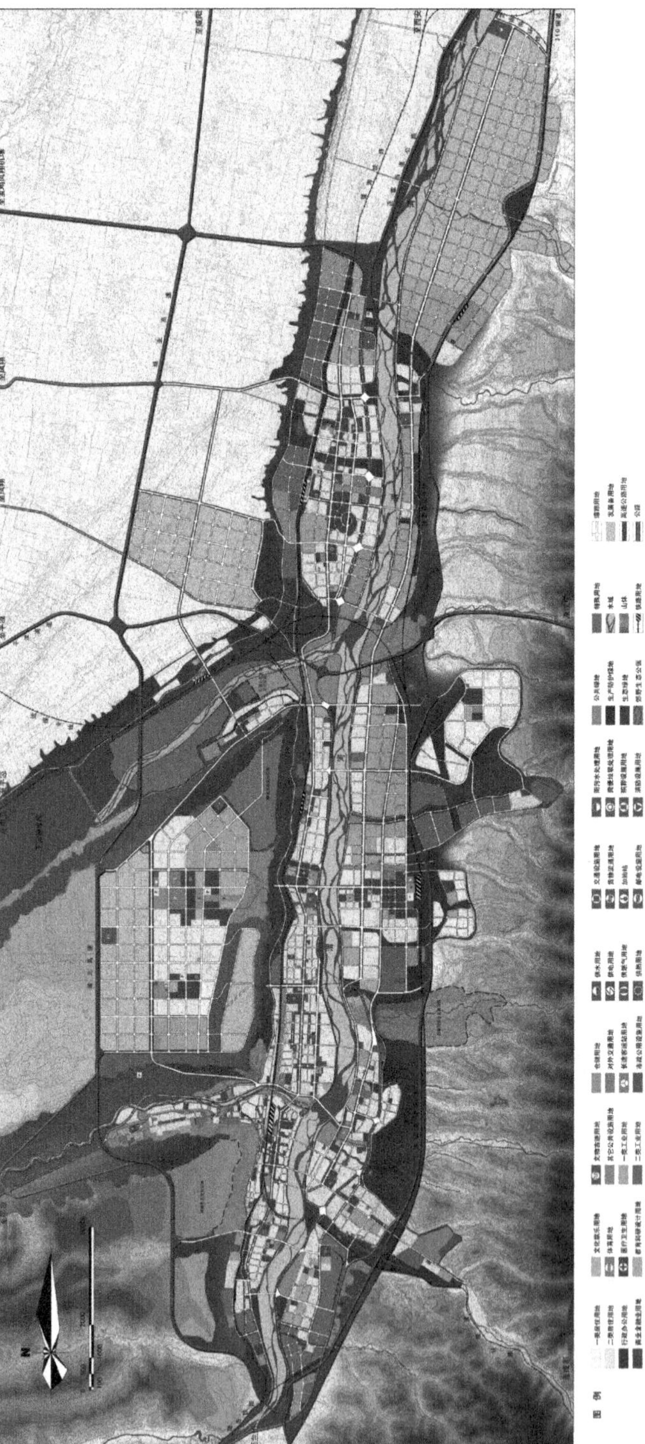

图 7.2 宝鸡市中心城区用地规划图
（来源：宝鸡市总规（2010—2020））

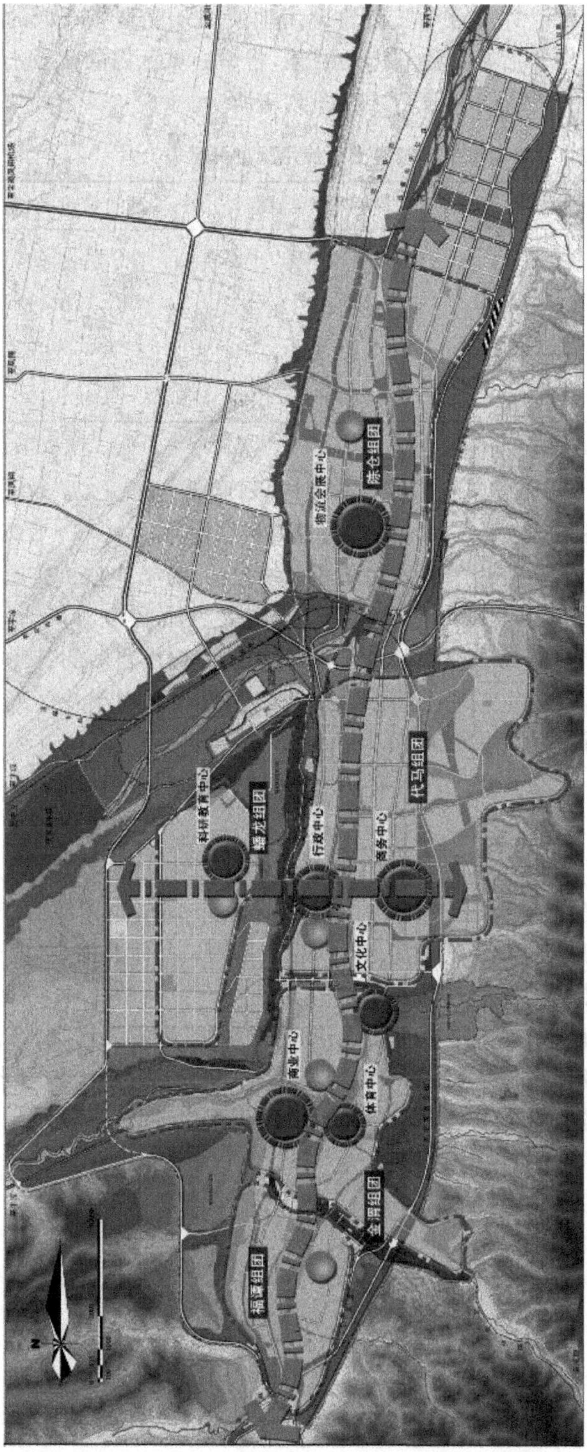

图 7.3 宝鸡市中心城区空间结构规划图
(来源:宝鸡市总规(2010—2020))

（3）土地使用强度分区。针对宝鸡城市建设用地使用强度整体较低的现状情况，结合中心城区空间结构并借鉴其他城市的经验，将中心城区内的建设土地使用强度划分为 4 个土地使用强度区，如表 7.1 和图 7.4 所示。

**表 7.1　宝鸡市中心城区土地使用强度分区表**

| 土地使用强度分区 | | 平均容积率范围 | 建筑密度范围/% |
|---|---|---|---|
| Ⅰ区 | 高强度开发地区 | 1.5～2.5 | 20～35 |
| Ⅱ区 | 中高强度开发地区 | 1.2～1.5 | 25～40 |
| Ⅲ区 | 中强度开发地区 | 0.8～1.2 | 30～40 |
| Ⅳ区 | 中低地强度开发地区 | 0.5～0.8 | 30～40 |

2）宝鸡市综合交通规划（2010—2020 年）

（1）城市道路系统规划。依据宝鸡市城市总规，规划形成“五横七纵”的城市道路网络。整体城市道路网络密度为 4.77 $km/km^2$，道路等级结构为 1∶0.86∶1.68。

（2）公共交通规划。上马营片区的公共交通系统包括：跨坐式独轨交通 1、3 号线，大站快车线路 8 条，干线公交线路 5 条。骨干公交线网密度为 1.27 $km/km^2$，线路密度为 3.09 $km/km^2$，线路重复系数为 2.43。按照公交线路两侧各 500 m 计算，线网覆盖率为 65.28%。为支持上述规划公交线路，共设置 4 个片区级公交枢纽，公交专用道 1 条，2 个首末站、1 座停车场。

（3）静态交通规划。上马营片区内设有 12 处公共停车场，共计 2938 个标准泊位，如图 7.5 所示。

依据分析上马营片区的停车需求约为 1958～29400 个标准泊位，除上述公共停车场外，尚需配置配建停车场和路边临时停车位 16648～27911 个标准泊位。按照相关城市的经验，配建停车场的规模宜为 15669～24973 个标准泊位，路边临时停车宜为 979～2938 个标准泊位。

（4）对外交通与枢纽规划。铁路枢纽建设形成枢纽内“两主三辅”的客运站布局；公路方面形成以二级公路为基础、以宝鸡中心城为核心的“环形＋放射＋连接”的高等级公路网，从而强化宝鸡中心城区的辐射带动作用（见图 7.6）。

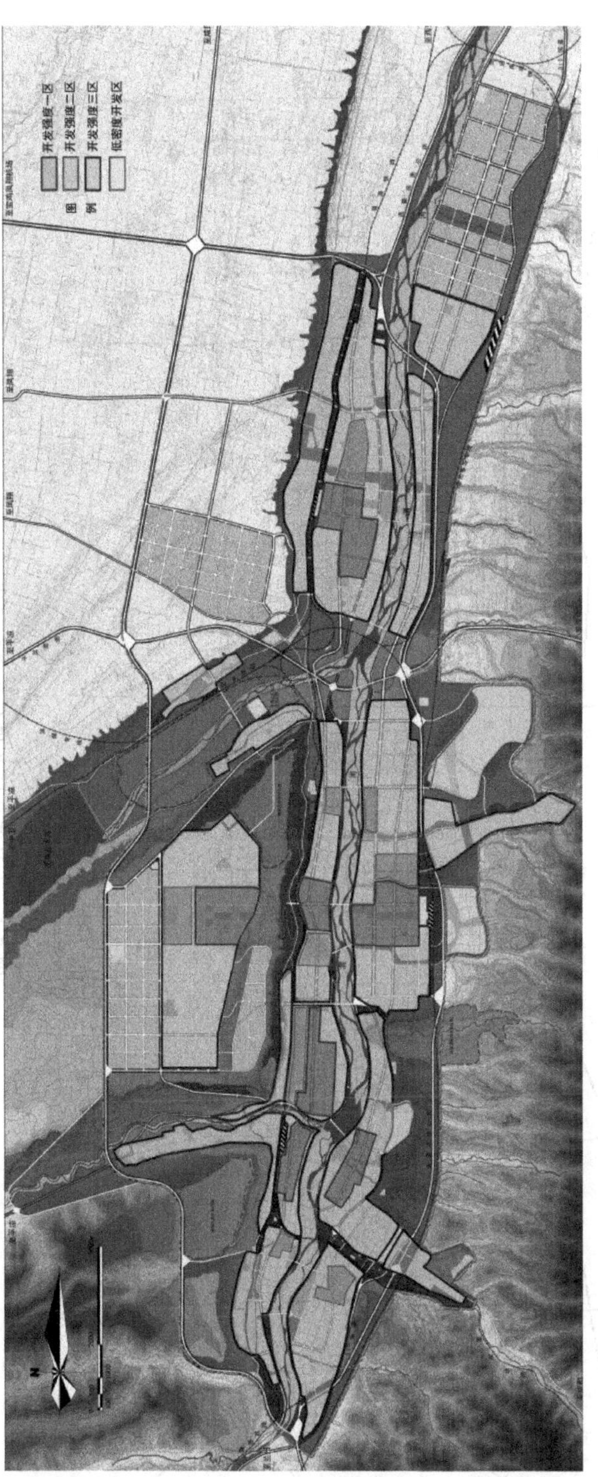


图 7.4　宝鸡市中心城区土地使用强度分区图
（来源：宝鸡市总规(2010—2020)）

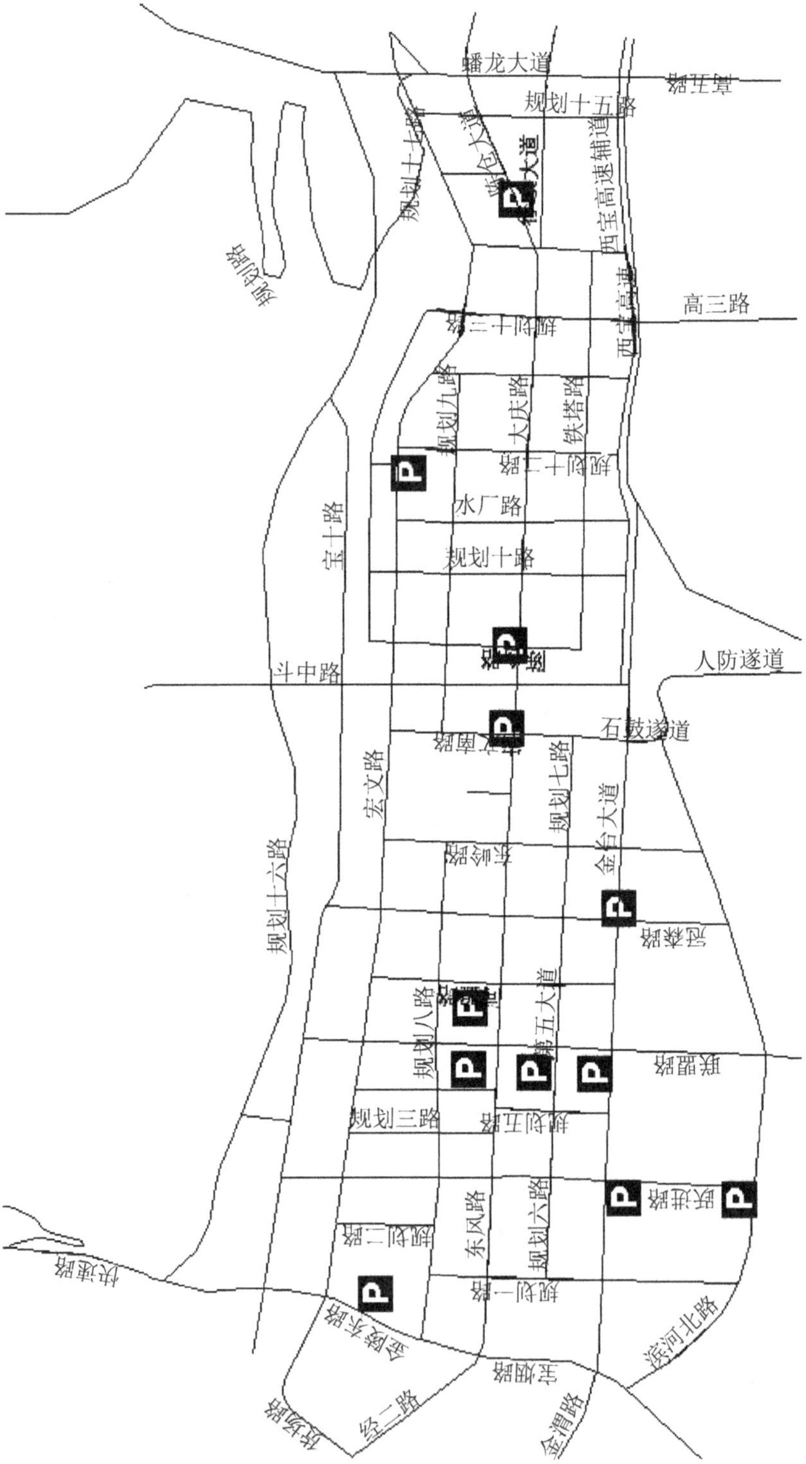

图 7.5 上马营片区总规公共停车场规划图
（来源：宝鸡市综合交通规划（2010—2020 年））

图 7.6　上马营片区总规对外交通与枢纽规划图

（来源：宝鸡市综合交通规划（2010—2020 年））

**3. 城市空间布局**

依据宝鸡市城市总规，对本次规划中人口和用地进行分析，在片区层次上的分布情况如表 7.2 所示。

**表 7.2　宝鸡市各片区规划用地与人口分布表**

| 片区名称 | 规划面积/$km^2$ | 规划人口/万人 |
| --- | --- | --- |
| 上马营片区 | 11.68 | 20 |
| 福谭片区 | 8.42 | 5 |
| 金渭片区 | 17.86 | 21 |
| 蟠龙片区 | 11.99 | 7 |
| 代马片区（除上马营片区） | 17.9 | 19 |
| 陈仓片区 | 23.6 | 14 |
| 合计 | 91.45 | 86 |

来源：《宝鸡市城市总体规划（2010—2020）》。

## 7.1.2　上马营片区建设现状

**1. 用地建设现状**

1）现状用地

上马营片区现状总用地面积为 1168.82 $hm^2$，现状人口 18 万人。现状土地使用除城市建设用地以外，还包含铁路用地、公路用地、农林用地与空闲地等非城市建设用地，属典型城市建成区，如图 7.7 所示。

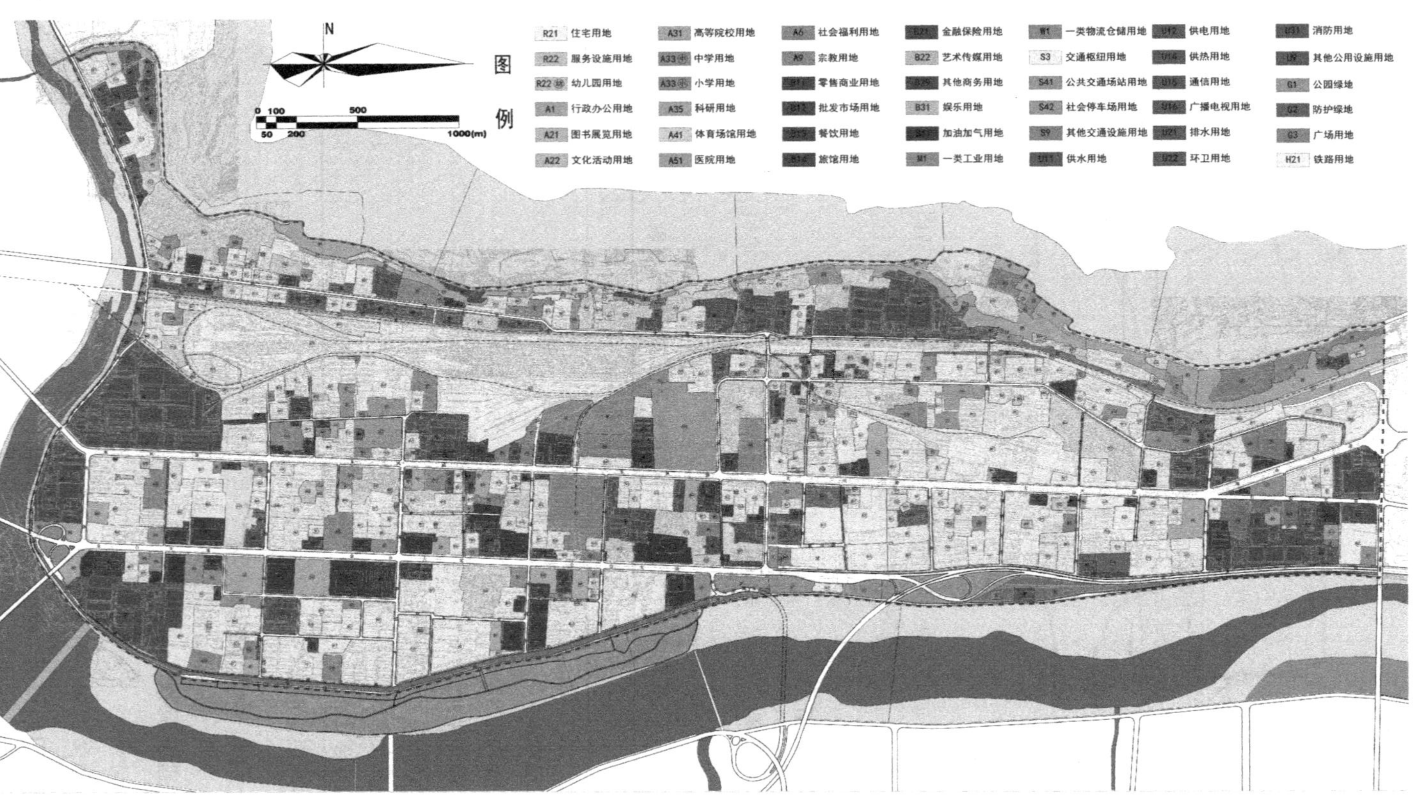


图 7.7　上马营片区土地使用现状图
（来源:宝鸡市上马营片区控规）

在建成区范围以内，上马营片区的居住用地比例最高，占 48.94%；其次为工业用地，占 16.00%；绿地与广场用地也较高，占 11.91%；其余五类用地较少。

2)现状建设强度

上马营片区用地现状容积率按 6 个等级进行划分，其中 0.5≤容积率<1.0 的用地所占建设用地比例最大，为 26.44%，容积率≥3.0 的用地所占建设用地比例最小，为 7.46%。规划区建筑用地现状净容积率约为 1.42，其中居住用地现状净容积率约为 1.88，如表 7.3 和图 7.8 所示。

**表 7.3 现状容积率分析表**

| 容积率 | 用地面积/$hm^2$ | 比例/% |
|---|---|---|
| 0≤FAR<0.5 | 185.57 | 23.56 |
| 0.5≤FAR<1.0 | 208.24 | 26.44 |
| 1.0≤FAR<1.5 | 101.13 | 12.84 |
| 1.5≤FAR<2.0 | 116.29 | 14.77 |
| 2.0≤FAR<3.0 | 117.60 | 14.93 |
| FAR≥3.0 | 58.72 | 7.46 |
| 总计 | 787.55 | 100 |

**2. 交通建设现状**

1)城市道路

上马营片区现状道路系统呈带状格网，东西向有主干道路 3 条，南北向有主干道路 5 条。其中东风路—大庆路以南路网结构体系比较完整，道路网络密度较高；东风路—大庆路以北，受宝鸡铁路东站影响，路网结构体系稀疏不完整，如图 7.9 所示。

(1)路网密度和等级结构。目前上马营片区内道路网络总长度为 44.86 km，路网密度为 3.84 $km/km^2$，略高于宝鸡市平均路网密度，但与规划目标和《城市综合交通体系规划标准》(GB/T 51328—2018)的推荐范围相比存在较大差距。标准中提到中心城区内道路系统的密度不宜小于 8 $km/km^2$，城市干线道路网密度范围宜处在 1.5～2.2 $km/km^2$。具体路网密度指标对比如图 7.10 和表 7.4 所示。而上马营片区从道路等级结构上看，目前规划范围以内的道路网等级结构为 1.00∶0.91∶1.06，呈现出中间小、两头大的形态。同时次干路与支路的密度明显不足，亟待提高。

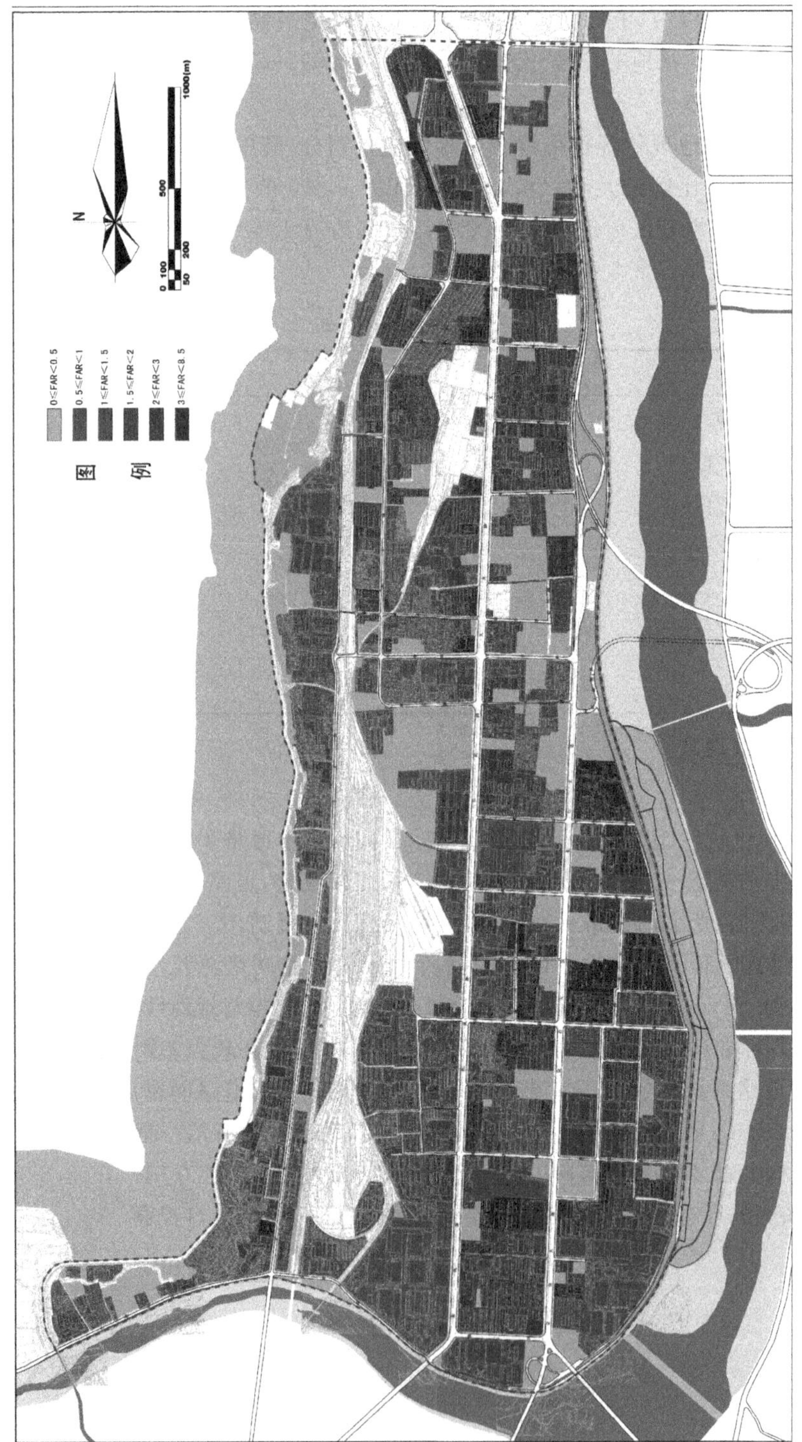


图 7.8　上马营片区建筑容积率现状图

（来源：宝鸡市上马营片区控规）

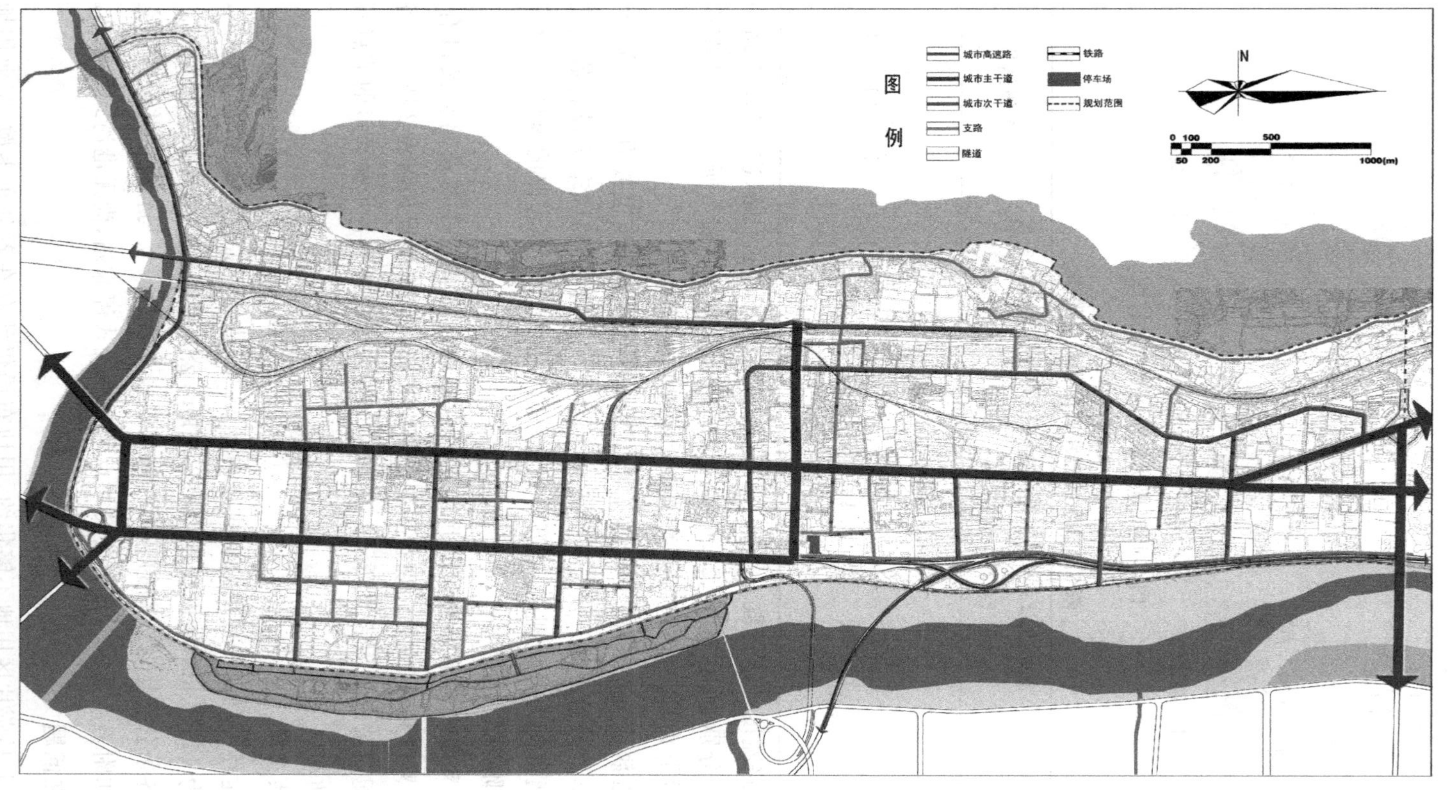


图 7.9 上马营规划范围内的道路网络结构现状图
（来源：宝鸡市上马营片区控规）

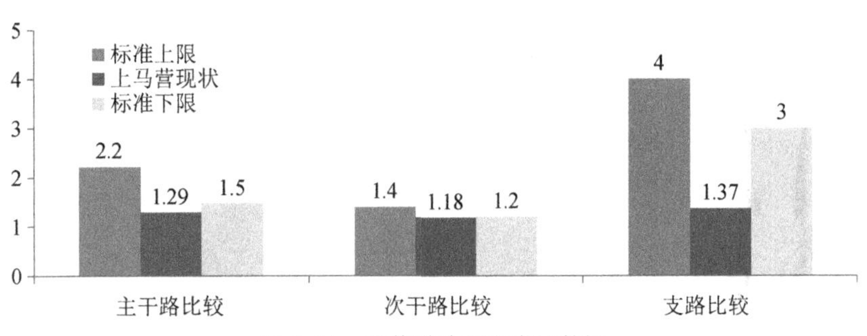


图 7.10 现状道路网密度比较图

**表 7.4 现状道路密度指标一览表**

| 指标 | 道路长度 /km | 道路网密度 /(km/km²) | 规范道路网密度 /(km/km²) | 等级结构 |
|---|---|---|---|---|
| 主干路 | 15.14 | 1.29 | 1.5～2.2 | 1∶0.91∶1.06 |
| 次干路 | 13.8 | 1.18 | 1.2～1.4 | |
| 支 路 | 16.096 | 1.37 | 3.0～4.0 | |
| 合计 | 45.036 | 3.84 | — | |

(2)道路宽度与车道数。目前上马营规划范围内的主干路、次干路、支路的红线平均宽度分别为 40.29 m、22.64 m、13.25 m，具体如附表 1 所示。与规范推荐的宽度比较上来看，目前范围内的道路宽度较低，亟待加宽。

从车道数量角度来看，上马营规划范围内道路的平均车道数为 3.55 条，其中次干路的车道数量不足。从分布的方向上来看，南北向道路的车道设置数量尤其不足。按通行能力分析理论，计算得到上马营片区现状主要道路的容量(即路段通行能力)如附表 1 所示。

(3)交叉形式与节点容量。目前上马营规划范围内的主要道路交叉口有 42 处，信号交叉口共有 16 处。现状主要道路交叉口的基本情况如附表 2 所示。各交叉口信号配时情况如附表 3 所示。采用停车线法分析得到各个交叉口的节点容量如附表 4 所示。

2)公共交通

目前途经上马营片区的公交线路共有 23 条，占市区总公交线路的 67.6%，线路总长度为 453.5 km，线网长度为 193.9 km，公共交通线路重复系数为 2.34。上马营片区各条公交运营线路的基本信息如附表 5 所示。上马营片区共设置公交站点 45 个，如附表 6 所示。现有公交站点均为直线式停靠站，尚无港湾式停靠站。

**3. 存在问题**

首先，上马营片区用地不够集约，用地布局仍然存在着分布零散、工业用地与居住用地相互混杂现象,用地结构仍需调整。

其次,上马营片区现状道路系统不完整,路网间距大,密度分布不均,主、次、支三级道路的密度呈倒金字塔状分布。道路两旁违章停车现象较多,缺乏公共停车场。东西向通达性较好,南北向较差。

最后,根据初步交通分析的结果来看,实际通行能力难以满足交通需求,因此,需要扩容。

## 7.2　各交通系统供需分析测算

在分层控规技术体系"总量约束、分层控制、分区平衡"的指导下,展开控规中土地使用强度与交通容量的协调度评估以及协同优化实践研究。众所周知,城市土地使用及其在时空中的分布是交通需求产生的源泉,甚至很大程度上决定了城市交通出行的时空分布形态。一般来说规划区域的土地使用强度越高,其产生和吸引的交通实体数量也就越大,反之亦然。

因此,控规编制在构建合理土地使用规划方案的同时,也必须提供相应容纳能力的交通设施规划方案,为所规划区域的内外部交通出行需求提供满足一定质量要求的运输服务,从而支撑城市功能的正常运转。鉴于控规方案所具有的较强规定性意义,这样的"双向"协同优化应该纳入控规编制技术体系的内部才能促进城市系统的良性有序建设和发展。要达到上述目的,就必须首先搞清楚特定土地使用强度规划方案所产生的交通需求数量,以及特定交通设施规划方案所具备的容纳数量。

在本次控规中,将"片区—管理单元—地块"三大层次依次定义为宏观层面、中观层面、微观层面,应用第5章所述的模型方法进行各系统交通供需分析测算。在测算过程中,按照分层控规的基本思想,采取了分层测算的办法。

### 7.2.1　道路交通供需分析

**1. 交通需求分析**

1)出行生成

(1)片区出行总量控制。由《宝鸡市城市总体规划(2010—2020)》可知,上马营片区的规划总人口为20万人,规划总面积为11.68 km$^2$。依据交通调查资料,宝鸡市的居民平均出行次数为2.15次/(人·d)。照此计算,全市出行总量为184万人次/d左右。依据前文式(5.1)至式(5.4)计算可知:上马营规划片区的全日出行产生量为236500人次/d,全日出行吸引量为122668人次/d;高峰小时出行产生量为 57375 人次/d,高峰小时出行吸引量为 29759 人次/d。

从数据测算的结果上来看,片区出行产生量与吸引量近似平衡,而高峰出行量占全日出行总量的 24.26%左右,与调查结果基本吻合。

(2)管理单元与地块出行生成分析。由式(5.3)与式(5.4)计算可得上马营片区以内各个规划管理单元的用地构成及测算出行量、各个地块的规划用地建筑面积及测算出行量,如附表 7 和附表 8 所示。

2)出行方式划分

依据宝鸡市居民出行调查的资料,目前步行、自行车和公共交通(包括单位大班车)是宝鸡市居民出行的主要交通方式,占全部出行的 68.28%。同时按照 2020 年宝鸡市区居民出行的方式选择情景,分析可知随着宝鸡市社会经济的发展以及城市空间的拓展,市民出行的机动化方式将显著增长,表现在公共汽车和私人小汽车的分担比例大幅提高。与此同时,步行、自行车和电动自行车的份额将不同程度下降。

3)出行分布

(1)片区层次交换量分析。依据表 7.2 所列的各片区用地与人口分布数据,按照 2010 年宝鸡市综合交通调查所获得的居民出行强度及分类用地出行强度指标,运用式(5.12)至式(5.14)的重力模型推算得到 2020 年上马营规划片区与各规划片区间的出行交换量,如附表 9 所示。

按照交通调查,宝鸡市居民出行强度为 2.15 人次/d,高峰集中系数为 24.26%,据此推算得到 2020 年高峰期间(7:00—8:00)上马营规划片区与各规划片区间的出行交换量,如附表 10 所示。

(2)管理单元与地块层次交换量分析。根据计算,得到上马营片区以内各个规划管理单元、地块的高峰期出行交换量如附表 11 和附表 12 所示,全日出行交换量如附表 13 和附表 14 所示。

4)出行距离

(1)片区层次。上马营规划片区属于“带状组团”式空间结构,因本层次的路网未定,因此按照式(5.15)可计算得出本片区与其他各个片区之间经调整后的路径距离,如表 7.5 所示。

(2)管理单元层次。因本层次城市道路系统的干路网络已基本确定,支路网未定,按照式(5.16)计算可得各个管理单元之间经调整后的路径距离,如表 7.6 所示。

表 7.5 各个片区间的路径距离表 单位:km

| OD | 上马营 | 蟠龙 | 陈仓 | 福谭 | 代马 | 金渭 |
|---|---|---|---|---|---|---|
| 上马营 | 0.00 | 6.07 | 14.42 | 9.03 | 6.00 | 3.72 |
| 蟠龙 | 6.03 | 0.00 | 15.44 | 15.01 | 7.22 | 9.71 |
| 陈仓 | 14.42 | 15.43 | 0.00 | 22.65 | 10.65 | 17.20 |
| 福谭 | 9.03 | 15.05 | 22.71 | 0.00 | 13.31 | 5.44 |
| 代马 | 6.00 | 7.22 | 10.65 | 13.31 | 0.00 | 8.59 |
| 金渭 | 3.72 | 9.75 | 17.27 | 5.44 | 8.59 | 0.00 |

表 7.6 各个管理单元间的路径距离表 单位:km

| OD | SMY01 | SMY02 | SMY03 | SMY04 | SMY05 | SMY06 | SMY07 | SMY08 | SMY09 |
|---|---|---|---|---|---|---|---|---|---|
| SMY01 | 0 | 2.98 | 0.86 | 1.9 | 3.31 | 1.84 | 2.62 | 3.89 | 4.74 |
| SMY02 | 2.98 | 0 | 3.06 | 1.8 | 0.83 | 3.96 | 2.69 | 1.51 | 1.91 |
| SMY03 | 0.86 | 3.06 | 0 | 1.46 | 2.93 | 1.05 | 1.97 | 3.29 | 4.28 |
| SMY04 | 1.9 | 1.81 | 1.46 | 0 | 1.68 | 2.17 | 1.07 | 2.01 | 3 |
| SMY05 | 3.3 | 0.83 | 2.93 | 1.68 | 0 | 3.57 | 2.19 | 0.7 | 1.47 |
| SMY06 | 1.84 | 3.97 | 1.05 | 2.17 | 3.57 | 0 | 1.37 | 3.06 | 4.55 |
| SMY07 | 2.62 | 2.7 | 1.97 | 1.07 | 2.19 | 1.37 | 0 | 1.69 | 3.18 |
| SMY08 | 3.89 | 1.51 | 3.29 | 2.01 | 0.7 | 3.02 | 1.65 | 0 | 1.5 |
| SMY09 | 4.74 | 1.91 | 4.28 | 3 | 1.47 | 4.52 | 3.15 | 1.5 | 0 |

(3)地块层次。因本层次的路网方案已基本确定,通过式(5.17)计算可得各个地块之间的距离,如附表 15 所示。

5)出行需求

经过测算,上马营规划片区的内部出行需求量与外部需求量如表 7.7 所示。

表 7.7 上马营规划片区的出行需求表

| 交通需求类别 | | 全日 /(万人次·km/d) | 高峰 /(万人次·km/h) |
|---|---|---|---|
| 内部需求量 | | 63 | 15 |
| 外部需求量 | 出境需求量 | 133 | 50 |
| | 入境需求量 | 240 | 22 |
| | 过境需求量 | 163 | 43 |

**2. 交通供给分析**

1)规划片区道路交通规划情况

上马营规划区整体道路结构分为过境路、主干道、次干道、支路四个等级。规划构建"两横三纵"的主干路系统,其规划道路技术指标如附表16所示。

从城市道路交通供给的角度来看,不同规划层次所对应的供给主体是不同的。从片区层次来看,城市道路交通供给的主体是由西宝高速、东风路—大庆路、行政大道、蟠龙大道等贯通性干道路所组成的全市性干路系统。从管理单元层次来看,城市道路交通供给的主体是上马营规划区内"两横三纵"主干路系统。而到了地块层次,城市道路供给的主体就是规划片区内全部道路所组成的整体道路系统。

2)规划片区内各路段交通供给能力

依据式(5.18)至式(5.20)计算可得各条规划道路的通行能力和宏观供给量(见附表17)。

3)分层道路系统的供给能力

测算得到各个层次的道路系统供给规模如表7.8所示。

**表7.8 规划道路的分层供给规模分析表**

| 交通供给类别 | | | 全日 /(万 pcu·km/d) | 高峰 /(万 pcu·km/h) |
|---|---|---|---|---|
| 过境供给 | 干路 | 贯通性 | 36 | 2 |
| 出入境供给 | | 加密性 | 152 | 10 |
| 内部供给 | 支路 | | 59 | 4 |

**3. 供需协调度分析**

考虑到上马营规划片区内的道路网既要满足其内部交通需求,同时也承担着一定的出入境和过境交通需求。因此,按照内部、外部两个层面分别核定其供需关系。

以上马营片区为编制单元,参考上马营片区规划用地面积、规划容积率、规划人口及其他中等城市人均机动化出行率指标,确定交通需求总量。通过式(5.21)可得供需协调度 $\varepsilon$ 测算结果,如表7.9所示。由此可见,规划用地方案所产生的交通需求与规划路网方案所提供的交通供给处于良好匹配状态。

表 7.9 供需协调度计算结果一览表

| 道路类别 | | 机动车出行需求 | | 道路交通供给 | | 供需协调度 ε | |
|---|---|---|---|---|---|---|---|
| | | 全日 /(万 pcu·km/d) | 高峰 /(万 pcu·km/h) | 全日 /(万 pcu·km/d) | 高峰 /(万 pcu·km/h) | 全日 | 高峰 |
| 干路 | 贯通性 | 10.03 | 2.43 | 36 | 2 | 3.589 | 0.823 |
| | 加密性 | 26.82 | 6.51 | 152 | 10 | 5.667 | 1.536 |
| 支路 | | 11.89 | 2.89 | 59 | 4 | 4.962 | 1.384 |

注:1.机动车出行需求按照用地产生量的中值计算。

2.考虑到交通量在全天分布的不均匀性,全日供给量按照 10 小时(8:00—18:00)计算。

**4. 反馈优化**

通过以上结算结果,应对本规划片区进行“双向”反馈优化,即控制路网容量对土地使用强度的调整和控制土地使用强度对道路网络的调整。通过式(5.22)至式(5.28)计算,可用 OD 反推得到的各地块发生、吸引量分布情况,对规划方案用地容积率调整建议如图 7.11 所示。同时考虑对道路网络的通行能力达到最优利用状态,依据式(5.36)至式(5.41)计算可得最优增容方案,如图 7.12 和附表 18 所示。

图 7.11 容积率调整建议图

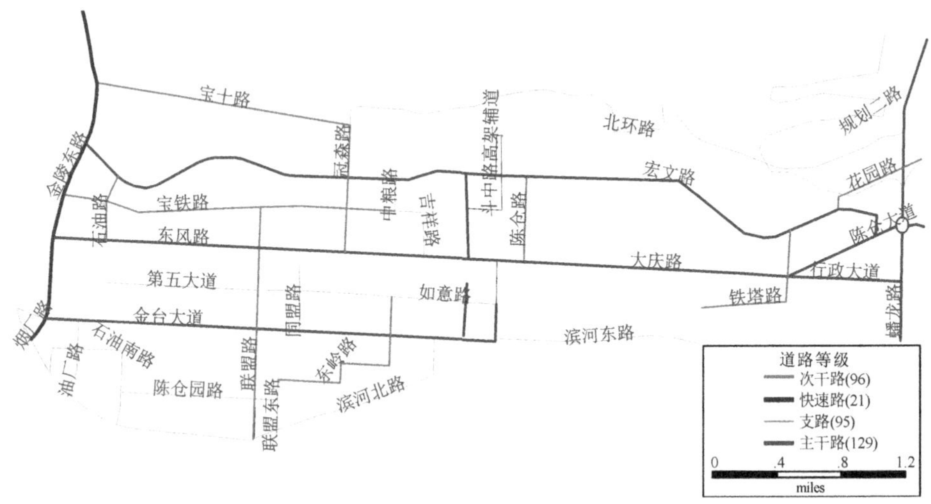


图 7.12　道路最优扩容方案图

## 7.2.2　公交供需分析

### 1. 公交需求分析

根据前述的片区交通需求分析结论，依据式(5.42)至式(5.49)可以测算上马营片区各管理单元公交方式出行矩阵和出行需求矩阵，如表 7.10 和表 7.11 所示。

**表 7.10　2020 年各管理单元高峰公交方式出行矩阵表**　　单位：人次/h

| OD | SMY 01 | SMY 02 | SMY 03 | SMY 04 | SMY 05 | SMY 06 | SMY 07 | SMY 08 | SMY 09 | JW | PL | DM | FT | CC |
|---|---|---|---|---|---|---|---|---|---|---|---|---|---|---|
| SMY01 | 1136 | 70 | 318 | 139 | 8 | 167 | 6 | 1 | 88 | 9 | 25 | 21 | 13 | 26 |
| SMY02 | 0 | 340 | 1 | 1 | 0 | 1 | 1 | 0 | 0 | 2 | 3 | 4 | 2 | 5 |
| SMY03 | 0 | 1 | 701 | 1 | 1 | 2 | 2 | 0 | 1 | 3 | 6 | 8 | 3 | 9 |
| SMY04 | 0 | 1 | 3 | 886 | 1 | 2 | 3 | 0 | 1 | 4 | 7 | 10 | 4 | 12 |
| SMY05 | 1 | 6 | 29 | 13 | 1970 | 14 | 6 | 1 | 8 | 9 | 16 | 22 | 10 | 27 |
| SMY06 | 1 | 2 | 7 | 4 | 2 | 2392 | 7 | 1 | 3 | 11 | 19 | 26 | 12 | 32 |
| SMY07 | 3 | 81 | 355 | 157 | 7 | 207 | 6320 | 2 | 63 | 33 | 57 | 77 | 34 | 96 |
| SMY08 | 1 | 61 | 280 | 122 | 7 | 148 | 4 | 617 | 79 | 6 | 25 | 14 | 12 | 18 |
| SMY09 | 1 | 1 | 3 | 2 | 1 | 3 | 4 | 0 | 1205 | 5 | 10 | 13 | 6 | 16 |
| JW | 17 | 795 | 2812 | 1554 | 139 | 1914 | 106 | 9 | 1000 | 26730 | 898 | 381 | 473 | 509 |
| PL | 6 | 9 | 35 | 19 | 13 | 31 | 36 | 3 | 15 | 56 | 12512 | 135 | 58 | 168 |

续表

| OD | SMY 01 | SMY 02 | SMY 03 | SMY 04 | SMY 05 | SMY 06 | SMY 07 | SMY 08 | SMY 09 | JW | PL | DM | FT | CC |
|---|---|---|---|---|---|---|---|---|---|---|---|---|---|---|
| DM | 14 | 509 | 2330 | 1013 | 37 | 1205 | 90 | 8 | 636 | 138 | 247 | 25683 | 146 | 421 |
| FT | 4 | 7 | 32 | 14 | 8 | 22 | 24 | 2 | 10 | 38 | 64 | 88 | 8123 | 109 |
| CC | 11 | 16 | 64 | 35 | 23 | 57 | 66 | 6 | 28 | 102 | 183 | 250 | 108 | 23370 |

注:JW、PL、DM、FT、CC 分别代表上文中宝鸡市的金渭、蟠龙、代马、福谭、陈仓等片区。

**表 7.11 2020 年各管理单元高峰公交方式出行需求矩阵表** 单位:人次·站/h

| OD | SMY 01 | SMY 02 | SMY 03 | SMY 04 | SMY 05 | SMY 06 | SMY 07 | SMY 08 | SMY 09 | JW | PL | DM | FT | CC |
|---|---|---|---|---|---|---|---|---|---|---|---|---|---|---|
| SMY01 | 0 | 372 | 487 | 470 | 46 | 546 | 27 | 3 | 741 | 46 | 354 | 301 | 176 | 761 |
| SMY02 | 1 | 0 | 5 | 2 | 1 | 6 | 5 | 0 | 1 | 15 | 26 | 36 | 30 | 113 |
| SMY03 | 1 | 3 | 0 | 3 | 4 | 3 | 7 | 1 | 7 | 13 | 75 | 103 | 46 | 268 |
| SMY04 | 1 | 2 | 7 | 0 | 3 | 9 | 5 | 1 | 6 | 26 | 80 | 109 | 67 | 316 |
| SMY05 | 6 | 9 | 149 | 37 | 0 | 91 | 24 | 1 | 21 | 82 | 174 | 192 | 176 | 648 |
| SMY06 | 4 | 12 | 13 | 14 | 16 | 0 | 18 | 4 | 23 | 30 | 286 | 330 | 144 | 906 |
| SMY07 | 16 | 388 | 1244 | 299 | 29 | 504 | 0 | 6 | 356 | 162 | 725 | 799 | 499 | 2471 |
| SMY08 | 4 | 165 | 1641 | 438 | 9 | 796 | 12 | 0 | 210 | 48 | 270 | 116 | 215 | 423 |
| SMY09 | 5 | 3 | 26 | 10 | 3 | 25 | 20 | 1 | 0 | 58 | 79 | 81 | 114 | 347 |
| JW | 88 | 7530 | 11357 | 9732 | 1226 | 5144 | 522 | 74 | 10585 | 0 | 15578 | 5830 | 4586 | 15645 |
| PL | 83 | 86 | 460 | 209 | 132 | 467 | 458 | 34 | 119 | 961 | 0 | 1729 | 1556 | 4621 |
| DM | 210 | 4840 | 31876 | 11549 | 321 | 15392 | 932 | 64 | 3901 | 2114 | 3175 | 0 | 3468 | 7979 |
| FT | 52 | 126 | 434 | 221 | 150 | 267 | 349 | 37 | 202 | 369 | 1718 | 2082 | 0 | 4395 |
| CC | 315 | 404 | 1838 | 914 | 549 | 1615 | 1703 | 138 | 581 | 3114 | 5033 | 4737 | 4335 | 0 |

注:JW、PL、DM、FT、CC 分别代表上文中宝鸡市的金渭、蟠龙、代马、福谭、陈仓等片区。

计算得到高峰期间,公交方式出行的过境需求量为 9302 人次·站/h,出境需求量为 12333 人次·站/h,入境需求量为 127286 人次·站/h,内部需求量为 9426 人次·站/h。

**2. 公交供给分析**

片区公交供给预测采用基于公交车运营的线路通行能力分析方法,校核上马营规划片区的公交网络供给水平。按照式(5.50)计算可得经过上马营片区的公交线路供给量,如表 7.12 所示。

表 7.12 经过上马营片区的公交线路供给分析表

| 线路 | 方向 | 长度/km | 站数 | 内部站数 | 外部站数 | 平均站距/m | 车型 | 配车数量 | 线路运能/(人次/h) | 线路运能/(人次·站/h) | 线路内部运能/(人次·站/h) | 线路外部运能/(人次·站/h) |
|---|---|---|---|---|---|---|---|---|---|---|---|---|
| 1 | 东—西 | 13 | 22 | 12 | 10 | 591 | 大客 | 24 | 4615 | 101538 | 55385 | 46154 |
| 2 | 东—西 | 10.2 | 17 | 1 | 16 | 600 | 大客 | 18 | 4412 | 75000 | 4412 | 70588 |
| 6 | 南—东 | 10.4 | 16 | 4 | 12 | 650 | 大客 | 34 | 8173 | 130769 | 32692 | 98077 |
| 7 | 东—西 | 7.4 | 18 | 10 | 8 | 411 | 大客 | 20 | 6757 | 121622 | 67568 | 54054 |
| 8 | 南—北 | 9.1 | 19 | 2 | 17 | 479 | 大客 | 15 | 4121 | 78297 | 8242 | 70055 |
| 9 | 东—西 | 9.6 | 19 | 14 | 5 | 505 | 大客 | 18 | 4688 | 89063 | 65625 | 23438 |
| 15 | 东—西 | 25.6 | 35 | 12 | 23 | 731 | 大客 | 40 | 3906 | 136719 | 46875 | 89844 |
| k15 | 东—西 | 24.9 | 19 | 3 | 16 | 1310 | 大客 | 15 | 1506 | 28614 | 4518 | 24096 |
| 21 | 东—西 | 11 | 23 | 17 | 6 | 478 | 大客 | 18 | 4091 | 94091 | 69545 | 24545 |
| 22 | 南—东 | 14.1 | 26 | 17 | 9 | 542 | 大客 | 24 | 4255 | 110638 | 72340 | 38298 |
| 31 | 东—西 | 11.7 | 25 | 14 | 11 | 468 | 大客 | 14 | 2991 | 74786 | 41880 | 32906 |
| 33 | 南—东 | 9.5 | 21 | 9 | 12 | 452 | 大客 | 16 | 4211 | 88421 | 37895 | 50526 |
| 34 | 东—西 | 10.6 | 22 | 12 | 10 | 482 | 大客 | 19 | 4481 | 98585 | 53774 | 44811 |
| 36 | 东—西 | 11.7 | 24 | 13 | 11 | 488 | 大客 | 30 | 6410 | 153846 | 83333 | 70513 |
| 38 | 东—西 | 8.1 | 19 | 6 | 13 | 426 | 大客 | 14 | 4321 | 82099 | 25926 | 56173 |
| 42 | 南—北 | 6.3 | 15 | 2 | 13 | 417 | 中巴 | 12 | 1190 | 17857 | 2381 | 15476 |
| 46 | 东—西 | 13.4 | 25 | 10 | 15 | 536 | 大客 | 20 | 3731 | 93284 | 37313 | 55970 |
| 51 | 东—西 | 17.8 | 31 | 8 | 23 | 574 | 大客 | 22 | 3090 | 95787 | 24719 | 71067 |
| 52 | 东—西 | 8.8 | 15 | 8 | 7 | 587 | 中巴 | 14 | 994 | 14915 | 7955 | 6960 |
| 53 | 东—西 | 8.7 | 20 | 13 | 7 | 435 | 大客 | 10 | 2874 | 57471 | 37356 | 20115 |
| 61 | 东—西 | 13.1 | 25 | 1 | 24 | 524 | 大客 | 20 | 3817 | 95420 | 3817 | 91603 |
| 81 | 东—西 | 18 | 29 | 1 | 28 | 621 | 大客 | 18 | 2500 | 72500 | 2500 | 70000 |
| | | | | 合计 | | | | | 87135 | 1911321 | 786051 | 1125270 |

### 3. 公交协调度分析

依据式(5.51)计算可得片区公交供需协调度指数 $\varepsilon^B$，如表 7.13 所示。内部与外部供需协调度指数分别为 0.78 与 0.74，处于(0.6,1]范围之内，总体公交供需协调度良好。

表 7.13　上马营片区的公交供需协调性分析表

| 交通需求类别 | $T^B$ /(人次·站/h) | $D^B$ /(人次·站/h) | $\varepsilon^B$ | 备注 |
|---|---|---|---|---|
| 内部需求量 | 172260 | 219959 | 0.78 | 良好协调 |
| 外部需求量 | 232643 | 314805 | 0.74 | 良好协调 |

## 7.2.3　停车供需分析

### 1. 片区层次

1)停车需求分析

在控规片区层次上的停车需求总量按照人口原单位模型进行预测,对上位规划给出的停车总容量进行比较分析。通过式(5.52)至式(5.54)计算得到上马营片区停车需求总量为4750泊位/h。

2)停车供给分析

依据规划片区停车设施供给特征及行为特征分析,可对停车供给容量进行预测。一般停车设施主要分为公共停车和配建停车两类,依照《陕西省城市规划管理技术规定》和上马营片区公共设施规模、数量,由式(5.61)至式(5.63)计算可得停车供给总量为5447泊位/h。

3)停车协调度分析

依据式(5.64)停车供需协调度模型分析比较可知,停车供需协调度指数 $\varepsilon^T$ 为0.9,处于(0.8,1.2]范围之内,总体停车供需协调度良好。

### 2. 管理单元层次

1)停车需求分析

在控规管理单元层次上的停车需求量按照停车生成率模型进行预测,对片区的总停车需求量进行继承与分配。通过式(5.55)与式(5.56)计算得到各管理单元的停车需求量(见表7.14)。通过分析校核,可知上马营片区各管理单元停车需求之和与片区预测总量一致。

2)停车供给分析

通过计算可得上马营片区各管理单元的停车供给量,如表7.15所示。

3)停车供需协调度分析

依据式(5.64)计算分析可得各管理单元的停车泊位供需协调度指数 $\varepsilon^T$,如表7.16所示。除SMY01、SMY02、SMY03、SMY07、SMY09管理单元协调度指数处于(0,0.8]范围之内,供需协调度良好,其余管理单元停车供给不足。应部分调整单元内用地面积或强度,并合理分配管理单元之间的停车供给量和设施布局,使其供需协调。

**表 7.14　上马营片区各管理单元的机动车停车需求分析表**

| 指标 | SMY 01 | SMY 02 | SMY 03 | SMY 04 | SMY 05 | SMY 06 | SMY 07 | SMY 08 | SMY 09 | 合计 |
|---|---|---|---|---|---|---|---|---|---|---|
| 全日出行需求/(人次/d) | 952 | 1438 | 5590 | 3059 | 2070 | 5142 | 6342 | 518 | 2412 | 27523 |
| 全日停车需求/(泊位/d) | 1013 | 1531 | 5951 | 3257 | 2204 | 5474 | 6752 | 551 | 2568 | 29301 |
| 高峰停车需求/(泊位/h) | 246 | 371 | 1444 | 790 | 535 | 1328 | 1638 | 134 | 623 | 7109 |
| 高峰标准化停车需求/(泊位/h) | 164 | 248 | 965 | 528 | 357 | 888 | 1095 | 89 | 416 | 4750 |

**表 7.15　上马营片区各管理单元的机动车停车泊位供给分析表**

| 泊位供给指标 | | SMY 01 | SMY 02 | SMY 03 | SMY 04 | SMY 05 | SMY 06 | SMY 07 | SMY 08 | SMY 09 | 合计 |
|---|---|---|---|---|---|---|---|---|---|---|---|
| 机动车泊位/泊位 | 配建 | 335 | 694 | 499 | 619 | 322 | 402 | 786 | 241 | 259 | 4156 |
| | 公共 | 0 | 0 | 800 | 600 | 600 | 1600 | 600 | 200 | 400 | 4800 |
| | 路内 | 21 | 0 | 396 | 188 | 104 | 63 | 104 | 208 | 83 | 1167 |
| 高峰停车供给/(泊位/h) | 配建 | 67 | 139 | 100 | 124 | 64 | 80 | 157 | 48 | 52 | 831 |
| | 公共 | 0 | 0 | 640 | 480 | 480 | 1280 | 480 | 160 | 320 | 3840 |
| | 路内 | 14 | 0 | 263 | 125 | 69 | 42 | 69 | 139 | 55 | 776 |

**表 7.16　上马营片区各管理单元停车泊位供需协调度分析表**

| 指标 | SMY 01 | SMY 02 | SMY 03 | SMY 04 | SMY 05 | SMY 06 | SMY 07 | SMY 08 | SMY 09 | 合计 |
|---|---|---|---|---|---|---|---|---|---|---|
| 停车需求/(泊位/h) | 164 | 248 | 965 | 528 | 357 | 888 | 1095 | 89 | 416 | 4750 |
| 停车供给/(泊位/h) | 81 | 139 | 1003 | 729 | 613 | 1402 | 706 | 347 | 427 | 5447 |
| 协调度 $\varepsilon^T$ | 2.0 | 1.8 | 1.0 | 0.7 | 0.6 | 0.6 | 1.6 | 0.3 | 1.0 | 0.9 |

**3. 地块层次**

在控规地块层次上的停车需求量按照机动车 OD 模型进行预测，对管理单元的总停车需求量进行下一层次的总量继承、分配与校核。依据式(5.57)可计算得到各地块的停车需求量。同时参考《陕西省城市规划管理技术规定》对各类建筑停车位最低指标进行控制，可对地块层次的停车供需进行协调分析。机动车和自行车位在上马营片区控规的控制细则的法定文件中予以指标控制。

## 7.3　三层次优化评价

一般而言，技术评价服务于特定决策过程，在备选方案集中选择较优方案是通常技术评价的主要目的。而技术评价的功能不仅限于此，也可以通过对单方案的技术评价来判断和发现方案的合理性以及不足的具体方面。本章所论述的技术评价目的属于后者。

### 7.3.1　指标体系建立

为了完成评价工作，对各个指标分析如表 7.17 所示。

**表 7.17　评价指标分析表**

| 指标名称 | 指标类型 | 实测值 | 目标值 | 判断标准 | 指标得分 |
| --- | --- | --- | --- | --- | --- |
| $A_{11}$人口规模 | 定值型 | 20 | 规划人口总量为 22 万人 | 依据上位规划人口规模以及改造用地预测等方法计算得来 | 0.9091 |
| $A_{12}$建设规模 | 定值型 | 2345.73 | 依据当地规划，规模为 2200 $hm^2$ | 按新型城镇化发展政策，人均建设用地规模不得超过 100 $m^2$ | 0.9338 |
| $A_{13}$用地规模 | 定值型 | 1109.5 | 依据当地规划，规模为 1168.82 $hm^2$ |  | 0.9492 |
| $A_{14}$用地强度 | 范围型 | 2.11 | 一般片区层次依据总规的强度区划得来，定在 1.3～1.5 范围以内 | 遵循“总量约束、分层控制、分区平衡”原则，一般控制上限值，落在范围内为优 | 0.4067 |
| $A_{21}$用地混合熵 | 范围型 | 0.9248 | 依据经验一般应在 0.7～1.6 范围以内 | 落在规范范围以内为优，出范围为劣 | 1 |
| $A_{31}$用地构成比例 | 范围型 | 0.69∶0.072∶0.005∶0.008∶0.07 | 依据规范五大类主要用地一般在 2.5～4∶0.5～0.8∶1.5～3∶1～2.5∶1～1.5 范围之内 | 不同的城市定位与功能组成，其构成比例会有所不同 | 0.7815 |

续表

| 指标名称 | 指标类型 | 实测值 | 目标值 | 判断标准 | 指标得分 |
|---|---|---|---|---|---|
| $B_{11}$人均道路面积 | 范围型 | 0.9 | 依据规范一般应在7～15 m²/人范围以内 | 落在规范范围以内为优，出范围为劣 | 0.8714 |
| $B_{12}$道路网密度 | 范围型 | 4.8 | 依据规范应在5.3～7.0 m/m²范围以内 | 落在规范范围以内为优，出范围为劣 | 0.6857 |
| $B_{13}$路网级配比 | 范围型 | 0.3∶1∶1.08∶2.17 | 依据规范一般应在0.25～0.5∶1∶1～1.75∶2.5～5范围以内 | 落在规范范围以内为优，出范围为劣 | 0.967 |
| $B_{21}$公共交通分担率 | 下限型 | 40% | 按公交优先发展政策应在50%以上 | 大于下限值的为优，且越大越好 | 0.8 |
| $B_{22}$万人公交车标台数 | 下限型 | 21.75 | 依据规范一般按照城市人口规模分类，其中300万人口以上城市为15标台数，100万～300万人口城市为12标台数，100万人口以下城市为10标台数 | 大于下限值的为优，且越大越好 | 1 |
| $B_{23}$公交站点覆盖率 | 下限型 | 47%<br>83% | 300 m半径大于80%，500 m半径大于90% | 大于下限值的为优，且越大越好 | 0.9222 |
| $B_{31}$停车泊位供需比 | 定值型 | 0.9 | 依据当地规划（满足需求、适当控制）供需比按照1∶0.9左右核算 | 越靠近规划目标值越好 | 1 |
| $B_{32}$各类型停车配比 | 范围型 | 0.12∶0.88 | 依据一般经验，路内停车与路外停车比大概在0.2∶0.8左右为宜 | 越靠近目标值越优 | 0.5455 |

## 7.3.2 综合评价

判断矩阵如表 7.18 与表 7.19 所示。

**表 7.18 方案层判断矩阵表**

| 指标 | $A_{11}$ | $A_{12}$ | $A_{13}$ | $A_{14}$ | $A_{21}$ | $A_{31}$ | $B_{11}$ | $B_{12}$ | $B_{13}$ | $B_{21}$ | $B_{22}$ | $B_{23}$ | $B_{31}$ | $B_{32}$ |
|---|---|---|---|---|---|---|---|---|---|---|---|---|---|---|
| $A_{11}$ | 1 | 0.3 | 0.3 | 0.2 | 3 | 1 | 1 | 1 | 3 | 1 | 3 | 3 | 1 | 3 |
| $A_{12}$ | 3 | 1 | 1 | 0.3 | 3 | 3 | 1 | 1 | 3 | 1 | 3 | 3 | 1 | 3 |
| $A_{13}$ | 3 | 1 | 1 | 0.3 | 3 | 3 | 1 | 1 | 3 | 1 | 3 | 3 | 1 | 3 |
| $A_{14}$ | 5 | 3 | 3 | 1 | 5 | 5 | 3 | 3 | 5 | 3 | 5 | 5 | 3 | 5 |
| $A_{21}$ | 0.3 | 0.3 | 0.3 | 0.2 | 1 | 0.3 | 0.2 | 0.2 | 0.2 | 0.2 | 0.3 | 0.2 | 0.3 | 0.2 |
| $A_{31}$ | 1 | 0.3 | 0.3 | 0.2 | 3 | 1 | 0.3 | 0.3 | 1 | 0.3 | 1 | 1 | 0.3 | 1 |
| $B_{11}$ | 1 | 1 | 1 | 0.3 | 5 | 3 | 1 | 1 | 3 | 1 | 3 | 3 | 1 | 3 |
| $B_{12}$ | 1 | 1 | 1 | 0.3 | 5 | 3 | 1 | 1 | 3 | 1 | 3 | 3 | 1 | 3 |
| $B_{13}$ | 0.3 | 0.3 | 0.3 | 0.2 | 5 | 1 | 0.3 | 0.3 | 1 | 0.3 | 1 | 1 | 0.3 | 1 |
| $B_{21}$ | 1 | 1 | 1 | 0.3 | 5 | 3 | 1 | 1 | 3 | 1 | 3 | 3 | 1 | 3 |
| $B_{22}$ | 0.3 | 0.3 | 0.3 | 0.2 | 3 | 1 | 0.3 | 0.3 | 1 | 0.3 | 1 | 1 | 0.3 | 1 |
| $B_{23}$ | 0.3 | 0.3 | 0.3 | 0.2 | 5 | 1 | 0.3 | 0.3 | 1 | 0.3 | 1 | 1 | 0.3 | 1 |
| $B_{31}$ | 1 | 1 | 1 | 0.3 | 3 | 3 | 1 | 1 | 3 | 1 | 3 | 3 | 1 | 3 |
| $B_{32}$ | 0.3 | 0.3 | 0.3 | 0.2 | 5 | 1 | 0.3 | 0.3 | 1 | 0.3 | 1 | 1 | 0.3 | 1 |

**表 7.19 准则层判断矩阵表**

| 指标 | $A_1$ | $A_2$ | $A_3$ | $B_1$ | $B_2$ | $B_3$ |
|---|---|---|---|---|---|---|
| $A_1$ | 1 | 1 | 3 | 1 | 5 | 3 |
| $A_2$ | 1 | 1 | 1 | 0.3 | 3 | 1 |
| $A_3$ | 0.3 | 1 | 1 | 0.2 | 0.3 | 1 |
| $B_1$ | 1 | 3 | 5 | 1 | 5 | 3 |
| $B_2$ | 0.2 | 0.3 | 3 | 0.2 | 1 | 3 |
| $B_3$ | 0.3 | 1 | 1 | 0.3 | 3 | 1 |

评价计算结果为 0.79。

从因素评价结果上来看，$A_{14}$用地强度、$B_{32}$各类型停车配比、$B_{12}$道路网密度得分较低，是进一步优化的方向。

# 7.4　三层次土地使用规划方案演化

## 7.4.1　片区土地使用规划

片区编制范围是由城市总规中某个相对独立的地域空间或功能完整的区域"截取"而来，因此上马营片区建设总量和平均容积率主要由总规进行"总量传承与校核"。因此，该层次的土地使用规划方案主要继承总规方案(见图 7.13)，其中平均容积率为 2.5。

## 7.4.2　管理单元土地使用规划

**1. 土地使用规划优化方案**

通过对片区层次的总规方案进行三层次双向协同结果分析，对方案存在的不足进行协同优化，形成管理单元层次土地使用规划优化方案(见图 7.14)。

**2. 土地使用强度(基准容积率)区划控制方案**

本次规划片区总人口为 22 万人，按照人均建筑面积分配各管理单元人口数，同时按照管理单元层次的协同分析确定各单元的基准容积率(见表 7.20)。

**表 7.20　各管理单元土地使用规划指标控制一览表**

| 管理单元 | 总用地面积/$hm^2$ | 建设用地面积/$hm^2$ | 居住人口 | 基准容积率 |
|---|---|---|---|---|
| SMY01 | 101.09 | 91.25 | 20551 | 2.08 |
| SMY02 | 130.11 | 113.58 | 5591 | 2.28 |
| SMY03 | 115.08 | 115.08 | 18458 | 2.39 |
| SMY04 | 123.08 | 123.08 | 17306 | 2.43 |
| SMY05 | 126.91 | 126.91 | 33683 | 2.44 |
| SMY06 | 192.16 | 192.16 | 40308 | 2.45 |
| SMY07 | 161.00 | 161.00 | 45090 | 3.08 |
| SMY08 | 106.98 | 89.96 | 22254 | 2.53 |
| SMY09 | 112.42 | 108.86 | 18938 | 2.60 |
| 合计 | 1168.83 | 1121.88 | 220234 | — |

除去公共开敞空间无使用强度外，按照基准容积率大小我们可以将上马营片区土地使用强度共分为三个区，其中 SMY07 为强度一区，SMY08、09 为强度二区，SMY01～06 为强度三区，形成上马营片区管理单元土地使用强度划分控制方案(见图 7.15)。

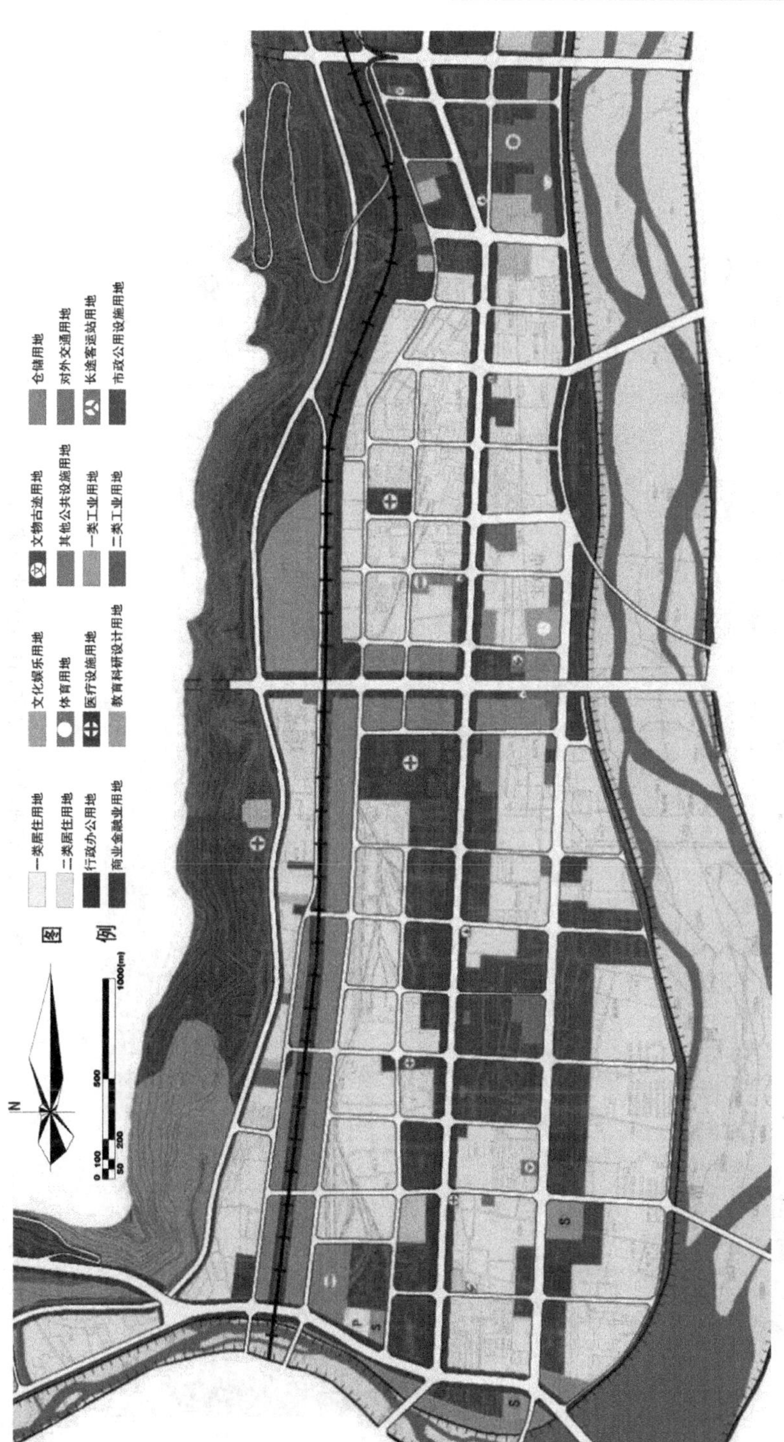


图 7.13　片区土地使用规划方案图

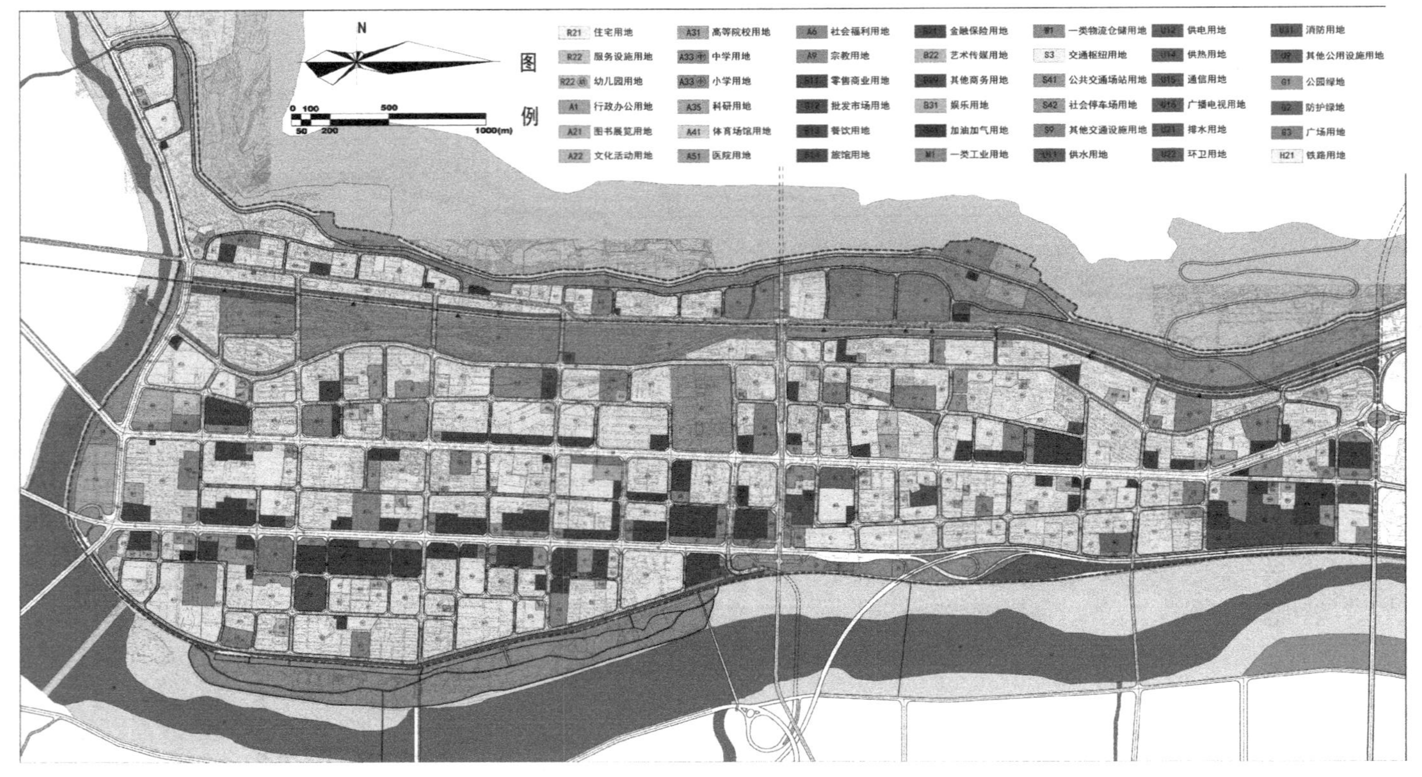


图 7.14 管理单元土地使用规划优化方案图

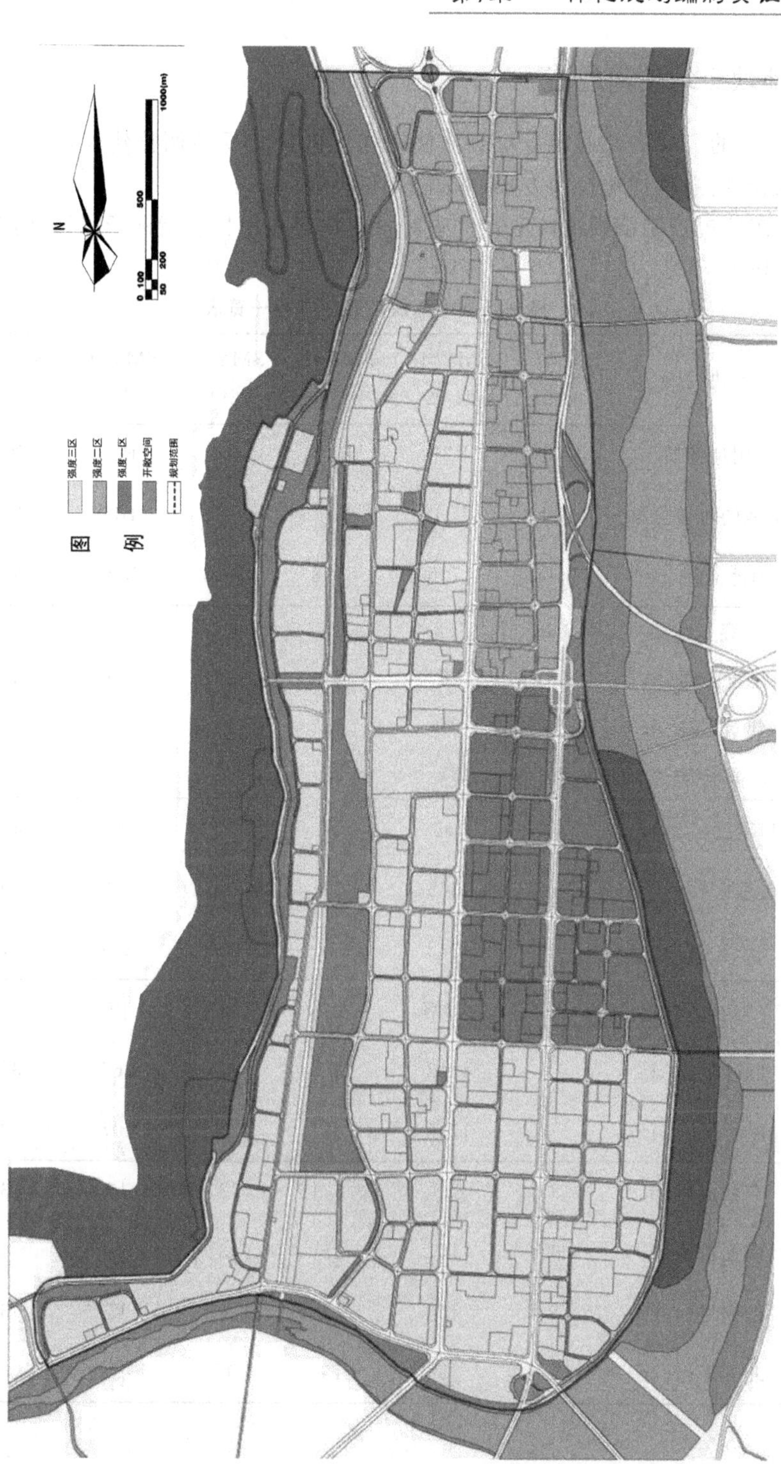


图 7.15　管理单元土地使用强度划分控制图

### 7.4.3 地块土地使用规划

通过上文的三层次交通容量对土地使用强度的优化反馈调整建议，形成最终的地块土地使用强度优化控制方案，如图 7.16 所示。

同时，在控规控制细则的法定文件中对各地块容积率控制指标予以详细控制，见图 7.17 和表 7.21。

**表 7.21 控制细则中地块控制性指标一览表**

| 控制性指标 | 地块编码 | SMY01-02-01 | SMY01-02-02 | SMY01-02-03 | SMY01-02-04 | SMY01-02-05 | SMY01-02-06 |
|---|---|---|---|---|---|---|---|
| 土地使用控制 | 用地性质 | B41 | R21 | R21 | A1 | R21 | R21 |
| | 用地的可兼容性 | B11 | B11 | B11 | — | B11 | B11 |
| | 用地面积/$m^2$ | 1418 | 147060 | 6438 | 5913 | 5332 | 7091 |
| 土地使用强度控制 | 容积率 | 0.5 | 1.5 | 1.3 | 1.7 | 2.5 | 2.3 |
| | 建筑密度/% | 30 | 20 | 20 | 28 | 20 | 24 |
| | 建筑限高/m | 24 | 55 | 55 | 24 | 55 | 24 |
| | 绿地率 | 20 | 25 | 25 | 35 | 25 | 25 |
| 人口容量 | 人口密度/(人/$hm^2$) | — | 288 | 250 | — | 480 | 441 |
| | 总户数/户 | — | 1365 | 53 | — | 82 | 101 |
| | 总人数/人 | — | 4232 | 161 | — | 256 | 313 |
| 交通控制 | 总出入口 | 西 | 西/南 | 西 | 东 | 南 | 南 |
| | 自行车位/个 | — | 4412 | 167 | 316 | 267 | 326 |
| | 机动车位/个 | — | 1765 | 67 | 74 | 107 | 130 |
| 退后道路红线 | 东面退后/m | 3 | 6.5 | 6.5/15 | 3 | 15 | 3 |
| | 南面退后/m | 3 | 15 | 15 | 3 | 15 | 4 |
| | 西面退后/m | 5 | 15 | 15 | 3 | 15 | 3 |
| | 北面退后/m | 5 | 15 | 15 | 15 | 15 | 3 |

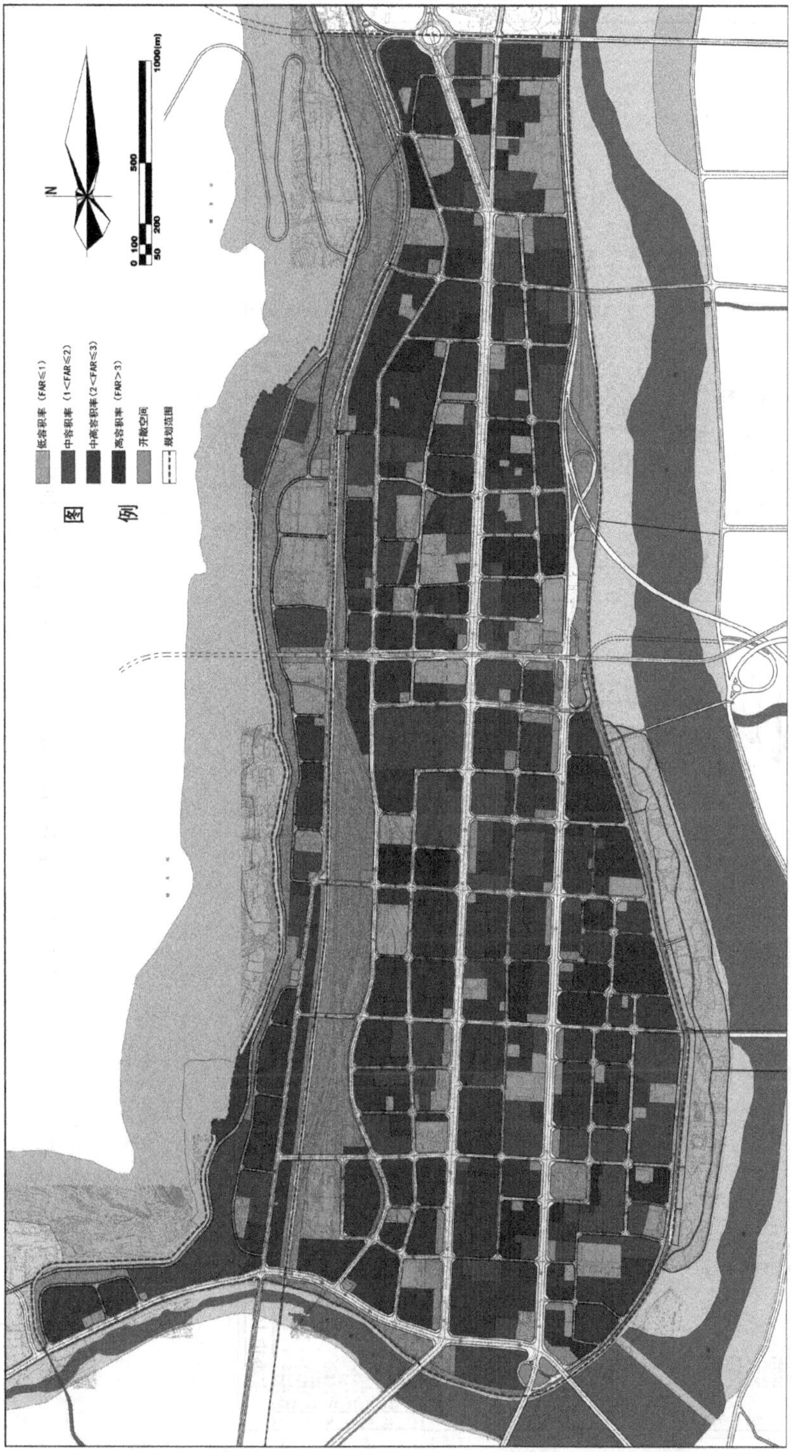

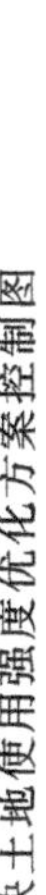

图 7.16 地块土地使用强度优化方案控制图

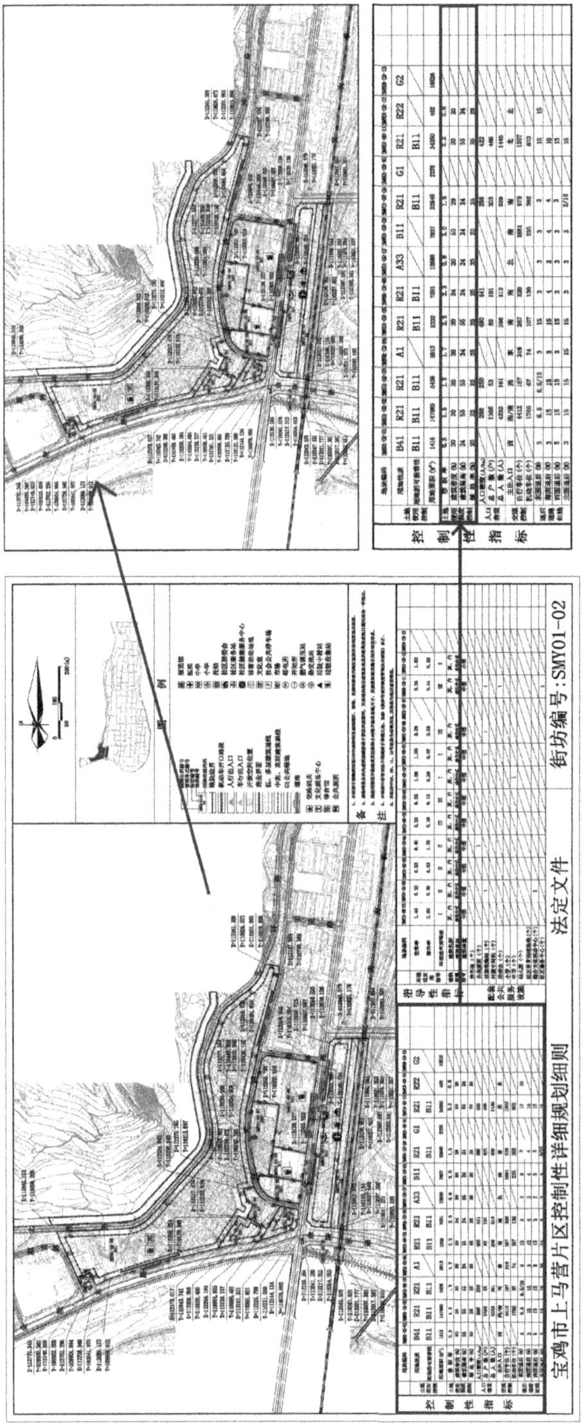

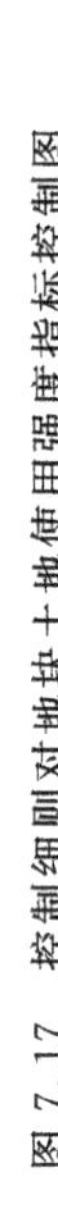

图 7.17 控制细则对地块土地使用强度指标控制图

## 7.5 本章小结

本章通过对上马营片区建设及交通发展现状的分析，在道路交通、公交、停车供需分析测算结果的基础上，通过方案的协同优化评价，对片区、管理单元、地块三个空间层次的土地使用规划方案进行调整演化分析，实现分层控规中的宝鸡市上马营片区城市土地使用强度与交通容量的协同优化，并完成对前文研究成果的验证和实践应用。

# 第8章 结 论

## 8.1 主要结论

本书对分层控规中土地使用与交通一体化规划一系列相关的问题进行了研究，主要研究成果与结论体现在以下六个方面。

**1. 相关理论梳理——研究理论基础**

首先，土地使用强度的理论研究、内涵与特征研究以及控制研究综述表明：城市规划三阶段存在不连续性、指标具有不同内涵特征、指标“自上而下”传递性特点，决定了城市规划不同阶段有不同的土地使用和人口分布特征，也决定着不同阶段的交通规划内容与指标控制的不同。然而在分层控规空间三层次中土地使用强度具有互动作用，交通作为控规土地使用指标量化的重要影响因素，需进一步研究控规阶段土地使用强度指标与交通规划指标的协调互动。

其次，交通容量的内涵研究、理论研究和主要模型与方法分析研究综述表明：交通设施容量由路网容量、公交网络容量和停车容量三部分组成，国外对交通容量理论与模型的研究起步较早，模型存在费用大、周期长、预测性差等缺陷，实证性强但成果可移植性差，并且需要大量基础数据的支持等特点。而我国大多数研究成果主要是在参照国外研究经验的基础上，对其模型进行改进，缺乏一定的原创性。

最后，土地使用强度与交通容量二者一体化研究综述表明：国外在理论模型和实证管理层面取得丰富成果，但国内尚处于起步阶段，相关研究较多地体现为互动研究多、互制研究少，静态研究多、动态研究少，模型和方法引进多、原创性少，应用中定性多、定量少等特点。

以上三部分的理论基础梳理的结果表明：第一，城市规划各阶段总量存在自上而下的传递和约束关系，而分层控规中进行二者的协同优化研究具有重要作用和价值。第二，城市土地使用与交通既呈现“转轮式”的互动发展，也受到资源、环境承载力、用地规模、人口等边界约束互制发展。第三，交通的供需既不应以供定需，也不应以需定供，而应以不同城市发展目标总量和服务水平定供需。第四，土地使用强度不均衡导致的交通需求时空分布处在非均衡状态之中，供需均衡状态是一种理想情况，实际的交通供需关系普遍处在非均衡状态之中。以上结论为后文研究奠定理论基础。

**2. 理论框架建构——“双向”协同优化方法体系**

首先，控规土地使用与交通两者目标耦合分析表明：土地使用和交通的协同目标使交通达到供需平衡，差异化目标引发交通供需失衡，因此，控规和交通规划一体化编制将达成交通供需平衡的目标。其次，土地使用与交通的空间层次耦合分析表明：两者在空间三层次划分原则和规划内容上有对应关系；两者规模一致上片区层次规模为城市功能区面积，管理单元层次规模为 2～4 $km^2$，地块层次规模为 0.3～0.5 $km^2$；两者一致影响因子包括行政区划、交通设施容量、自然地貌、人口规模、用地属性等。最后，土地使用与交通的指标耦合分析表明：纵向上片区与交通大区、管理单元与交通中区、地块与交通小区在空间层次一一对应，横向上各层次在土地开发建设总量与交通容量指标上一一对应，并弄清了两者指标耦合的基本原理、作用机制、理论模型与方法。

在目标耦合、空间层次耦合、指标耦合一致的基础上，依据分层控规技术体系，建构了“双向”协同优化方法体系，作为“两规”一体化编制的理论框架。该理论表明：在横纵上，“双向”协同优化方法是一个分层次、连续、动态的技术体系；在方法论层面上，包含了经验实证的、系统的、科学与人文的具体科学方法论思想；在一般研究方法层面，它既包含定量调查法和相关法、统计分析、归纳和演绎分析、数理统计分析等科学研究基本方法和逻辑推理，也有人文方法中的定性分析等；在具体的协同优化方法和技术层面上，有科学化程度较高的量化协同数学模型，也有人文化较高的定性优化评价，还有量化与定性两者结合的方法。该方法体系具有多元论、系统性、连续性、技术综合性、适应性等特征。

**3. 工作原理分析——“双向”协同优化机制**

首先，分层控规中的土地使用强度与交通容量的“双向”协同优化框架表明：土地使用强度与交通容量供需关系，在控规三个层次中需要对各层次交通供需关系进行平衡与协调。

其次，两者的协调机制包含交通容量中的路网容量、公交网络容量以及停车容量三系统在纵、横“双向”的协同机制。纵向传递反馈机制分析结果表明：交通容量的三部分内容作为交通供给分别对控规三层次的交通需求进行检验和平衡，以约束该层次的土地使用强度确定，进而传递至下一层次进行新的供需关系校核，最终确定地块层次土地使用强度指标。反馈机制是对土地使用强度与路网容量协调结果的反馈。在控规各层次中，土地使用强度与路网容量无论协调与否，都应该对上一层次进行反馈，即协同中的优化过程。横向平衡协调机制分析结果表明：片区的交通需求源自对总规用地总量的继承，而交通供给则是总规所确定的路网结构所带来的供给，通过对片区层次交通供需的量化，可以明确二者的匹配程度，便于做出调整;管理单元层次是对片区内部各管理单元的交通供需均衡性进行分析,将各管理单元的交通需求分配至干道路网上,以此来调整管理单元的基准容积率以及重要干道路网以达到供需平衡;地块层次重点在于探索如何使得既定路网本身效益最大化,调整地块容积率以及支路网络结构、公交站点的设置。

最后,两者的优化机制作为协同机制的重要一环,是一体化编制技术中土地使用规划与交通规划协同的结果反映,包括协调反馈优化和方案评价优化两个部分。

"双向"协同优化的工作原理分析既是对前文理论框架的充实与深入,也是为后文协同优化模型与评价方法创建提供依据,支撑分层控规技术体系中土地使用与交通一体化编制。

**4. 模型方法创建——"双向"协同优化模型与评价方法**

首先,创建了道路交通、公交、停车在控规三层次中的需求模型、供给模型和协调模型,是按照复杂系统的"定性与定量方法结合,以定性为主""人机交互分析,以人为主"原则建立的,是对土地使用强度与交通需求数量特征、交通设施供给与容量大小的量化阐述,是以远期服务水平为控制的双反馈结构协调优化方法,从而实现规划方案在土地使用强度与交通供给容量上的协调。

其次,协同优化模型确保土地使用与交通规划方案的一致后,采用塔式结构的层次分析法建立土地使用与交通一体化综合评价指标体系,分为三个层次。目标层即土地使用与交通系统综合评价指标;准则层包括 3 个土地使用指标和 3 个交通系统指标;因子层土地系统则有 4 个土地使用强度指标、2 个混合度指标和 2 个构成比例指标,交通系统部分有 4 个道路交通指标、3 个公共交通指标和 2 个静态交通指标。通过对控规各层次各要素之间进行简单的比较、判断和计算,得到三层次协同效果。

最后,提出了"组块化过程优化计算"的算法思路,将各个相对独立的定量化计算单元、定性分析判断单元抽象为 6 个标准化的计算组块,利用 TransCAD(交通规划模型软件包)、ArcGIS(地理信息系统平台)、AutoCAD(矢量化图形建模平台)、Excel(电子表单)各自分析的组块,并通过组块间数据的互馈传递实现整体分析的一致性,评价分析保证了整体方案的合理非劣。分析过程的组块化分解使整个协同优化工作离散化为各个相对独立的技术过程,各个过程间的数据流传递进行了分析和规范化,从而使整体分析得以清晰和简化。

**5. 应用技术完善——一体化规划编制应用技术**

首先,以法定成果形式表达交通规划的控制性内容,明确分层控规中一体化规划编制内容、深度以及审查流程,实现控规阶段土地使用规划与交通规划的有效衔接。从片区、管理单元、地块三个层次实现控规中土地使用与交通在规划编制内容和指标体系上的一致。

其次，在控规目标分析的基础上建立了适宜的技术评价指标(包括交通容量性能与规划技术性能两方面)体系，在实际控规(多)方案提出后，对各个方案实施技术评价，并在此评价基础之上按照方案达成控规目标的程度进行排序和反馈，最终推荐最能达成规划目标的方案。

最后，建立土地使用与交通一体化规划实施管理机制，并对其编制提出相关建议。

**6. 实例应用分析——宝鸡市上马营片区控规**

以宝鸡市上马营片区控规为例，进行了土地使用强度与交通容量"双向"协同优化方法的应用分析，一方面演示了协同优化方法的实际操作过程，验证了"双向"协同优化方法的实际可操作性；另一方面，也是对土地与交通一体化编制应用技术进行实证。

## 8.2 主要创新点

**1. 跨学科的研究方法创新**

城市土地使用规划和交通设施规划分属于城乡规划学和交通工程学两个不同的学科，同时涉及管理学、地理学、经济学等其他学科。本书采用科学与人文主义交融的研究方法论，在一般研究方法层面，将其他学科的研究方法或几种研究方法形成定性与定量相互融合的新综合集成方法。第一步是定性综合集成方法，通过文献、调查研究法来获得各种相关资料，运用分类比较、归纳、演绎梳理框架，统一研究逻辑和研究平台，使得土地使用和交通能在同一规划技术平台上实现互动对话，建构起研究理论框架，并探明其工作原理，达到认识事物本质、揭示内在规律的作用。第二步是定性与定量相结合的综合集成方法，有科学化程度较高的量化协同数学模型，也有人文化较高的定性优化评价，还有量化与定性两者结合的方法。第三步是从定性到定量的综合集成方法，通过建立一个交通系统动态的、定量的、可视化的供需模型系统平台，找出需求与供应不平衡与不协调的地方，将原来凭经验、规范判断提高到定量结论的关键环节。

**2. "双向"协同优化方法体系的理论创新**

首先，基于分层控规编制技术体系实践平台的新角度，提出土地与交通协调发展问题的关键性因素——土地使用强度与交通容量，从"两规"一体化的角度研究具有学科综合化特征的协同优化方法理论体系，归纳建构"双向"协同优化方法体系的方法论，再创建协同优化模型和评价方法的一般方法，最后完善和补充"两规"一体化编制应用技术。这一方法体系在理论和实践上开辟了土地与交通一体化研究的新领域和新方向，实现开拓性创新。

**3. 一体化编制的应用技术创新**

本研究依托于分层控规编制技术平台，建构的协同优化方法体系支撑分层控规运行，定性与定量结合的协同优化模型和评价方法超越了现有分层控规的技术方法，还需要回归分层控规编制中来，指导土地与交通一体化编制实践。研究成果面向规划实践，归纳出一般理论，再指导规划实践，是一套具有相对综合性的应用技术，并具备较强的可操作性和适应性，是对已有分层控规、交通规划编制的补充和完善，为推动非法定的交通专项规划纳入法定的控规编制做了一次有益的探索，属应用性创新。

## 8.3 展望

城市土地使用与交通系统，涉及因素繁多，其研究涉及大量学科领域。而其中控规土地使用与交通一体化规划是非常复杂的系统，其中所涉及问题很多，笔者所进行的工作只不过涉及该系统的两个主要指标，并想以此为起点，致力于我国大中城市分层控规中土地使用强度与交通容量协同优化的理论模型及实证研究。

在以往的研究和学习中(包括本研究)发现，虽然分层控规中土地使用与交通一体化研究框架已经形成，但在这一框架内的许多具体问题尚需进一步深入研究。未来研究重点应放在以下几个方面：

(1)进一步完善控规阶段服务水平的控制标准。

(2)在控规阶段，道路交通、公共交通与静态交通供需模型所涉及的参数较多，应进一步确定交通调查方法和参数标定方法，使其模型结果更科学合理。

(3)进一步确定对方案进行三层次协同优化调整的方法。

通过以上重点问题的研究，对完善现有的控规编制技术和内容以确定城市土地开发最佳适宜强度具有极其重要的价值。

# 附　录

## 我国控规编制技术体系

目前，控规控制指标体系分类法主要包括按指标性质分和按构成要素分两种，具体框架体系如附图1所示。控规阶段主要包括公交场站、停车泊位、出入口方位、建筑后退红线距离等交通控制指标。

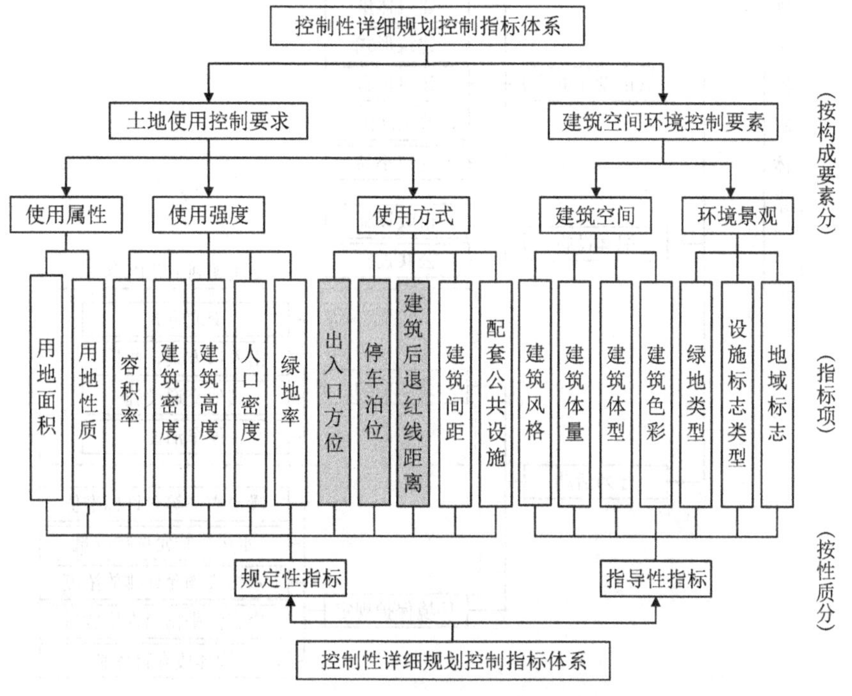


附图1　控规控制指标体系图

（来源：李宏志.控制性详细规划中几个值得注意的问题[J].规划师，1999，15(4)：69－72.）

编制片区控规应划定规划管理单元，对管理单元进行地块划分。明确各地块的土地使用、配套设施、建筑建造、道路交通、基础设施与地下空间利用等控制要求，提出空间环境景观控制引导原则，明确各地块的强制性和引导性内容，如附图 2 所示。

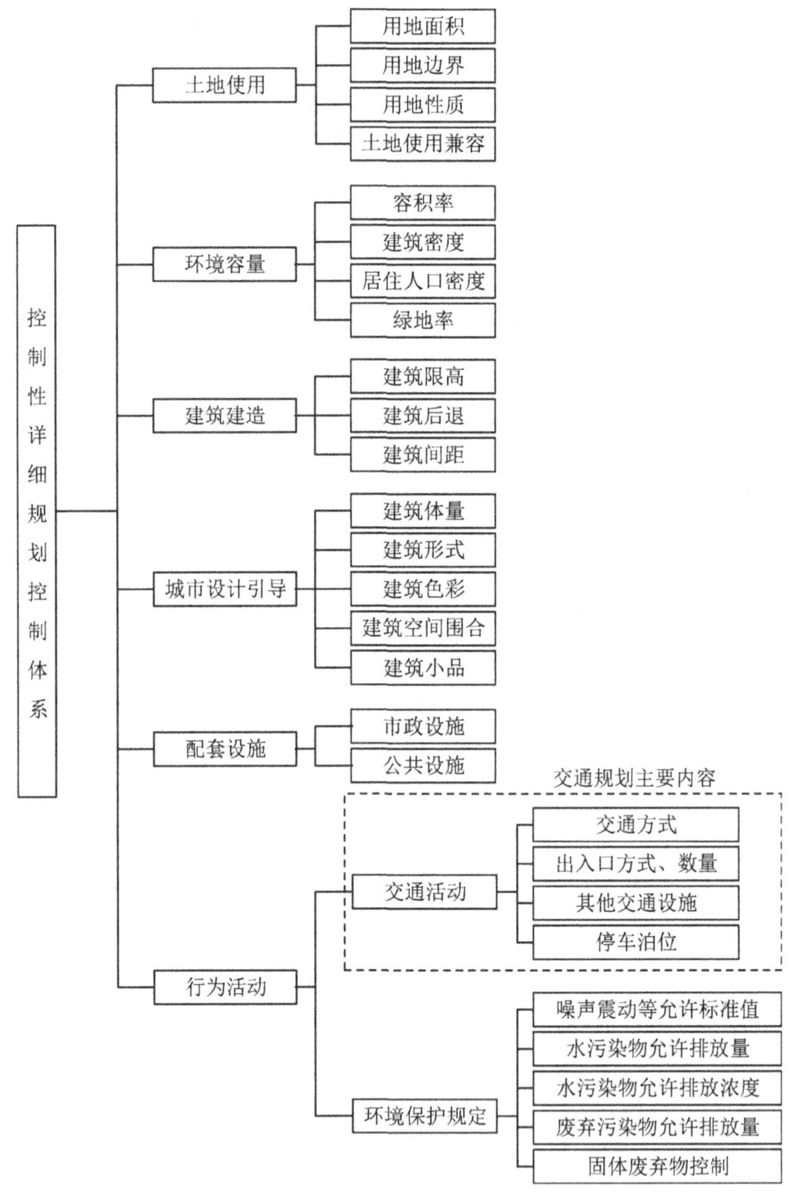


附图 2　控规控制指标体系图

（来源：夏南凯，田宝江. 控制性详细规划[M]. 上海：同济大学出版社，2005：106－127.）

**1. 分层控规编制技术体系**

近年来，随着《城市、镇控制性详细规划编制审批办法》的颁布实施，全国各地大中城市大力推行“分层控规”的编制工作，北京、上海、广州、武汉、南京和济南等城市根据自身特征进行了控规编制技术的探索与实践，尽管各城市提法不一，但分层控制的“新控规”模式成为业界的共识，“新控规”编制技术体系已经成为主流。其主要创新点表现在以下四个方面。

第一，建立“总量约束、分层控制、分区平衡”的分层控规编制技术体系。

第二，因区施控，根据各层次分区特征分别确定控制要素。

第三，建立“控规导则与细则”的基本方法。

第四，建立“法定文件、指导文件、基础文件”的控规技术成果。

**2. 评述**

通过我国控规编制技术体系及“新控规”编制创新研究可知，控规阶段具有空间层次的传递性，首先表现为指标数量的传递性，主要为“纵向传递性”与“横向协调性”。其中“纵向传递性”使控规能将总规赋予的指标总量实现分层逐级进行，强调三层次自上而下与自下而上的双向传递机制，而“横向协调性”即用地的分类控制基于“复杂适应性系统”中的“标识”机制，对涉及的指标在该层次中进行协调平衡。

同时控规也具有三层次管理上的传递性。分层控规作为一种管理手段在一定程度上有利于增强现行控规与上位规划的衔接，具体管理由总图则、导则和细则来进行，对土地使用强度控制方法进行了分层控制，将上一层次规划要求全面覆盖于控规当中，正确引导城市土地开发使用。

附表 1　现状主要道路情况一览表

| 道路方向 | 主要道路名称 | 总规设计宽度/m | 起讫点 | 现状 | | | | | 现状通行能力/(pcu/h) |
|---|---|---|---|---|---|---|---|---|---|
| | | | | 宽/m | 断面形式 | 长度/m | 等级 | 车道数 | |
| 东西向 | 宝十路 | 20 | 宝十桥东—供电局 | 25 | 一块板(6.5+12+6.5) | 4135 | 次干路 | 4 | 1315 |
| | 东风路 | 40 | 金陵桥—斗中路 | 50 | 三块板(10+4.5+3.5+14+3.5+4.5+10) | 3360 | 主干路 | 4 | 1505 |
| | 第五大道 | 18 | 联盟路—同盟路 | 18 | 一块板 | 491 | 支路 | 4 | 1677 |
| | 金台大道 | 50 | 宝烟路—高速公路延伸段 | 50 | 一块板(10+30+10) | 3369 | 主干路 | 8 | 2644 |
| | 黄家大道 | — | 联盟路—冠森路 | 20 | 一块板(5+10+5) | 640 | 次干路 | 2 | 711 |
| | 冠森东路 | — | 冠森路—东岭路 | 15 | 一块板(4+7+4) | 362 | 支路 | 2 | 907 |
| | 滨河北路 | 12 | 烟厂路—人防隧道 | 8 | 一块板 | 3640 | 支路 | 2 | 907 |
| | 大庆路 | 40 | 斗中路—蟠龙路 | 50 | 三块板(6+5.5+3.5+20+3.5+5.5+6) | 3090 | 主干路 | 6 | 2147 |
| | 行政大道 | 24 | 大庆路—蟠龙路 | 30 | 一块板(4.5+21+4.5) | 862 | 主干路 | 6 | 2147 |
| | 宏文路(东西向) | 18 | 金台大道 | 25/15 | 一块板(6.5+12+6.5)/(4+7+4) | 2175 | 次干路 | 4/2 | 1315/711 |
| | 西宝高速辅道 | 10 | 斗中路—蟠龙路 | 7 | 一块板 | 1454 | 支路 | 2 | 907 |

续表

| 道路方向 | 主要道路名称 | 总规设计宽度/m | 起讫点 | 现状 | | | | | 现状通行能力/(pcu/h) |
|---|---|---|---|---|---|---|---|---|---|
| | | | | 宽/m | 断面形式 | 长度/m | 等级 | 车道数 | |
| 南北向 | 金陵东路 | 52 | 东风路 | 25 | 一块板(6.5+12+6.5) | 2416 | 次干路(省道) | 4 | 1315 |
| | 烟厂路(宝烟路) | 50 | 东风路—金台大道 | 30 | 一块板(5+20+5) | 485 | 主干路 | 4 | 1505 |
| | 跃进路 | 30 | 东风路—滨河北路 | 25 | 一块板(4.5+16+4.5) | 1124 | 次干路 | 4 | 1315 |
| | 联盟路 | 30 | 东风路—滨河北路 | 25 | 一块板(4.5+16+4.5) | 1143 | 次干路 | 4 | 1315 |
| | 东站路 | — | 东风路—东站 | 15 | 一块板 | 354 | 支路 | 4 | 1677 |
| | 同盟路 | 12 | 东风路—金台大道 | 7 | 一块板 | 486 | 支路 | 2 | 907 |
| | 冠森路 | 24 | 东风路—滨河北路 | 25 | 一块板(5.5+14+5.5) | 944 | 次干路 | 4 | 1315 |
| | 东岭路 | 18 | 东风路—滨河北路 | 20 | 一块板(5+10+5) | 829 | 次干路 | 2 | 711 |
| | 宏文路(南北向) | 24 | 宏文路—金台大道 | 25 | 一块板(7+11+7) | 491 | 次干路 | 2 | 711 |
| | 斗中路 | 55 | 宝十路—金台大道 | 30 | 一块板(8+14+8) | 1232 | 主干路 | 4 | 1505 |
| | 陈仓路 | 24 | 陈仓路—铁塔路 | 17 | 一块板(4+9+4) | 964 | 支路 | 2 | 907 |
| | 水厂路 | 24 | 大庆路—西宝高速辅道 | 24 | 一块板(6+12+6) | 446 | 次干路 | 4 | 1315 |
| | 锦绣东路 | 24 | 大庆路—西宝高速辅道 | 18 | 一块板(4+10+4) | 401 | 支路 | 2 | 907 |
| | 团结路 | 24 | 宏文路—西宝高速辅道 | 7/18 | 一块板 | 852 | 次干路 | 1/2 | 355/711 |
| | 铁塔路 | 18 | 虢十路—西宝高速辅道 | 20 | 两块板(6+8+6) | 658 | 次干路 | 2 | 711 |
| | 蟠龙路 | 55 | 大庆路—西宝高速辅道 | 42 | 一块板 | 672 | 主干路 | 6 | 2147 |

来源:宝鸡市上马营片区控规。

**附表 2　现状主要道路交叉口基本情况表**

| 编号 | 交叉口名称 | | 东 | | | 西 | | | 南 | | | 北 | | |
|---|---|---|---|---|---|---|---|---|---|---|---|---|---|---|
| | | | 出 | 进 | | 出 | 进 | | 出 | 进 | | 出 | 进 | |
| | 路名（南北） | 路名（东西） | 车道数 | 车道数 | 组织形式 | 车道数 | 车道数 | 组织形式 | 车道数 | 车道数 | 组织形式 | 车道数 | 车道数 | 组织形式 |
| 1 | 金陵东路 | 宝十路 | 1 | 1 | 1N | 2 | 2 | 1SL+1SR | 2 | 2 | 1SL+1SR | 2 | 3 | 1L+1S+1R |
| 2 | 金陵东路 | 东风路 | 2 | 4 | 3S+1R | 2 | 2 | 2N | — | — | — | 1 | 2 | 1S+1R |
| 3 | 烟厂路 | 东风路 | 2 | 3 | 1SU+1S+1L | 4 | 3 | 1SU+1S+1R | 3 | 3 | 1LU+1L+1R | — | — | — |
| 4 | 跃进路 | 东风路 | 2 | 2 | 2N | 2 | 2 | 2N | 1 | 1 | 1N | 1 | 1 | 1N |
| 5 | 联盟路 | 东风路 | 2 | 2 | 1SLU+1SR | 2 | 2 | 1SLU+1SR | 2 | 2 | 1SL+1SR | 2 | 2 | 1SL+1SR |
| 6 | 同盟路 | 东风路 | 2 | 2 | 2N | 2 | 2 | 2N | 1 | 1 | 1N | — | — | — |
| 7 | 冠森路 | 东风路 | 2 | 2 | 1SLU+1SR | 2 | 2 | 1SLU+1SR | 1 | 1 | 1N | 1 | 1 | 1N |
| 8 | 东岭路 | 东风路 | 2 | 2 | 2N | 2 | 2 | 2N | 1 | 1 | 1N | — | — | — |
| 9 | 宏文南路 | 东风路 | 2 | 2 | 2N | 2 | 2 | 2N | 1 | 1 | 1N | 1 | 1 | 1N |
| 10 | 斗中路 | 东风路 | 2 | 2 | 1SLU+1SR | 2 | 2 | 1SLU+1SR | 1 | 2 | 1SL+1R | 1 | 2 | 1SL+1S |
| 11 | 陈仓路 | 大庆路 | 2 | 2 | 2N | 2 | 2 | 2N | 1 | 1 | 1N | 1 | 2 | 2N |
| 12 | 水厂路 | 大庆路 | 3 | 3 | 3N | 3 | 3 | 3N | 1 | 1 | 1N | 1 | 1 | 1N |
| 13 | 锦绣东路 | 大庆路 | 3 | 3 | 3N | 3 | 3 | 3N | 1 | 1 | 1N | — | — | |
| 14 | 团结路 | 大庆路 | 3 | 3 | 3N | 3 | 3 | 3N | 1 | 1 | 1N | 1 | 1 | 1N |
| 15 | 铁塔路 | 大庆路 | 2 | 3 | 3S | 3 | 4 | 大庆路 1SU+1S<br>行政大道 2S | 1 | 1 | 1N | 1 | 1 | 1N |
| 16 | 斗中路 | 宏文路 | 1 | 1 | 1N | 1 | 1 | 1N | 2 | 2 | 2N | 2 | 2 | 2N |
| 17 | 陈仓路 | 宏文路 | 1 | 1 | 1N | 1 | 1 | 1N | 1 | 1 | 1N | 1 | 1 | 1N |
| 18 | 团结路 | 宏文路 | 1 | 1 | 1N | 1 | 1 | 1N | 1 | 1 | 1N | 1 | 1 | 1N |
| 19 | 铁塔路 | 宏文路 | 1 | 1 | 1N | 1 | 1 | 1N | 1 | 1 | 1N | — | — | — |
| 20 | 烟厂路 | 金台大道 | 3 | 5 | 2L+2S+1R | 2 | 3 | 2L+2S | 2 | 5 | 2L+2S+1R | 3 | 3 | 1L+1S+1R |
| 21 | 跃进路 | 金台大道 | 4 | 4 | 1LU+2S+1R | 4 | 4 | 1SU+2S+1R | 1 | 1 | 1N | 1 | 1 | 1N |
| 22 | 联盟路 | 金台大道 | 4 | 4 | 1LU+2S+1R | 4 | 4 | 1SU+2S+1R | 2 | 2 | 2N | 2 | 2 | 1S+1SR |
| 23 | 同盟路 | 金台大道 | 4 | 4 | 4N | 4 | 4 | 4N | — | — | | 1 | 1 | 1N |

续表

| 编号 | 交叉口名称 | | 东 | | | 西 | | | 南 | | | 北 | | |
|---|---|---|---|---|---|---|---|---|---|---|---|---|---|---|
| | | | 出 | 进 | | 出 | 进 | | 出 | 进 | | 出 | 进 | |
| | 路名（南北） | 路名（东西） | 车道数 | 车道数 | 组织形式 | 车道数 | 车道数 | 组织形式 | 车道数 | 车道数 | 组织形式 | 车道数 | 车道数 | 组织形式 |
| 24 | 冠森路 | 金台大道 | 4 | 4 | 1LU＋2S＋1R | 4 | 4 | 1SU＋2S＋1R | 1 | 1 | 1N | 1 | 1 | 1N |
| 25 | 东岭路 | 金台大道 | 4 | 4 | 1LU＋2S＋1R | 4 | 4 | 1SU＋2S＋1R | 1 | 1 | 1N | 1 | 1 | 1N |
| 26 | 斗中路 | 金台大道 | — | — | — | 4 | 4 | 2L＋2S | — | — | — | 1 | 1 | 1N |
| 27 | 渭河人防隧道 | 金台大道 | 4 | 4 | 1LU＋2S＋1R | 4 | 4 | 1SU＋2S＋1R | 2 | 2 | 1L＋1R | — | — | — |
| 28 | 联盟路 | 黄家大道 | 2 | 2 | 2N | — | — | — | 1 | 1 | 1N | 1 | 1 | 1N |
| 29 | 冠森路 | 黄家大道 | — | — | — | 1 | 1 | 1N | 1 | 1 | 1N | 1 | 1 | 1N |
| 30 | 冠森路 | 冠森东路 | — | — | — | 1 | 1 | 1N | 1 | 1 | 1N | 1 | 1 | 1N |
| 31 | 东岭路 | 冠森东路 | — | — | — | — | — | — | 1 | 1 | 1N | 1 | 1 | 1N |
| 32 | 团结路 | 西宝高速辅道 | 1 | 1 | 1N | 1 | 1 | 1N | — | — | — | 1 | 1 | 1N |
| 33 | 锦绣东路 | 西宝高速辅道 | 1 | 1 | 1N | 1 | 1 | 1N | — | — | — | 1 | 1 | 1N |
| 34 | 铁塔路 | 西宝高速辅道 | 1 | 1 | 1N | 1 | 1 | 1N | — | — | — | 2 | 2 | 1N |
| 35 | 水厂路 | 西宝高速辅道 | 1 | 1 | 1N | 1 | 1 | 1N | — | — | — | 1 | 1 | 1N |
| 36 | 跃进路 | 滨河北路 | 1 | 1 | 1N | 1 | 1 | 1N | — | — | — | 1 | 1 | 1N |
| 37 | 联盟路 | 滨河北路 | 1 | 1 | 1N | 1 | 1 | 1N | — | — | — | 1 | 1 | 1N |
| 38 | 冠森路 | 滨河北路 | 1 | 1 | 1N | 1 | 1 | 1N | — | — | — | 1 | 1 | 1N |
| 39 | 东岭路 | 滨河北路 | 1 | 1 | 1N | 1 | 1 | 1N | — | — | — | 1 | 1 | 1N |
| 40 | 蟠龙路 | 行政大道 | 2 | 2 | 2N | 2 | 2 | 2N | 2 | 2 | 2N | 2 | 2 | — |
| 41 | 行政大道 | 大庆路 | 2 | 3 | 3S | 3 | 4 | 大庆路 1SU＋1S<br>行政大道 2S | 2 | 2 | 2N | 2 | 2 | 2S＋1R |
| 42 | 同盟路 | 第五大道 | 1 | 1 | 1N | — | — | — | 1 | 1 | 1N | 1 | 1 | 1N |
| 43 | 联盟路 | 第五大道 | 1 | 1 | 1N | — | — | — | 2 | 2 | 2N | 2 | 2 | 2N |

注 1:表中交通组织形式所列 N 为混合车道,S 为直行车道,R 为右转专用车道,L 为左转专用车道,SR 为直行右转车道,SL 为直行左转车道,U 为路口允许掉头。

来源:宝鸡市上马营片区控规。

**附表 3　灯控交叉口信号灯周期表**

| 编号 | 交叉口名称 | | 信号灯 | 进口绿灯时长/s | | | | 绿信比/($t_g/t_c$) | | | |
|---|---|---|---|---|---|---|---|---|---|---|---|
| | 南北 | 东西 | 周期/s | 东 | 南 | 西 | 北 | 东 | 南 | 西 | 北 |
| 1 | 金陵东路 | 宝十路 | 78 | 41 | 31 | 41 | 31 | 0.53 | 0.40 | 0.53 | 0.40 |
| 2 | 金陵东路 | 东风路 | 89 | 48 | 33 | 48 | 33 | 0.54 | 0.37 | 0.54 | 0.37 |
| 3 | 烟厂路 | 东风路 | 79 | 41 | — | 41 | 32 | 0.52 | 0.00 | 0.52 | 0.41 |
| 4 | 跃进路 | 东风路 | 180 | 53 | 25 | 53 | 25 | 0.29 | 0.14 | 0.29 | 0.14 |
| 5 | 联盟路 | 东风路 | 145 | 53 | — | 53 | 17 | 0.37 | 0.00 | 0.37 | 0.12 |
| 6 | 冠森路/东站路 | 东风路 | 66 | 40 | 20 | 40 | 20 | 0.61 | 0.30 | 0.61 | 0.30 |
| 7 | 斗中路 | 东风路 | 94 | 43 | 45 | 43 | 45 | 0.46 | 0.48 | 0.46 | 0.48 |
| 8 | 斗中路 | 大庆路 | 94 | 43 | 45 | 43 | 45 | 0.46 | 0.48 | 0.46 | 0.48 |
| 9 | 烟厂路 | 金台大道 | 134 | 25 | 30 | 25 | 30 | 0.19 | 0.22 | 0.19 | 0.22 |
| 10 | 跃进路 | 金台大道 | 111 | 70 | 33 | 70 | 33 | 0.63 | 0.30 | 0.63 | 0.30 |
| 11 | 联盟路 | 金台大道 | 99 | 66 | 25 | 66 | 25 | 0.67 | 0.25 | 0.67 | 0.25 |
| 12 | 冠森路 | 金台大道 | 89 | 45 | 20 | 45 | 20 | 0.51 | 0.22 | 0.51 | 0.22 |
| 13 | 东岭路 | 金台大道 | 85 | 56 | — | 56 | — | 0.66 | — | 0.66 | — |
| 14 | 渭河人防隧道 | 金台大道 | 87 | 50 | 28 | 50 | — | 0.57 | 0.32 | 0.57 | — |
| 15 | 蟠龙路 | 行政大道 | 59 | 33 | 20 | 33 | 20 | 0.56 | 0.34 | 0.56 | 0.34 |
| 16 | 行政大道 | 大庆路 | 69 | 30 | — | 32 | 30 | 0.43 | — | 0.46 | 0.43 |

来源：宝鸡市上马营片区控规。

**附表 4　交叉口通行能力现状情况表**

| 编号 | 交叉口名称 |  | 车道数 |  |  |  |  |  |  |  | 通行能力/(pcu/h) |
|---|---|---|---|---|---|---|---|---|---|---|---|
|  | 路名（南北） | 路名（东西） | 东 |  | 西 |  | 南 |  | 北 |  |  |
|  |  |  | 出 | 进 | 出 | 进 | 出 | 进 | 出 | 进 |  |
| 1 | 金陵东路 | 宝十路 | 1 | 1 | 2 | 2 | 2 | 2 | 2 | 3 | 3511 |
| 2 | 金陵东路 | 东风路 | 2 | 4 | 2 | 2 | — | — | 1 | 2 | 4306 |
| 3 | 烟厂路 | 东风路 | 2 | 3 | 4 | 3 | 3 | 3 | — | — | 3460 |
| 4 | 跃进路 | 东风路 | 2 | 2 | 2 | 2 | 1 | 1 | 1 | 1 | 931 |
| 5 | 联盟路 | 东风路 | 2 | 2 | 2 | 2 | 2 | 2 | 2 | 2 | 1683 |
| 6 | 同盟路 | 东风路 | 2 | 2 | 2 | 2 | 1 | 1 | — | — | 940 |
| 7 | 冠森路 | 东风路 | 2 | 2 | 2 | 2 | 1 | 1 | 1 | 1 | 2645 |
| 8 | 东岭路 | 东风路 | 2 | 2 | 2 | 2 | 1 | 1 | — | — | 943 |
| 9 | 宏文南路 | 东风路 | 2 | 2 | 2 | 2 | 1 | 1 | 1 | 1 | 1054 |
| 10 | 斗中路 | 东风路 | 2 | 2 | 2 | 2 | 1 | 2 | 1 | 2 | 3962 |
| 11 | 陈仓路 | 大庆路 | 2 | 2 | 2 | 2 | 1 | 1 | 1 | 2 | 1054 |
| 12 | 水厂路 | 大庆路 | 3 | 3 | 3 | 3 | 1 | 1 | 1 | 1 | 1286 |
| 13 | 锦绣东路 | 大庆路 | 3 | 3 | 3 | 3 | 1 | 1 | — | — | 1358 |
| 14 | 团结路 | 大庆路 | 3 | 3 | 3 | 3 | 1 | 1 | 1 | 1 | 1286 |
| 15 | 铁塔路 | 大庆路 | 2 | 3 | 3 | 4 | 1 | 1 | 1 | 1 | 1358 |
| 16 | 斗中路 | 宏文路 | 1 | 1 | 1 | 1 | 2 | 2 | 2 | 2 | 1358 |
| 17 | 陈仓路 | 宏文路 | 1 | 1 | 1 | 1 | 1 | 1 | 1 | 1 | 940 |
| 18 | 团结路 | 宏文路 | 1 | 1 | 1 | 1 | 1 | 1 | 1 | 1 | 940 |
| 19 | 铁塔路 | 宏文路 | 1 | 1 | 1 | 1 | 1 | 1 | — | — | 940 |
| 20 | 烟厂路 | 金台大道 | 3 | 5 | 2 | 3 | 2 | 5 | 3 | 3 | 3593 |
| 21 | 跃进路 | 金台大道 | 4 | 4 | 4 | 4 | 1 | 1 | 1 | 1 | 5100 |

续表

| 编号 | 交叉口名称 | | 车道数 | | | | | | | | 通行能力/(pcu/h) |
|---|---|---|---|---|---|---|---|---|---|---|---|
| | 路名(南北) | 路名(东西) | 东 | | 西 | | 南 | | 北 | | |
| | | | 出 | 进 | 出 | 进 | 出 | 进 | 出 | 进 | |
| 22 | 联盟路 | 金台大道 | 4 | 4 | 4 | 4 | 2 | 2 | 2 | 2 | 5983 |
| 23 | 同盟路 | 金台大道 | 4 | 4 | 4 | 4 | — | — | 1 | 1 | 1560 |
| 24 | 冠森路 | 金台大道 | 4 | 4 | 4 | 4 | 1 | 1 | 1 | 1 | 4017 |
| 25 | 东岭路 | 金台大道 | 4 | 4 | 4 | 4 | 1 | 1 | 1 | 1 | 3488 |
| 26 | 斗中路 | 金台大道 | — | — | 4 | 4 | — | — | 1 | 1 | 1450 |
| 27 | 渭河人防隧道 | 金台大道 | 4 | 4 | 4 | 4 | 2 | 2 | — | — | 4589 |
| 28 | 联盟路 | 黄家大道 | 2 | 2 | — | — | 1 | 1 | 1 | 1 | 1286 |
| 29 | 冠森路 | 黄家大道 | — | — | 1 | 1 | 1 | 1 | 1 | 1 | 1286 |
| 30 | 冠森路 | 冠森东路 | — | — | 1 | 1 | 1 | 1 | 1 | 1 | 1286 |
| 31 | 东岭路 | 冠森东路 | — | — | — | — | 1 | 1 | 1 | 1 | 1286 |
| 32 | 团结路 | 西宝高速辅道 | 1 | 1 | 1 | 1 | — | — | 1 | 1 | 940 |
| 33 | 锦绣东路 | 西宝高速辅道 | 1 | 1 | 1 | 1 | — | — | 1 | 1 | 940 |
| 34 | 铁塔路 | 西宝高速辅道 | 1 | 1 | 1 | 1 | — | — | 2 | 2 | 940 |
| 35 | 水厂路 | 西宝高速辅道 | 1 | 1 | 1 | 1 | — | — | 1 | 1 | 940 |
| 36 | 跃进路 | 滨河北路 | 1 | 1 | 1 | 1 | — | — | 1 | 1 | 940 |
| 37 | 联盟路 | 滨河北路 | 1 | 1 | 1 | 1 | — | — | 1 | 1 | 940 |
| 38 | 冠森路 | 滨河北路 | 1 | 1 | 1 | 1 | — | — | 1 | 1 | 940 |
| 39 | 东岭路 | 滨河北路 | 1 | 1 | 1 | 1 | — | — | 1 | 1 | 940 |
| 40 | 蟠龙路 | 行政大道 | 2 | 2 | 2 | 2 | 2 | 2 | 2 | 2 | 2092 |
| 41 | 行政大道 | 大庆路 | 2 | 3 | 3 | 4 | 2 | 2 | 2 | 2 | 3229 |
| 42 | 同盟路 | 第五大道 | 1 | 1 | — | — | 1 | 1 | 1 | 1 | 940 |
| 43 | 联盟路 | 第五大道 | 1 | 1 | — | — | 2 | 2 | 2 | 2 | 940 |

来源:宝鸡市上马营片区控规。

附表 5　上马营片区公交线路基本情况表

| 线路 | 途径站点 | 方向 | 长度/km | 站数 | 平均站距/m | 车型 | 配车数量 | 线路运能/(人次/h) |
|---|---|---|---|---|---|---|---|---|
| 1 | 第二人民医院—宝鸡东站—解放军第三人民医院—工业学院—代家湾—上马营—斗鸡剧院(斗中路)—宝鸡石油机械厂—大荣纺织—宝鸡市第三人民医院—西建康城—油毡厂 | 东—西 | 13 | 22 | 591 | 大客 | 24 | 1292 |
| 2 | 万佳家具城 | 东—西 | 10.2 | 17 | 600 | 大客 | 18 | 1235 |
| 6 | 佳美家—联盟建材市场—上马营—宝鸡石油机械厂 | 南—东 | 10.4 | 16 | 650 | 大客 | 34 | 2288 |
| 7 | 宝鸡高层小区—招商银行—金台地税局、联盟汽车城—燃气大厦—高速客运中心—冠森大世界—东岭集团—斗中路南口—佳美家—联盟建材市场 | 东—西 | 7.4 | 18 | 411 | 大客 | 20 | 1892 |
| 8 | 宝鸡卷烟厂—渭河桥北 | 南—北 | 9.1 | 19 | 479 | 大客 | 15 | 1154 |
| 9 | 宝鸡供电局—宝鸡第二发电公司—供电东区—斗鸡中学—店子街—桃园小区—环北新城、自强中专—李家崖、巨宁服饰公司—供电北站—斗鸡剧院(斗中路)—大荣纺织—宝鸡市第三人民医院—西建康城—油毡厂 | 东—西 | 9.6 | 19 | 505 | 大客 | 18 | 1313 |
| 15 | 机电段—宝鸡叉车公司—第二人民医院—宝鸡东站—解放军第三人民医院—工业学院—代家湾—宝鸡供电局—宝鸡第二发电公司—供电东区—上马营—宝鸡石油机械厂 | 东—西 | 25.6 | 35 | 731 | 大客 | 40 | 1094 |

续表

| 线路 | 途径站点 | 方向 | 长度/km | 站数 | 平均站距/m | 车型 | 配车数量 | 线路运能/(人次/h) |
|---|---|---|---|---|---|---|---|---|
| k15 | 上马营—宝鸡第二发电公司—解放军第三人民医院 | 东—西 | 24.9 | 19 | 1310 | 大客 | 15 | 422 |
| 21 | 西铁工程一处社区—宝鸡高层小区—招商银行—金台地税局、联盟汽车城—燃气大厦—高速客运中心—冠森大世界—东岭集团—斗中路南口—宝鸡卷烟厂—机电段—宝鸡叉车公司—佳美家—联盟建材市场—工业学院—代家湾—宝鸡供电局—宝鸡第二发电公司—供电东区 | 东—西 | 11 | 23 | 478 | 大客 | 18 | 1145 |
| 22 | 行政中心—斗鸡中学—斗鸡剧院(斗中路)—大荣纺织—宝鸡市第三人民医院—西建康城—油毡厂—宝鸡高层小区—招商银行—金台地税局、联盟汽车城—燃气大厦—高速客运中心—冠森大世界—佳美家—联盟建材市场—工业学院—代家湾 | 南—东 | 14.1 | 26 | 542 | 大客 | 24 | 1191 |
| 31 | 同盟路口—陈仓园—妇女儿童发展服务中心—第二人民医院—宝鸡东站—解放军第三人民医院—机电段—宝鸡叉车公司—宝鸡供电局—宝鸡第二发电公司—供电东区 | 东—西 | 11.7 | 25 | 468 | 大客 | 14 | 838 |
| 33 | 同盟路口—斗鸡中学—上马营—宝鸡石油机械厂—斗鸡剧院(斗中路)—高速客运中心—第二人民医院—宝鸡东站—解放军第三人民医院—联盟建材市场—工业学院—代家湾 | 南—东 | 9.5 | 21 | 452 | 大客 | 16 | 1179 |

续表

| 线路 | 途径站点 | 方向 | 长度/km | 站数 | 平均站距/m | 车型 | 配车数量 | 线路运能/(人次/h) |
|---|---|---|---|---|---|---|---|---|
| 34 | 东岭集团—斗中路南口—宝鸡高层小区—招商银行—金台地税局、联盟汽车城—燃气大厦—冠森大世界—斗鸡中学—佳美家—斗鸡剧院(斗中路)—高速客运中心 | 东—西 | 10.6 | 22 | 482 | 大客 | 19 | 1255 |
| 36 | 同盟路口—机电段—宝鸡叉车公司—宝鸡供电局—宝鸡第二发电公司—供电东区—上马营—宝鸡石油机械厂—第二人民医院—宝鸡东站—解放军第三人民医院—代家湾 | 东—西 | 11.7 | 24 | 488 | 大客 | 30 | 1795 |
| 38 | 陈仓园市场—陈仓园铁路小区—宝鸡卷烟厂—宝鸡高层小区—招商银行—佳美家 | 东—西 | 8.1 | 19 | 426 | 大客 | 14 | 1210 |
| 42 | 金陵东路—宝十桥东 | 南—北 | 6.25 | 15 | 417 | 中巴 | 12 | 319 |
| 46 | 机电段—宝鸡供电局—宝鸡第二发电公司—供电东区—第二人民医院—宝鸡东站—解放军第三人民医院—宝鸡高层小区—招商银行 | 东—西 | 13.4 | 25 | 536 | 大客 | 20 | 1045 |
| 51 | 东岭集团—宝鸡卷烟厂—金台地税局、联盟汽车城—燃气大厦—冠森大世界—宝鸡高层小区—招商银行—佳美家 | 东—西 | 17.8 | 31 | 574 | 大客 | 22 | 865 |

续表

| 线路 | 途径站点 | 方向 | 长度/km | 站数 | 平均站距/m | 车型 | 配车数量 | 线路运能/(人次/h) |
| --- | --- | --- | --- | --- | --- | --- | --- | --- |
| 52 | 东岭集团—金台地税局、联盟汽车城—燃气大厦—第二人民医院—宝鸡东站—解放军第三人民医院—佳美家—联盟建材市场 | 东—西 | 8.8 | 15 | 587 | 中巴 | 14 | 264 |
| 53 | 陈仓园—妇女儿童发展服务中心—斗中路南口 | 东—西 | 8.7 | 20 | 435 | 大客 | 10 | 805 |
| 61 | 行政中心—百合生态花园酒店—和谐路口—学子路口—宝鸡中学—宝鸡文理学院—创新路口—郭家崖—床单总厂—中华石鼓园—石嘴头—铁五处小区—宝光集团—五三七医院—拥军站—宝鸡文理学院—干休所—石坝河—公园南路—公路局—华山医院—华厦盛世佳园—电子广场—胜利桥南—太白路—广元南路 | 东—西 | 13.1 | 25 | 524 | 大客 | 20 | 1069 |
| 81 | 虢镇西门—陈仓医院—陈仓区交通局—陈仓小学—虢镇火车站—陈仓物流园—陈仓锦绣园—八村—李家崖—六村—中燃陈仓分公司—第三地质队—千渭驾校—千河桥头石羽建材—宝鸡铁路技术学院—陕西育才专修学院—南坡村—宝化科技—朝阳华城—卧龙寺—林业局家属院—龙丰村—材料厂—燃气公司储配—兰宝小区—三迪世纪新城—中铁一局宝材厂—行政西路北口—蟠龙桥北 | 东—西 | 18 | 29 | 621 | 大客 | 18 | 700 |

来源:宝鸡市上马营片区控规。

**附表 6　公交站点类型一览表**

| 序号 | 站点 | 类型 | 线路 | 序号 | 站点 | 类型 | 线路 |
|---|---|---|---|---|---|---|---|
| 1 | 佳美家 | 枢纽 | 6，7，21，22，34，38，46，51，52，53 | 24 | 宝鸡卷烟厂 | 枢纽 | 8，21，38，51 |
| 2 | 联盟建材市场 | 枢纽 | 6，7，21，22，31，34，51，52，53 | 25 | 斗中路南口 | 枢纽 | 7，21，34，53 |
| 3 | 解放军第三人民医院 | 枢纽 | 1，15，31，33，36，46，52，k15 | 26 | 大荣纺织 | 枢纽 | 1，9，22 |
| 4 | 第二人民医院 | 枢纽 | 1，15，31，33，36，46，52 | 27 | 宝鸡市第三人民医院 | 枢纽 | 1，9，22 |
| 5 | 宝鸡东站 | 枢纽 | 1，15，31，33，36，46，52 | 28 | 西建康城 | 枢纽 | 1，9，22 |
| 6 | 宝鸡供电局 | 枢纽 | 9，15，21，31，36，46，53 | 29 | 油毡厂 | 枢纽 | 1，9，22 |
| 7 | 宝鸡第二发电公司 | 枢纽 | 9，15，21，31，36，46，k15 | 30 | 同盟路口 | 枢纽 | 31，33，36 |
| 8 | 宝鸡高层小区 | 枢纽 | 7，21，22，34，38，46，51 | 31 | 行政中心 | 枢纽 | 22，61，81 |
| 9 | 招商银行 | 枢纽 | 7，21，22，34，38，46，51 | 32 | 陈仓园 | 枢纽 | 31，53 |
| 10 | 金台地税局、联盟汽车城 | 枢纽 | 7，21，22，34，51，52，53 | 33 | 妇女儿童发展服务中心 | 枢纽 | 31，53 |
| 11 | 燃气大厦 | 枢纽 | 7，21，22，34，51，52，53 | 34 | 金陵东路 | 中途 | 42 |
| 12 | 上马营 | 枢纽 | 1，6，15，33，36，k15 | 35 | 宝十桥东 | 中途 | 42 |
| 13 | 高速客运中心 | 枢纽 | 7，21，22，33，34，53 | 36 | 万佳家具城 | 中途 | 2 |
| 14 | 供电东区 | 枢纽 | 9，15，21，31，36，46 | 37 | 店子街 | 中途 | 9 |
| 15 | 机电段 | 枢纽 | 15，21，31，36，46，53 | 38 | 西铁工程一处社区 | 中途 | 21 |
| 16 | 工业学院 | 枢纽 | 1，15，21，22，31，36 | 39 | 桃园小区 | 中途 | 9 |
| 17 | 代家湾 | 枢纽 | 1，15，21，22，31，36 | 40 | 李家崖、巨宁服饰公司 | 中途 | 9 |
| 18 | 冠森大世界 | 枢纽 | 7，21，22，34，51，53 | 41 | 供电北站 | 中途 | 9 |
| 19 | 东岭集团 | 枢纽 | 7，21，34，51，52，53 | 42 | 环北新城、自强中专 | 中途 | 9 |
| 20 | 斗鸡剧院（斗中路） | 枢纽 | 1，9，22，33，34 | 43 | 渭河桥北 | 中途 | 8 |
| 21 | 宝鸡石油机械厂 | 枢纽 | 1，6，15，33，36 | 44 | 陈仓园市场 | 中途 | 38 |
| 22 | 宝鸡叉车公司 | 枢纽 | 15，21，31，36，53 | 45 | 陈仓园铁路小区 | 中途 | 38 |
| 23 | 斗鸡中学 | 枢纽 | 9，22，33，34 | | | | |

来源：宝鸡市上马营片区控规。

附表 7　上马营片区各管理单元分类规划用地与出行量计算表

| 用地类型 | 管理单元编号 | | | | | | | | | 高峰出行率 |
|---|---|---|---|---|---|---|---|---|---|---|
| | SMY01 | SMY02 | SMY03 | SMY04 | SMY05 | SMY06 | SMY07 | SMY08 | SMY09 | |
| R2 | 170.57 | 30.22 | 62.11 | 107.1 | 179.5 | 212 | 630.68 | 117.5 | 106.9 | 0.8～2.5 |
| A1 | 1.05 | 0 | 0 | 4.71 | 0.33 | 19.87 | 6.79 | 1.67 | 0 | 1.0～2.5 |
| A2 | 0 | 17.33 | 0 | 0.91 | 1.86 | 12.43 | 2.43 | 0 | 2.75 | 1.5～3.5 |
| A3 | 1.06 | 1.17 | 5.55 | 9.33 | 4.9 | 8.77 | 2.27 | 0.72 | 17.31 | 1.5～3.5 |
| A4 | 0 | 0 | 8.15 | 0.95 | 0.13 | 0 | 0 | 0 | 0 | 0.2～0.8 |
| A5 | 0 | 0 | 0 | 33.65 | 2.81 | 0 | 0 | 0 | 0 | 3～12 |
| A9 | 0 | 0 | 0 | 0 | 0 | 0 | 0.19 | 0 | 0 | 1～3 |
| B1 | 15 | 0.34 | 82.38 | 22.79 | 23.09 | 40.23 | 76.91 | 4.2 | 13.11 | 5～25 |
| B2 | 0 | 0 | 9.22 | 0 | 4.84 | 11.52 | 25.69 | 0.62 | 10.08 | 5～15 |
| B3 | 0 | 0 | 0 | 0 | 1.42 | 1.37 | 0 | 0 | 0 | 2.5～6.5 |
| B4 | 1.37 | 0 | 0.55 | 0 | 0 | 0.2 | 0.27 | 0.02 | 0.69 | 5～15 |
| M1 | 0 | 10.76 | 0 | 0 | 0 | 0 | 0 | 0 | 0 | 0.2～2.0 |
| S3 | 0 | 0 | 0 | 0 | 0 | 0 | 0 | 1.41 | 0 | 8～20 |
| S4 | 0 | 0 | 4.06 | 1.07 | 0.73 | 4.17 | 3.81 | 0.59 | 1.96 | 8～20 |
| S9 | 0 | 0 | 0 | 0 | 0 | 0 | 0 | 0.35 | 0 | 8～20 |
| U1 | 0 | 0 | 0 | 0 | 0 | 4.67 | 1.58 | 1.22 | 2.46 | 5～15 |
| U2 | 0 | 0 | 0 | 0.12 | 0.35 | 0 | 0 | 0 | 5.57 | 5～15 |
| U3 | 0 | 0 | 0.34 | 0 | 0 | 0 | 0 | 0 | 0.47 | 5～15 |

续表

| 用地类型 | 管理单元编号 | | | | | | | | | 高峰出行率 |
|---|---|---|---|---|---|---|---|---|---|---|
| | SMY01 | SMY02 | SMY03 | SMY04 | SMY05 | SMY06 | SMY07 | SMY08 | SMY09 | |
| G1 | 5.75 | 50.7 | 17.08 | 34.07 | 3.27 | 1.03 | 2.09 | 3.95 | 3.66 | 0.2～2.0 |
| G2 | 4.94 | 0.23 | 2.29 | 0 | 6.13 | 3.88 | 4.56 | 5.85 | 4.46 | 0.2～2.0 |
| G3 | 1.26 | 0 | 1.26 | 1.79 | 0 | 3.25 | 1.34 | 0 | 0.66 | 0.2～2.0 |
| H2 | 4.96 | 0 | 0 | 0 | 0 | 0 | 0 | 0 | 0 | 15～25 |
| 总建筑面积/$hm^2$ | 205.96 | 110.74 | 193 | 216.5 | 229.36 | 323.4 | 758.57 | 138.1 | 170.1 | — |
| 高峰出行/(人次/h) | 298～976 | 66～272 | 593～2606 | 341～1092 | 316～1181 | 543～2014 | 1073～4039 | 148～500 | 295～1011 | — |
| 高峰中值/(人次/h) | 637 | 169 | 1599 | 717 | 748 | 1278 | 2556 | 324 | 653 | — |

**附表 8　各地块规划建筑面积与出行量计算表**

| 地块编号 | R2 | A1 | A2 | A3 | A4 | A5 | A9 | B1 | B2 | B3 | B4 | M1 | S3 | S4 | S9 | U1 | U2 | U3 | G1 | G2 | G3 | H2 | 建筑面积/hm² | 全日出行/(人次/d) | 高峰出行/(人次/h) | 高峰中值/(人次/h) |
|---|---|---|---|---|---|---|---|---|---|---|---|---|---|---|---|---|---|---|---|---|---|---|---|---|---|---|
| SMY01-01 | 24.45 | 0.00 | 0.00 | 0.00 | 0.00 | 0.00 | 0.00 | 0.00 | 0.00 | 0.00 | 0.00 | 0.00 | 0.00 | 0.00 | 0.00 | 0.00 | 0.00 | 0.00 | 3.26 | 0.00 | 0.00 | 0.00 | 27.71 | 8331～27885 | 2021～6765 | 4393 |
| SMY01-02 | 18.78 | 1.05 | 0.00 | 1.06 | 0.00 | 0.00 | 0.00 | 2.35 | 0.00 | 0.00 | 0.08 | 0.00 | 0.00 | 0.00 | 0.00 | 0.00 | 0.00 | 0.00 | 1.29 | 0.00 | 0.00 | 1.50 | 26.13 | 21669～63199 | 5257～15332 | 10294.5 |
| SMY01-03 | 111.76 | 0.00 | 0.00 | 0.00 | 0.00 | 0.00 | 0.00 | 12.22 | 0.00 | 0.00 | 0.00 | 0.00 | 0.00 | 0.00 | 0.00 | 0.00 | 0.00 | 0.00 | 1.20 | 1.36 | 0.00 | 1.79 | 128.32 | 73318～261653 | 17787～63477 | 40632 |
| SMY01-04 | 15.58 | 0.00 | 0.00 | 0.00 | 0.00 | 0.00 | 0.00 | 0.43 | 0.00 | 0.00 | 1.29 | 0.00 | 0.00 | 0.00 | 0.00 | 0.00 | 0.00 | 0.00 | 0.00 | 3.58 | 1.26 | 1.67 | 23.80 | 19406～49662 | 4708～12048 | 8378 |
| SMY02-01 | 23.01 | 0.00 | 0.00 | 1.17 | 0.00 | 0.00 | 0.00 | 0.34 | 0.00 | 0.00 | 0.00 | 0.00 | 0.00 | 0.00 | 0.00 | 0.00 | 0.00 | 0.00 | 6.14 | 0.23 | 0.00 | 0.00 | 30.89 | 9538～34155 | 2314～8286 | 5300 |
| SMY02-02 | 7.21 | 0.00 | 17.33 | 0.00 | 0.00 | 0.00 | 0.00 | 0.00 | 0.00 | 0.00 | 0.00 | 10.76 | 0.00 | 0.00 | 0.00 | 0.00 | 0.00 | 0.00 | 25.91 | 0.00 | 0.00 | 0.00 | 61.20 | 16117～62663 | 3910～15202 | 9556 |
| SMY02-03 | 0.00 | 0.00 | 0.00 | 0.00 | 0.00 | 0.00 | 0.00 | 0.00 | 0.00 | 0.00 | 0.00 | 0.00 | 0.00 | 0.00 | 0.00 | 0.00 | 0.00 | 0.00 | 18.65 | 0.00 | 0.00 | 0.00 | 18.65 | 1538～15375 | 373～3730 | 2051.5 |
| SMY03-01 | 29.73 | 0.00 | 0.00 | 5.55 | 0.00 | 0.00 | 0.00 | 0.00 | 0.00 | 0.00 | 0.00 | 0.00 | 0.00 | 0.81 | 0.00 | 0.00 | 0.00 | 0.00 | 0.87 | 2.13 | 0.00 | 0.00 | 39.09 | 16154～47795 | 3919～11595 | 7757 |
| SMY03-02 | 0.00 | 0.00 | 0.00 | 0.00 | 0.00 | 0.00 | 0.00 | 74.03 | 0.00 | 0.00 | 0.00 | 0.00 | 0.00 | 0.00 | 0.00 | 0.00 | 0.00 | 0.34 | 13.01 | 0.00 | 0.00 | 0.00 | 87.38 | 154349～775709 | 37445～188187 | 112816 |
| SMY03-03 | 32.38 | 0.00 | 0.00 | 0.00 | 8.15 | 0.00 | 0.00 | 8.35 | 9.22 | 0.00 | 0.55 | 0.00 | 0.00 | 3.25 | 0.00 | 0.00 | 0.00 | 0.00 | 3.20 | 0.16 | 1.26 | 0.00 | 66.53 | 73735～250536 | 17888～60780 | 39334 |
| SMY04-04 | 28.50 | 4.71 | 0.91 | 1.98 | 0.95 | 6.59 | 0.00 | 3.46 | 0.00 | 0.00 | 0.00 | 0.00 | 0.00 | 0.55 | 0.00 | 0.00 | 0.00 | 0.00 | 0.30 | 0.00 | 0.18 | 0.00 | 48.14 | 31962～91801 | 9355～41813 | 25584 |
| SMY04-01 | 34.17 | 0.00 | 0.00 | 3.08 | 0.00 | 0.00 | 0.00 | 11.76 | 0.00 | 0.00 | 0.00 | 0.00 | 0.00 | 0.00 | 0.00 | 0.00 | 0.00 | 0.00 | 13.96 | 0.00 | 0.00 | 0.00 | 62.97 | 38561～172354 | 4913～20451 | 12682 |
| SMY04-02 | 20.75 | 0.00 | 0.00 | 1.83 | 0.00 | 0.00 | 0.00 | 4.65 | 0.00 | 0.00 | 0.00 | 0.00 | 0.00 | 0.52 | 0.00 | 0.00 | 0.12 | 0.00 | 7.28 | 0.00 | 1.61 | 0.00 | 36.76 | 20251～84299 | 12092～24708 | 18400 |
| SMY04-03 | 23.72 | 0.00 | 0.00 | 2.44 | 0.00 | 27.06 | 0.00 | 2.92 | 0.00 | 0.00 | 0.00 | 0.00 | 0.00 | 0.00 | 0.00 | 0.00 | 0.00 | 0.00 | 12.53 | 0.00 | 0.00 | 0.00 | 68.67 | 49843～101847 | 7754～22271 | 15012.5 |
| SMY05-01 | 45.54 | 0.00 | 0.00 | 3.06 | 0.00 | 0.00 | 0.00 | 3.02 | 0.00 | 1.42 | 0.00 | 0.00 | 0.00 | 0.00 | 0.00 | 0.00 | 0.00 | 0.00 | 1.65 | 4.25 | 0.00 | 0.00 | 58.94 | 25082～91134 | 6085～22109 | 14097 |
| SMY05-02 | 62.75 | 0.00 | 0.00 | 0.65 | 0.00 | 2.81 | 0.00 | 2.48 | 0.00 | 0.00 | 0.00 | 0.00 | 0.00 | 0.00 | 0.00 | 0.00 | 0.35 | 0.00 | 0.76 | 1.88 | 0.00 | 0.00 | 71.68 | 30618～98974 | 7428～24011 | 15719.5 |
| SMY05-03 | 28.60 | 0.33 | 1.86 | 0.00 | 0.13 | 0.00 | 0.00 | 0.00 | 4.84 | 0.00 | 0.00 | 0.00 | 0.00 | 0.00 | 0.00 | 0.00 | 0.00 | 0.00 | 0.86 | 0.00 | 0.00 | 0.00 | 36.62 | 20998～63772 | 5094～15471 | 10282.5 |
| SMY05-04 | 42.61 | 0.00 | 0.00 | 1.19 | 0.00 | 0.00 | 0.00 | 17.59 | 0.00 | 0.00 | 0.00 | 0.00 | 0.00 | 0.73 | 0.00 | 0.00 | 0.00 | 0.00 | 0.00 | 0.00 | 0.00 | 0.00 | 62.12 | 53446～232910 | 12966～56504 | 34735 |
| SMY06-01 | 71.37 | 3.53 | 12.43 | 2.55 | 0.00 | 0.00 | 0.00 | 14.52 | 2.34 | 1.37 | 0.00 | 0.00 | 0.00 | 1.70 | 0.00 | 0.00 | 0.00 | 0.00 | 0.00 | 0.14 | 0.00 | 0.00 | 109.95 | 76031～280697 | 18445～68097 | 43271 |
| SMY06-02 | 42.68 | 3.42 | 0.00 | 1.41 | 0.00 | 0.00 | 0.00 | 4.64 | 1.00 | 0.00 | 0.00 | 0.00 | 0.00 | 0.00 | 0.00 | 0.00 | 0.00 | 0.00 | 0.00 | 0.00 | 0.00 | 0.00 | 53.15 | 27980～103541 | 6788～25119 | 15953.5 |

续表

| 地块编号 | R2 | A1 | A2 | A3 | A4 | A5 | A9 | B1 | B2 | B3 | B4 | M1 | S3 | S4 | S9 | U1 | U2 | U3 | G1 | G2 | G3 | H2 | 建筑面积/hm² | 全日出行/(人次/d) | 高峰出行/(人次/h) | 高峰中值/(人次/h) |
|---|---|---|---|---|---|---|---|---|---|---|---|---|---|---|---|---|---|---|---|---|---|---|---|---|---|---|
| SMY06-03 | 62.59 | 12.92 | 0.00 | 3.91 | 0.00 | 0.00 | 0.00 | 8.73 | 0.00 | 0.00 | 0.20 | 0.00 | 0.00 | 0.77 | 0.00 | 0.00 | 0.00 | 0.00 | 1.03 | 2.72 | 3.25 | 0.00 | 96.12 | 49905～186772 | 12107～45311 | 28709 |
| SMY06-04 | 35.39 | 0.00 | 0.00 | 0.90 | 0.00 | 0.00 | 0.00 | 12.34 | 8.18 | 0.00 | 0.00 | 0.00 | 0.00 | 1.70 | 0.00 | 4.67 | 0.00 | 0.00 | 0.00 | 1.02 | 0.00 | 0.00 | 64.20 | 69835～259242 | 16942～62892 | 39917 |
| SMY07-01 | 452.62 | 1.54 | 0.00 | 1.02 | 0.00 | 0.00 | 0.00 | 34.11 | 0.00 | 0.00 | 0.09 | 0.00 | 0.00 | 1.11 | 0.00 | 0.00 | 0.00 | 0.00 | 0.00 | 0.00 | 0.00 | 0.00 | 490.48 | 224670～830697 | 54505～201527 | 128016 |
| SMY07-02 | 71.81 | 1.25 | 0.00 | 0.00 | 0.00 | 0.00 | 0.00 | 10.60 | 7.41 | 0.00 | 0.00 | 0.00 | 0.00 | 0.39 | 0.00 | 0.00 | 0.00 | 0.00 | 0.00 | 1.14 | 0.31 | 0.00 | 92.92 | 62721～234749 | 15216～56950 | 36083 |
| SMY07-03 | 18.95 | 0.00 | 2.43 | 0.00 | 0.00 | 0.00 | 0.00 | 7.13 | 0.00 | 0.00 | 0.00 | 0.00 | 0.00 | 0.00 | 0.00 | 0.00 | 0.00 | 0.00 | 0.24 | 0.00 | 1.03 | 0.00 | 29.77 | 22552～97556 | 5471～23667 | 14569 |
| SMY07-04 | 21.08 | 2.76 | 0.00 | 1.25 | 0.00 | 0.00 | 0.19 | 4.11 | 6.83 | 0.00 | 0.00 | 0.00 | 0.00 | 0.00 | 0.00 | 0.00 | 0.00 | 0.00 | 0.12 | 0.73 | 0.00 | 0.00 | 37.06 | 31595～111929 | 7665～27154 | 17409.5 |
| SMY07-05 | 21.82 | 0.00 | 0.00 | 0.00 | 0.00 | 0.00 | 0.00 | 12.47 | 11.45 | 0.00 | 0.00 | 0.00 | 0.00 | 1.76 | 0.00 | 0.00 | 0.00 | 0.00 | 0.00 | 0.95 | 0.00 | 0.00 | 48.44 | 62378～237077 | 15133～57515 | 36324 |
| SMY07-06 | 38.37 | 1.24 | 0.00 | 0.00 | 0.00 | 0.00 | 0.00 | 0.00 | 0.00 | 0.00 | 0.00 | 0.00 | 0.00 | 0.00 | 0.00 | 1.58 | 0.00 | 0.00 | 1.28 | 1.74 | 0.00 | 0.00 | 44.21 | 16669～53079 | 4044～12877 | 8460.5 |
| SMY07-07 | 6.03 | 0.00 | 0.00 | 0.00 | 0.00 | 0.00 | 0.00 | 8.49 | 0.00 | 0.00 | 0.18 | 0.00 | 0.00 | 0.55 | 0.00 | 0.00 | 0.00 | 0.00 | 0.45 | 0.00 | 0.00 | 0.00 | 15.69 | 21707～99724 | 5266～24193 | 14729.5 |
| SMY08-01 | 9.28 | 1.67 | 0.00 | 0.00 | 0.00 | 0.00 | 0.00 | 1.46 | 0.00 | 0.00 | 0.00 | 0.00 | 1.41 | 0.59 | 0.00 | 0.57 | 0.00 | 0.00 | 0.61 | 0.00 | 0.00 | 0.00 | 15.59 | 14580～46847 | 3537～11365 | 7451 |
| SMY08-02 | 69.04 | 0.00 | 0.00 | 0.72 | 0.00 | 0.00 | 0.00 | 0.00 | 0.00 | 0.00 | 0.00 | 0.00 | 0.00 | 0.00 | 0.00 | 0.65 | 0.00 | 0.00 | 0.00 | 0.00 | 0.00 | 0.00 | 70.41 | 24551～76204 | 5956～18487 | 12221.5 |
| SMY08-03 | 39.18 | 0.00 | 0.00 | 0.00 | 0.00 | 0.00 | 0.00 | 2.74 | 0.62 | 0.00 | 0.02 | 0.00 | 0.00 | 0.00 | 0.00 | 0.00 | 0.00 | 0.00 | 0.41 | 0.00 | 0.00 | 0.00 | 42.97 | 19922～72906 | 4833～17687 | 11260 |
| SMY08-04 | 0.00 | 0.00 | 0.00 | 0.00 | 0.00 | 0.00 | 0.00 | 0.00 | 0.00 | 0.00 | 0.00 | 0.00 | 0.00 | 0.00 | 0.35 | 0.00 | 0.00 | 0.00 | 2.93 | 5.85 | 0.00 | 0.00 | 9.13 | 1880～10124 | 456～2456 | 1456 |
| SMY09-01 | 50.87 | 0.00 | 0.00 | 7.26 | 0.00 | 0.00 | 0.00 | 3.84 | 0.00 | 0.00 | 0.00 | 0.00 | 0.00 | 0.47 | 0.00 | 0.00 | 0.00 | 0.00 | 0.45 | 2.09 | 0.28 | 0.00 | 65.26 | 30960～108669 | 7511～26363 | 16937 |
| SMY09-02 | 47.21 | 0.00 | 2.70 | 8.10 | 0.00 | 0.00 | 0.00 | 4.41 | 6.57 | 0.00 | 0.69 | 0.00 | 0.00 | 1.49 | 0.00 | 0.00 | 0.00 | 0.00 | 2.13 | 1.71 | 0.00 | 0.00 | 75.01 | 51529～170016 | 12501～41246 | 26873.5 |
| SMY09-03 | 8.86 | 0.00 | 0.05 | 1.95 | 0.00 | 0.00 | 0.00 | 4.86 | 3.51 | 0.00 | 0.00 | 0.00 | 0.00 | 0.00 | 0.00 | 2.46 | 5.57 | 0.47 | 1.08 | 0.66 | 0.38 | 0.00 | 29.85 | 39101～138104 | 9486～33504 | 21495 |
| 高峰出行率 | 0.8～2.5 | 1.0～2.5 | 1.5～3.5 | 1.5～3.5 | 0.2～0.8 | 3～12 | 1～3 | 5～25 | 5～15 | 2.5～6.5 | 5～15 | 0.2～2.0 | 8～20 | 8～20 | 8～20 | 5～15 | 5～15 | 5～15 | 0.2～2.0 | 0.2～2.0 | 0.2～2.0 | 15～25 | — | — | — | — |

附表 9　2020 年上马营规划片区与各规划片区间的出行交换量一览表　　单位：人次/d

| OD | 上马营 | 蟠龙 | 陈仓 | 福谭 | 代马 | 金渭 |
|---|---|---|---|---|---|---|
| 上马营 | — | 68359 | 13083 | 57817 | 18272 | 24359 |
| 蟠龙 | 78267 | — | 28103 | 137664 | 41905 | 51826 |
| 陈仓 | 40624 | 76215 | — | 67316 | 22069 | 30276 |
| 福谭 | 96504 | 200689 | 36185 | — | 52684 | 65008 |
| 代马 | 19773 | 39609 | 7691 | 34159 | — | 17448 |
| 金渭 | 93959 | 174596 | 37609 | 150229 | 62188 | — |

附表 10　2020 年高峰期间上马营规划片区与各规划片区间的出行交换量一览表　　单位：人次/h

| OD | 上马营 | 蟠龙 | 陈仓 | 福谭 | 代马 | 金渭 |
|---|---|---|---|---|---|---|
| 上马营 | — | 9855 | 18490 | 5354 | 16331 | 7345 |
| 蟠龙 | 3174 | — | 16584 | 4433 | 14026 | 5910 |
| 陈仓 | 6818 | 18987 | — | 10166 | 33397 | 12573 |
| 福谭 | 1866 | 4797 | 9609 | — | 8287 | 4233 |
| 代马 | 8778 | 23412 | 48687 | 12781 | — | 15771 |
| 金渭 | 9124 | 22794 | 42357 | 15087 | 36445 | — |

附表 11　2020 年各管理单元高峰出行矩阵一览表

单位:人次/h

| OD | SMY01 | SMY02 | SMY03 | SMY04 | SMY05 | SMY06 | SMY07 | SMY08 | SMY09 |
|---|---|---|---|---|---|---|---|---|---|
| SMY01 | 3829 | 237 | 1073 | 469 | 26 | 562 | 19 | 2 | 296 |
| SMY02 | 0 | 1147 | 3 | 2 | 1 | 3 | 3 | 0 | 1 |
| SMY03 | 1 | 2 | 2362 | 4 | 2 | 6 | 7 | 1 | 3 |
| SMY04 | 1 | 2 | 8 | 2986 | 3 | 8 | 9 | 1 | 4 |
| SMY05 | 3 | 21 | 96 | 42 | 6639 | 49 | 20 | 2 | 27 |
| SMY06 | 4 | 6 | 23 | 13 | 8 | 8061 | 24 | 2 | 10 |
| SMY07 | 12 | 272 | 1196 | 530 | 25 | 696 | 21295 | 6 | 212 |
| SMY08 | 2 | 207 | 945 | 412 | 25 | 499 | 13 | 2078 | 265 |
| SMY09 | 2 | 3 | 11 | 6 | 4 | 10 | 12 | 1 | 4059 |

附表 12　2020 年各地块高峰出行矩阵一览表

单位：人次/h

| OD | SMY 01-01 | SMY 01-02 | SMY 01-03 | SMY 01-04 | SMY 02-01 | SMY 02-02 | SMY 02-03 | SMY 03-01 | SMY 03-02 | SMY 03-03 | SMY 03-04 | SMY 04-01 | SMY 04-02 | SMY 04-03 | SMY 05-01 | SMY 05-02 | SMY 05-03 | SMY 05-04 | SMY 06-01 | SMY 06-02 | SMY 06-03 | SMY 06-04 | SMY 07-01 | SMY 07-02 | SMY 07-03 | SMY 07-04 | SMY 07-05 | SMY 07-06 | SMY 07-07 | SMY 08-01 | SMY 08-02 | SMY 08-03 | SMY 08-04 | SMY 09-01 | SMY 09-02 | SMY 09-03 |
|---|---|---|---|---|---|---|---|---|---|---|---|---|---|---|---|---|---|---|---|---|---|---|---|---|---|---|---|---|---|---|---|---|---|---|---|---|
| SMY01-01 | 169 | 20 | 1 | 6 | 4 | 255 | 24 | 22 | 810 | 265 | 0 | 99 | 44 | 352 | 10 | 3 | 27 | 128 | 279 | 31 | 174 | 164 | 4 | 51 | 63 | 110 | 209 | 2 | 87 | 46 | 0 | 3 | 8 | 33 | 188 | 105 |
| SMY01-02 | 0 | 2515 | 1 | 1 | 0 | 24 | 2 | 3 | 121 | 42 | 0 | 13 | 5 | 34 | 1 | 0 | 3 | 12 | 46 | 4 | 26 | 23 | 3 | 6 | 8 | 14 | 25 | 0 | 9 | 4 | 0 | 0 | 0 | 3 | 18 | 10 |
| SMY01-03 | 3 | 37 | 9961 | 13 | 7 | 478 | 25 | 48 | 2893 | 589 | 0 | 218 | 81 | 475 | 12 | 3 | 32 | 142 | 622 | 64 | 340 | 317 | 17 | 89 | 117 | 198 | 377 | 3 | 121 | 54 | 1 | 4 | 9 | 36 | 201 | 112 |
| SMY01-04 | 0 | 9 | 1 | 1069 | 2 | 126 | 6 | 8 | 362 | 101 | 0 | 44 | 19 | 111 | 3 | 1 | 8 | 33 | 110 | 12 | 66 | 64 | 2 | 20 | 26 | 45 | 85 | 0 | 27 | 13 | 0 | 1 | 0 | 9 | 47 | 26 |
| SMY02-01 | 0 | 11 | 1 | 4 | 1626 | 186 | 11 | 10 | 451 | 123 | 0 | 59 | 27 | 215 | 5 | 1 | 14 | 62 | 133 | 16 | 88 | 90 | 3 | 29 | 39 | 66 | 128 | 0 | 51 | 23 | 0 | 2 | 4 | 16 | 87 | 48 |
| SMY02-02 | 0 | 0 | 0 | 0 | 0 | 1111 | 0 | 0 | 8 | 2 | 0 | 1 | 0 | 3 | 0 | 0 | 0 | 1 | 3 | 0 | 2 | 1 | 1 | 1 | 0 | 1 | 2 | 0 | 0 | 0 | 0 | 0 | 0 | 0 | 1 | 0 |
| SMY02-03 | 0 | 0 | 0 | 0 | 0 | 0 | 1 | 0 | 0 | 0 | 0 | 0 | 0 | 0 | 0 | 0 | 0 | 0 | 0 | 0 | 0 | 0 | 0 | 0 | 0 | 0 | 0 | 0 | 0 | 0 | 0 | 0 | 0 | 0 | 0 | 0 |
| SMY03-01 | 0 | 3 | 1 | 0 | 0 | 27 | 2 | 4184 | 144 | 50 | 0 | 15 | 6 | 37 | 1 | 1 | 2 | 11 | 53 | 5 | 30 | 27 | 4 | 7 | 9 | 16 | 30 | 0 | 10 | 4 | 0 | 0 | 0 | 3 | 16 | 9 |
| SMY03-02 | 0 | 0 | 0 | 0 | 0 | 0 | 0 | 0 | 1 | 0 | 0 | 0 | 0 | 0 | 0 | 0 | 0 | 0 | 0 | 0 | 0 | 0 | 0 | 0 | 0 | 0 | 0 | 0 | 0 | 0 | 0 | 0 | 0 | 0 | 0 | 0 |
| SMY03-03 | 0 | 1 | 2 | 0 | 0 | 3 | 0 | 1 | 13 | 5061 | 0 | 2 | 1 | 5 | 1 | 1 | 1 | 2 | 6 | 1 | 4 | 3 | 5 | 3 | 1 | 2 | 3 | 0 | 1 | 1 | 0 | 0 | 0 | 2 | 3 | 1 |
| SMY03-04 | 0 | 0 | 0 | 0 | 0 | 0 | 0 | 0 | 0 | 0 | 1 | 0 | 0 | 0 | 0 | 0 | 0 | 0 | 0 | 0 | 0 | 0 | 0 | 0 | 0 | 0 | 0 | 0 | 0 | 0 | 0 | 0 | 0 | 0 | 0 | 0 |
| SMY04-01 | 0 | 1 | 2 | 0 | 0 | 7 | 0 | 1 | 28 | 8 | 0 | 5296 | 2 | 9 | 1 | 1 | 1 | 3 | 9 | 2 | 5 | 5 | 5 | 3 | 2 | 4 | 7 | 0 | 2 | 1 | 0 | 0 | 0 | 2 | 4 | 2 |
| SMY04-02 | 0 | 1 | 1 | 0 | 0 | 15 | 1 | 1 | 58 | 18 | 0 | 9 | 3040 | 23 | 1 | 1 | 1 | 6 | 19 | 2 | 13 | 13 | 3 | 4 | 5 | 9 | 18 | 0 | 5 | 2 | 0 | 0 | 0 | 2 | 9 | 5 |
| SMY04-03 | 0 | 0 | 1 | 0 | 0 | 2 | 0 | 1 | 8 | 3 | 0 | 2 | 1 | 3708 | 1 | 1 | 1 | 2 | 4 | 1 | 3 | 2 | 4 | 2 | 1 | 2 | 3 | 0 | 1 | 1 | 0 | 0 | 0 | 1 | 2 | 1 |
| SMY05-01 | 0 | 7 | 2 | 2 | 2 | 106 | 10 | 7 | 294 | 94 | 0 | 44 | 19 | 160 | 5753 | 1 | 12 | 57 | 101 | 11 | 66 | 66 | 7 | 20 | 30 | 49 | 95 | 0 | 39 | 21 | 0 | 1 | 4 | 13 | 78 | 44 |
| SMY05-02 | 0 | 23 | 3 | 8 | 5 | 352 | 33 | 25 | 958 | 306 | 0 | 137 | 62 | 504 | 14 | 5161 | 40 | 187 | 331 | 38 | 214 | 213 | 9 | 70 | 90 | 156 | 299 | 3 | 125 | 67 | 1 | 5 | 12 | 47 | 263 | 147 |
| SMY05-03 | 0 | 2 | 1 | 1 | 0 | 33 | 3 | 3 | 95 | 31 | 0 | 14 | 6 | 51 | 1 | 1 | 4060 | 18 | 33 | 4 | 22 | 21 | 4 | 7 | 9 | 16 | 30 | 0 | 13 | 7 | 0 | 0 | 0 | 4 | 25 | 14 |
| SMY05-04 | 0 | 1 | 2 | 0 | 0 | 8 | 0 | 1 | 22 | 7 | 0 | 3 | 2 | 11 | 1 | 1 | 1 | 6627 | 8 | 2 | 6 | 5 | 6 | 3 | 2 | 4 | 7 | 0 | 3 | 2 | 0 | 1 | 0 | 2 | 6 | 3 |
| SMY06-01 | 0 | 1 | 3 | 1 | 1 | 7 | 1 | 2 | 21 | 9 | 0 | 5 | 2 | 10 | 2 | 2 | 2 | 5 | 11165 | 3 | 8 | 7 | 11 | 6 | 3 | 4 | 7 | 0 | 3 | 2 | 0 | 1 | 0 | 3 | 7 | 3 |
| SMY06-02 | 0 | 2 | 2 | 0 | 0 | 21 | 2 | 3 | 100 | 37 | 0 | 12 | 5 | 30 | 1 | 1 | 2 | 9 | 39 | 6359 | 22 | 22 | 6 | 6 | 8 | 13 | 25 | 0 | 8 | 3 | 0 | 1 | 0 | 2 | 12 | 7 |
| SMY06-03 | 0 | 1 | 3 | 0 | 1 | 6 | 0 | 2 | 20 | 8 | 0 | 4 | 2 | 9 | 2 | 2 | 2 | 5 | 10 | 3 | 9786 | 6 | 9 | 5 | 2 | 4 | 6 | 0 | 2 | 1 | 0 | 1 | 0 | 3 | 6 | 3 |
| SMY06-04 | 0 | 1 | 2 | 0 | 0 | 4 | 0 | 1 | 17 | 6 | 0 | 2 | 1 | 6 | 1 | 1 | 1 | 3 | 7 | 2 | 5 | 5521 | 5 | 3 | 2 | 3 | 5 | 0 | 2 | 1 | 0 | 0 | 0 | 2 | 4 | 2 |
| SMY07-01 | 15 | 190 | 23 | 60 | 45 | 2343 | 152 | 256 | 9673 | 3338 | 0 | 1333 | 575 | 3206 | 76 | 20 | 205 | 883 | 3570 | 412 | 2281 | 2304 | 31267 | 695 | 886 | 1537 | 2860 | 24 | 807 | 335 | 7 | 24 | 55 | 230 | 1230 | 682 |

续表

| OD | SMY01-01 | SMY01-02 | SMY01-03 | SMY01-04 | SMY02-01 | SMY02-02 | SMY02-03 | SMY03-01 | SMY03-02 | SMY03-03 | SMY03-04 | SMY04-01 | SMY04-02 | SMY04-03 | SMY05-01 | SMY05-02 | SMY05-03 | SMY05-04 | SMY06-01 | SMY06-02 | SMY06-03 | SMY06-04 | SMY07-01 | SMY07-02 | SMY07-03 | SMY07-04 | SMY07-05 | SMY07-06 | SMY07-07 | SMY08-01 | SMY08-02 | SMY08-03 | SMY08-04 | SMY09-01 | SMY09-02 | SMY09-03 |
|---|---|---|---|---|---|---|---|---|---|---|---|---|---|---|---|---|---|---|---|---|---|---|---|---|---|---|---|---|---|---|---|---|---|---|---|---|
| SMY07-02 | 0 | 1 | 3 | 1 | 1 | 15 | 1 | 2 | 61 | 23 | 0 | 8 | 4 | 21 | 2 | 2 | 2 | 6 | 24 | 3 | 16 | 16 | 11 | 11091 | 6 | 11 | 20 | 0 | 6 | 2 | 0 | 1 | 0 | 4 | 9 | 5 |
| SMY07-03 | 0 | 1 | 1 | 0 | 0 | 10 | 1 | 1 | 37 | 12 | 0 | 5 | 2 | 14 | 1 | 0 | 1 | 4 | 13 | 2 | 9 | 9 | 3 | 3 | 2841 | 6 | 12 | 0 | 4 | 1 | 0 | 0 | 0 | 1 | 6 | 3 |
| SMY07-04 | 0 | 0 | 1 | 0 | 0 | 6 | 0 | 1 | 22 | 7 | 0 | 3 | 1 | 8 | 1 | 1 | 1 | 2 | 8 | 1 | 5 | 5 | 3 | 2 | 2 | 3243 | 7 | 0 | 2 | 1 | 0 | 0 | 0 | 1 | 3 | 2 |
| SMY07-05 | 0 | 0 | 1 | 0 | 0 | 3 | 0 | 1 | 11 | 4 | 0 | 2 | 1 | 4 | 1 | 1 | 1 | 2 | 4 | 1 | 3 | 3 | 3 | 2 | 1 | 2 | 3400 | 0 | 1 | 0 | 0 | 0 | 0 | 1 | 2 | 1 |
| SMY07-06 | 0 | 23 | 2 | 7 | 5 | 280 | 19 | 30 | 1131 | 381 | 0 | 161 | 70 | 396 | 10 | 3 | 26 | 113 | 411 | 46 | 274 | 277 | 6 | 91 | 115 | 201 | 379 | 1131 | 108 | 42 | 1 | 3 | 7 | 30 | 157 | 87 |
| SMY07-07 | 0 | 0 | 0 | 0 | 0 | 6 | 0 | 1 | 23 | 7 | 0 | 3 | 1 | 11 | 0 | 0 | 1 | 3 | 8 | 1 | 5 | 5 | 1 | 2 | 2 | 4 | 7 | 0 | 853 | 1 | 0 | 0 | 0 | 1 | 4 | 2 |
| SMY08-01 | 0 | 1 | 0 | 0 | 0 | 16 | 1 | 1 | 47 | 15 | 0 | 7 | 3 | 24 | 0 | 0 | 2 | 9 | 16 | 2 | 11 | 11 | 1 | 4 | 4 | 8 | 15 | 0 | 6 | 1244 | 0 | 0 | 0 | 2 | 12 | 7 |
| SMY08-02 | 0 | 49 | 4 | 17 | 11 | 736 | 69 | 55 | 2052 | 653 | 0 | 296 | 133 | 1068 | 31 | 9 | 87 | 400 | 707 | 84 | 460 | 459 | 10 | 154 | 192 | 334 | 637 | 5 | 267 | 144 | 607 | 10 | 25 | 102 | 555 | 310 |
| SMY08-03 | 0 | 17 | 2 | 6 | 4 | 264 | 25 | 19 | 727 | 231 | 0 | 104 | 47 | 378 | 11 | 3 | 30 | 139 | 250 | 29 | 162 | 161 | 6 | 53 | 67 | 118 | 225 | 2 | 94 | 50 | 0 | 2588 | 9 | 36 | 198 | 111 |
| SMY08-04 | 0 | 0 | 0 | 0 | 0 | 0 | 0 | 0 | 0 | 0 | 0 | 0 | 0 | 0 | 0 | 0 | 0 | 0 | 0 | 0 | 0 | 0 | 0 | 0 | 0 | 0 | 0 | 0 | 0 | 0 | 0 | 0 | 1 | 0 | 0 | 0 |
| SMY09-01 | 0 | 2 | 2 | 1 | 1 | 36 | 3 | 2 | 97 | 31 | 0 | 14 | 6 | 51 | 2 | 1 | 4 | 19 | 33 | 4 | 21 | 21 | 8 | 7 | 9 | 15 | 29 | 0 | 13 | 7 | 0 | 1 | 0 | 7577 | 27 | 15 |
| SMY09-02 | 0 | 1 | 2 | 0 | 0 | 6 | 0 | 1 | 17 | 6 | 0 | 3 | 2 | 8 | 1 | 1 | 1 | 4 | 8 | 2 | 5 | 4 | 7 | 4 | 2 | 3 | 5 | 0 | 2 | 1 | 0 | 1 | 0 | 2 | 7373 | 2 |
| SMY09-03 | 0 | 1 | 0 | 0 | 0 | 8 | 0 | 1 | 23 | 7 | 0 | 3 | 1 | 11 | 0 | 0 | 1 | 4 | 8 | 1 | 5 | 5 | 1 | 2 | 2 | 4 | 7 | 0 | 3 | 1 | 0 | 0 | 0 | 1 | 6 | 1297 |

**附表 13　2020 年各管理单元全日出行矩阵一览表**

单位:人次/d

| OD | SMY01 | SMY02 | SMY03 | SMY04 | SMY05 | SMY06 | SMY07 | SMY08 | SMY09 |
|---|---|---|---|---|---|---|---|---|---|
| SMY01 | 15783 | 975 | 4422 | 1932 | 108 | 2316 | 80 | 7 | 1220 |
| SMY02 | 2 | 4726 | 14 | 8 | 5 | 12 | 14 | 1 | 6 |
| SMY03 | 5 | 7 | 9738 | 15 | 10 | 26 | 29 | 3 | 12 |
| SMY04 | 6 | 9 | 35 | 12309 | 13 | 32 | 37 | 3 | 15 |
| SMY05 | 14 | 86 | 397 | 174 | 27367 | 200 | 84 | 8 | 111 |
| SMY06 | 16 | 24 | 95 | 52 | 34 | 33227 | 100 | 9 | 40 |
| SMY07 | 48 | 1121 | 4930 | 2184 | 103 | 2870 | 87778 | 26 | 874 |
| SMY08 | 9 | 852 | 3894 | 1700 | 103 | 2057 | 55 | 8567 | 1091 |
| SMY09 | 8 | 12 | 47 | 26 | 17 | 43 | 49 | 4 | 16733 |

## 附表 14　2020 年各地块全日出行矩阵一览表

单位：人次/d

| OD | SMY | SMY | SMY | SMY | SMY | SMY | SMY | SMY | SMY | SMY | SMY | SMY | SMY | SMY | SMY | SMY | SMY | SMY | SMY | SMY | SMY | SMY | SMY | SMY | SMY | SMY | SMY | SMY | SMY | SMY | SMY | SMY | SMY | SMY | SMY | SMY |
|---|---|---|---|---|---|---|---|---|---|---|---|---|---|---|---|---|---|---|---|---|---|---|---|---|---|---|---|---|---|---|---|---|---|---|---|---|
|  | 01-01 | 01-02 | 01-03 | 01-04 | 02-01 | 02-02 | 02-03 | 03-01 | 03-02 | 03-03 | 03-04 | 04-01 | 04-02 | 04-03 | 05-01 | 05-02 | 05-03 | 05-04 | 06-01 | 06-02 | 06-03 | 06-04 | 07-01 | 07-02 | 07-03 | 07-04 | 07-05 | 07-06 | 07-07 | 08-01 | 08-02 | 08-03 | 08-04 | 09-01 | 09-02 | 09-03 |
| SMY01-01 | 697 | 82 | 4 | 25 | 16 | 1051 | 99 | 91 | 3339 | 1092 | 0 | 408 | 181 | 1451 | 41 | 12 | 111 | 528 | 1150 | 128 | 717 | 676 | 16 | 210 | 260 | 453 | 862 | 8 | 359 | 190 | 0 | 12 | 33 | 136 | 775 | 433 |
| SMY01-02 | 0 | 10367 | 4 | 4 | 0 | 99 | 8 | 12 | 499 | 173 | 0 | 54 | 21 | 140 | 4 | 0 | 12 | 49 | 190 | 16 | 107 | 95 | 12 | 25 | 33 | 58 | 103 | 0 | 37 | 16 | 0 | 0 | 0 | 12 | 74 | 41 |
| SMY01-03 | 12 | 153 | 41059 | 54 | 29 | 1970 | 103 | 198 | 11925 | 2428 | 0 | 899 | 334 | 1958 | 49 | 12 | 132 | 585 | 2564 | 264 | 1401 | 1307 | 70 | 367 | 482 | 816 | 1554 | 12 | 499 | 223 | 4 | 16 | 37 | 148 | 829 | 462 |
| SMY01-04 | 0 | 37 | 4 | 4406 | 8 | 519 | 25 | 33 | 1492 | 416 | 0 | 181 | 78 | 458 | 12 | 4 | 33 | 136 | 453 | 49 | 272 | 264 | 8 | 82 | 107 | 185 | 350 | 0 | 111 | 54 | 0 | 4 | 0 | 37 | 194 | 107 |
| SMY02-01 | 0 | 45 | 4 | 16 | 6702 | 767 | 45 | 41 | 1859 | 507 | 0 | 243 | 111 | 886 | 21 | 4 | 58 | 256 | 548 | 66 | 363 | 371 | 12 | 120 | 161 | 272 | 528 | 0 | 210 | 95 | 0 | 8 | 16 | 66 | 359 | 198 |
| SMY02-02 | 0 | 0 | 0 | 0 | 0 | 4580 | 0 | 0 | 33 | 8 | 0 | 4 | 0 | 12 | 0 | 0 | 0 | 4 | 12 | 0 | 8 | 4 | 4 | 4 | 0 | 4 | 8 | 0 | 0 | 0 | 0 | 0 | 0 | 0 | 4 | 0 |
| SMY02-03 | 0 | 0 | 0 | 0 | 0 | 0 | 4 | 0 | 0 | 0 | 0 | 0 | 0 | 0 | 0 | 0 | 0 | 0 | 0 | 0 | 0 | 0 | 0 | 0 | 0 | 0 | 0 | 0 | 0 | 0 | 0 | 0 | 0 | 0 | 0 | 0 |
| SMY03-01 | 0 | 12 | 4 | 0 | 0 | 111 | 8 | 17246 | 594 | 206 | 0 | 62 | 25 | 153 | 4 | 4 | 8 | 45 | 218 | 21 | 124 | 111 | 16 | 29 | 37 | 66 | 124 | 0 | 41 | 16 | 0 | 0 | 0 | 12 | 66 | 37 |
| SMY03-02 | 0 | 0 | 0 | 0 | 0 | 0 | 0 | 0 | 4 | 0 | 0 | 0 | 0 | 0 | 0 | 0 | 0 | 0 | 0 | 0 | 0 | 0 | 0 | 0 | 0 | 0 | 0 | 0 | 0 | 0 | 0 | 0 | 0 | 0 | 0 | 0 |
| SMY03-03 | 0 | 4 | 8 | 0 | 0 | 12 | 0 | 4 | 54 | 20862 | 0 | 8 | 4 | 21 | 4 | 4 | 4 | 8 | 25 | 4 | 16 | 12 | 21 | 12 | 4 | 8 | 12 | 0 | 4 | 4 | 0 | 0 | 0 | 8 | 12 | 4 |
| SMY03-04 | 0 | 0 | 0 | 0 | 0 | 0 | 0 | 0 | 0 | 0 | 4 | 0 | 0 | 0 | 0 | 0 | 0 | 0 | 0 | 0 | 0 | 0 | 0 | 0 | 0 | 0 | 0 | 0 | 0 | 0 | 0 | 0 | 0 | 0 | 0 | 0 |
| SMY04-01 | 0 | 4 | 8 | 0 | 0 | 29 | 0 | 4 | 115 | 33 | 0 | 21830 | 8 | 37 | 4 | 4 | 4 | 12 | 37 | 8 | 21 | 21 | 21 | 12 | 8 | 16 | 29 | 0 | 8 | 4 | 0 | 0 | 0 | 8 | 16 | 8 |
| SMY04-02 | 0 | 4 | 4 | 0 | 0 | 62 | 4 | 4 | 239 | 74 | 0 | 37 | 12531 | 95 | 4 | 4 | 4 | 25 | 78 | 8 | 54 | 54 | 12 | 16 | 21 | 37 | 74 | 0 | 21 | 8 | 0 | 0 | 0 | 8 | 37 | 21 |
| SMY04-03 | 0 | 0 | 4 | 0 | 0 | 8 | 0 | 4 | 33 | 12 | 0 | 8 | 4 | 15284 | 4 | 4 | 4 | 8 | 16 | 4 | 12 | 8 | 16 | 8 | 4 | 8 | 12 | 0 | 4 | 4 | 0 | 0 | 0 | 4 | 8 | 4 |
| SMY05-01 | 0 | 29 | 8 | 8 | 8 | 437 | 41 | 29 | 1212 | 387 | 0 | 181 | 78 | 660 | 23714 | 4 | 49 | 235 | 416 | 45 | 272 | 272 | 29 | 82 | 124 | 202 | 392 | 0 | 161 | 87 | 0 | 4 | 16 | 54 | 322 | 181 |
| SMY05-02 | 0 | 95 | 12 | 33 | 21 | 1451 | 136 | 103 | 3949 | 1261 | 0 | 565 | 256 | 2077 | 58 | 21274 | 165 | 771 | 1364 | 157 | 882 | 878 | 37 | 289 | 371 | 643 | 1232 | 12 | 515 | 276 | 4 | 21 | 49 | 194 | 1084 | 606 |
| SMY05-03 | 0 | 8 | 4 | 4 | 0 | 136 | 12 | 12 | 392 | 128 | 0 | 58 | 25 | 210 | 4 | 4 | 16735 | 74 | 136 | 16 | 91 | 87 | 16 | 29 | 37 | 66 | 124 | 0 | 54 | 29 | 0 | 0 | 0 | 16 | 103 | 58 |
| SMY05-04 | 0 | 4 | 8 | 0 | 0 | 33 | 0 | 4 | 91 | 29 | 0 | 12 | 8 | 45 | 4 | 4 | 4 | 27317 | 33 | 8 | 25 | 21 | 25 | 12 | 8 | 16 | 29 | 0 | 12 | 8 | 0 | 4 | 0 | 8 | 25 | 12 |
| SMY06-01 | 0 | 4 | 12 | 4 | 4 | 29 | 4 | 8 | 87 | 37 | 0 | 21 | 8 | 41 | 8 | 8 | 8 | 21 | 46022 | 12 | 33 | 29 | 45 | 25 | 12 | 16 | 29 | 0 | 12 | 8 | 0 | 4 | 0 | 12 | 29 | 12 |
| SMY06-02 | 0 | 8 | 8 | 0 | 0 | 87 | 8 | 12 | 412 | 153 | 0 | 49 | 21 | 124 | 4 | 4 | 8 | 37 | 161 | 26212 | 91 | 91 | 25 | 25 | 33 | 54 | 103 | 0 | 33 | 12 | 0 | 4 | 0 | 8 | 49 | 29 |
| SMY06-03 | 0 | 4 | 12 | 0 | 4 | 25 | 0 | 8 | 82 | 33 | 0 | 16 | 8 | 37 | 8 | 8 | 8 | 21 | 41 | 12 | 40338 | 25 | 37 | 21 | 8 | 16 | 25 | 0 | 8 | 4 | 0 | 4 | 0 | 12 | 25 | 12 |
| SMY06-04 | 0 | 4 | 8 | 0 | 0 | 16 | 0 | 4 | 70 | 25 | 0 | 8 | 4 | 25 | 4 | 4 | 4 | 12 | 29 | 8 | 21 | 22758 | 21 | 12 | 8 | 12 | 21 | 0 | 8 | 4 | 0 | 0 | 0 | 8 | 16 | 8 |
| SMY07-01 | 62 | 783 | 95 | 247 | 185 | 9658 | 627 | 1055 | 39872 | 13759 | 0 | 5495 | 2370 | 13215 | 313 | 82 | 845 | 3640 | 14716 | 1698 | 9402 | 9497 | 128883 | 2865 | 3652 | 6336 | 11789 | 99 | 3326 | 1381 | 29 | 99 | 227 | 948 | 5070 | 2811 |

续表

| OD | SMY 01-01 | SMY 01-02 | SMY 01-03 | SMY 01-04 | SMY 02-01 | SMY 02-02 | SMY 02-03 | SMY 03-01 | SMY 03-02 | SMY 03-03 | SMY 03-04 | SMY 04-01 | SMY 04-02 | SMY 04-03 | SMY 05-01 | SMY 05-02 | SMY 05-03 | SMY 05-04 | SMY 06-01 | SMY 06-02 | SMY 06-03 | SMY 06-04 | SMY 07-01 | SMY 07-02 | SMY 07-03 | SMY 07-04 | SMY 07-05 | SMY 07-06 | SMY 07-07 | SMY 08-01 | SMY 08-02 | SMY 08-03 | SMY 08-04 | SMY 09-01 | SMY 09-02 | SMY 09-03 |
|---|---|---|---|---|---|---|---|---|---|---|---|---|---|---|---|---|---|---|---|---|---|---|---|---|---|---|---|---|---|---|---|---|---|---|---|---|
| SMY07-02 | 0 | 4 | 12 | 4 | 4 | 62 | 4 | 8 | 251 | 95 | 0 | 33 | 16 | 87 | 8 | 8 | 8 | 25 | 99 | 12 | 66 | 66 | 45 | 45717 | 25 | 45 | 82 | 0 | 25 | 8 | 0 | 4 | 0 | 16 | 37 | 21 |
| SMY07-03 | 0 | 4 | 4 | 0 | 0 | 41 | 4 | 4 | 153 | 49 | 0 | 21 | 8 | 58 | 4 | 0 | 4 | 16 | 54 | 8 | 37 | 37 | 12 | 12 | 11711 | 25 | 49 | 0 | 16 | 4 | 0 | 0 | 0 | 4 | 25 | 12 |
| SMY07-04 | 0 | 0 | 4 | 0 | 0 | 25 | 0 | 4 | 91 | 29 | 0 | 12 | 4 | 33 | 4 | 4 | 4 | 8 | 33 | 4 | 21 | 21 | 12 | 8 | 8 | 13368 | 29 | 0 | 8 | 4 | 0 | 0 | 0 | 4 | 12 | 8 |
| SMY07-05 | 0 | 0 | 4 | 0 | 0 | 12 | 0 | 4 | 45 | 16 | 0 | 8 | 4 | 16 | 4 | 4 | 4 | 8 | 16 | 4 | 12 | 12 | 12 | 8 | 4 | 8 | 14015 | 0 | 4 | 0 | 0 | 0 | 0 | 4 | 8 | 4 |
| SMY07-06 | 0 | 95 | 8 | 29 | 21 | 1154 | 78 | 124 | 4662 | 1570 | 0 | 664 | 289 | 1632 | 41 | 12 | 107 | 466 | 1694 | 190 | 1129 | 1142 | 25 | 375 | 474 | 829 | 1562 | 4662 | 445 | 173 | 4 | 12 | 29 | 124 | 647 | 359 |
| SMY07-07 | 0 | 0 | 0 | 0 | 0 | 25 | 0 | 4 | 95 | 29 | 0 | 12 | 4 | 45 | 0 | 0 | 4 | 12 | 33 | 4 | 21 | 21 | 4 | 8 | 8 | 16 | 29 | 0 | 3516 | 4 | 0 | 0 | 0 | 4 | 16 | 8 |
| SMY08-01 | 0 | 4 | 0 | 0 | 0 | 66 | 4 | 4 | 194 | 62 | 0 | 29 | 12 | 99 | 0 | 0 | 8 | 37 | 66 | 8 | 45 | 45 | 4 | 16 | 16 | 33 | 62 | 0 | 25 | 5128 | 0 | 0 | 0 | 8 | 49 | 29 |
| SMY08-02 | 0 | 202 | 16 | 70 | 15 | 3031 | 284 | 227 | 8458 | 2692 | 0 | 1220 | 548 | 4402 | 128 | 37 | 359 | 1619 | 2911 | 346 | 1896 | 1892 | 41 | 635 | 791 | 1377 | 2626 | 21 | 1101 | 591 | 2502 | 41 | 103 | 420 | 2288 | 1278 |
| SMY08-03 | 0 | 70 | 8 | 25 | 16 | 1088 | 103 | 78 | 2997 | 952 | 0 | 429 | 194 | 1558 | 45 | 12 | 124 | 573 | 1031 | 120 | 668 | 664 | 25 | 218 | 276 | 486 | 927 | 8 | 387 | 206 | 0 | 10668 | 37 | 148 | 816 | 458 |
| SMY08-04 | 0 | 0 | 0 | 0 | 0 | 0 | 0 | 0 | 0 | 0 | 0 | 0 | 0 | 0 | 0 | 0 | 0 | 0 | 0 | 0 | 0 | 0 | 0 | 0 | 0 | 0 | 0 | 0 | 0 | 0 | 0 | 0 | 4 | 0 | 0 | 0 |
| SMY09-01 | 0 | 8 | 8 | 4 | 4 | 148 | 12 | 8 | 400 | 128 | 0 | 58 | 25 | 210 | 8 | 4 | 16 | 78 | 136 | 16 | 87 | 87 | 33 | 29 | 37 | 62 | 120 | 0 | 54 | 29 | 0 | 4 | 0 | 31232 | 111 | 62 |
| SMY09-02 | 0 | 4 | 8 | 0 | 0 | 25 | 0 | 4 | 70 | 25 | 0 | 12 | 8 | 33 | 4 | 4 | 4 | 16 | 33 | 8 | 21 | 16 | 29 | 16 | 8 | 12 | 21 | 0 | 8 | 4 | 0 | 4 | 0 | 8 | 30392 | 8 |
| SMY09-03 | 0 | 4 | 0 | 0 | 0 | 33 | 0 | 4 | 95 | 29 | 0 | 12 | 4 | 45 | 0 | 0 | 4 | 16 | 33 | 4 | 21 | 21 | 4 | 8 | 8 | 16 | 29 | 0 | 12 | 4 | 0 | 0 | 0 | 4 | 25 | 5346 |

# 附表 15　各个地块间的路径距离表

单位:km

| OD | SMY 01-01 | SMY 01-02 | SMY 01-03 | SMY 01-04 | SMY 02-01 | SMY 02-02 | SMY 02-03 | SMY 03-01 | SMY 03-02 | SMY 03-03 | SMY 03-04 | SMY 04-01 | SMY 04-02 | SMY 04-03 | SMY 05-01 | SMY 05-02 | SMY 05-03 | SMY 05-04 | SMY 06-01 | SMY 06-02 | SMY 06-03 | SMY 06-04 | SMY 07-01 | SMY 07-02 | SMY 07-03 | SMY 07-04 | SMY 07-05 | SMY 07-06 | SMY 07-07 | SMY 08-01 | SMY 08-02 | SMY 08-03 | SMY 08-04 | SMY 09-01 | SMY 09-02 | SMY 09-03 |
|---|---|---|---|---|---|---|---|---|---|---|---|---|---|---|---|---|---|---|---|---|---|---|---|---|---|---|---|---|---|---|---|---|---|---|---|---|
| SMY01-01 | 0 | 1.05 | 1.7 | 2.24 | 3.09 | 4.24 | 5.62 | 1.62 | 1.91 | 1.8 | 2.38 | 2.65 | 3.14 | 3.48 | 4.05 | 4.74 | 4.2 | 4.94 | 2.23 | 2.78 | 2.74 | 3.32 | 3.19 | 3.71 | 3.59 | 4.03 | 3.91 | 4.34 | 4.25 | 4.43 | 4.86 | 5.4 | 5.19 | 5.51 | 6.02 | 6.16 |
| SMY01-02 | 1.05 | 0 | 0.65 | 1.21 | 2.05 | 3.21 | 4.58 | 0.92 | 0.95 | 1.1 | 1.42 | 1.68 | 2.12 | 2.46 | 3.02 | 3.71 | 3.18 | 3.92 | 1.53 | 1.84 | 2.04 | 2.39 | 2.23 | 2.75 | 2.59 | 3.04 | 2.9 | 3.33 | 3.23 | 3.42 | 3.84 | 4.38 | 4.17 | 4.47 | 4.99 | 5.13 |
| SMY01-03 | 1.7 | 0.65 | 0 | 0.63 | 1.48 | 2.63 | 4.01 | 0.8 | 0.3 | 1.15 | 0.77 | 1.04 | 1.53 | 1.87 | 2.44 | 3.13 | 2.59 | 3.33 | 1.57 | 1.24 | 2.07 | 2.05 | 1.58 | 2.1 | 1.98 | 2.42 | 2.3 | 2.73 | 2.64 | 2.83 | 3.25 | 3.79 | 3.58 | 3.9 | 4.41 | 4.55 |
| SMY01-04 | 2.24 | 1.21 | 0.63 | 0 | 0.88 | 2.04 | 3.38 | 1.3 | 0.8 | 1.65 | 1.07 | 0.91 | 0.95 | 1.29 | 1.84 | 2.53 | 2.01 | 2.75 | 2.07 | 1.49 | 2.57 | 2.07 | 1.46 | 1.97 | 1.42 | 1.86 | 1.73 | 2.16 | 2.06 | 2.24 | 2.67 | 3.21 | 3 | 3.3 | 3.82 | 3.96 |
| SMY02-01 | 3.09 | 2.05 | 1.48 | 0.88 | 0 | 1.21 | 2.65 | 2.14 | 1.65 | 2.48 | 1.83 | 1.21 | 1.19 | 1.14 | 1.16 | 1.85 | 1.38 | 2.1 | 2.86 | 2.25 | 3.37 | 2.83 | 1.77 | 2.28 | 1.66 | 2.1 | 1.84 | 2.14 | 1.5 | 1.62 | 2.04 | 2.57 | 2.37 | 2.62 | 3.14 | 3.27 |
| SMY02-02 | 4.24 | 3.21 | 2.63 | 2.04 | 1.21 | 0 | 1.44 | 3.3 | 2.8 | 3.55 | 2.9 | 2.29 | 1.89 | 1.45 | 1 | 0.75 | 1.48 | 1.37 | 3.93 | 3.32 | 4.43 | 3.9 | 2.83 | 3.35 | 2.46 | 2.9 | 2.14 | 2.44 | 1.8 | 1.9 | 1.46 | 1.52 | 1.74 | 1.52 | 2.04 | 2.17 |
| SMY02-03 | 5.62 | 4.58 | 4.01 | 3.38 | 2.65 | 1.44 | 0 | 4.68 | 4.05 | 4.77 | 4.11 | 3.5 | 3.11 | 2.66 | 1.86 | 1.16 | 2.21 | 1.44 | 4.95 | 4.23 | 5.28 | 4.68 | 3.71 | 4.09 | 3.31 | 3.61 | 2.99 | 3.16 | 2.65 | 2.44 | 1.98 | 1.35 | 2.01 | 0.76 | 0.63 | 1.19 |
| SMY03-01 | 1.62 | 0.92 | 0.8 | 1.3 | 2.14 | 3.3 | 4.68 | 0 | 0.76 | 0.43 | 0.93 | 1.37 | 1.86 | 2.2 | 2.83 | 3.52 | 2.92 | 3.66 | 0.86 | 1.31 | 1.36 | 1.85 | 1.8 | 2.31 | 2.2 | 2.64 | 2.55 | 2.95 | 2.89 | 3.13 | 3.57 | 4.12 | 3.91 | 4.29 | 4.81 | 4.94 |
| SMY03-02 | 1.91 | 0.95 | 0.3 | 0.8 | 1.65 | 2.8 | 4.05 | 0.76 | 0 | 0.85 | 0.47 | 0.74 | 1.23 | 1.57 | 2.2 | 2.89 | 2.29 | 3.03 | 1.27 | 0.94 | 1.77 | 1.74 | 1.28 | 1.8 | 1.68 | 2.12 | 2 | 2.43 | 2.34 | 2.52 | 2.95 | 3.49 | 3.28 | 3.66 | 4.18 | 4.3 |
| SMY03-03 | 1.8 | 1.1 | 1.15 | 1.65 | 2.48 | 3.56 | 4.77 | 0.43 | 0.85 | 0 | 0.73 | 1.29 | 1.67 | 2.29 | 2.91 | 3.61 | 2.98 | 3.72 | 0.44 | 1.09 | 0.95 | 1.64 | 1.59 | 2.1 | 1.98 | 2.42 | 2.33 | 2.73 | 2.67 | 2.91 | 3.35 | 3.96 | 3.69 | 4.18 | 4.78 | 4.78 |
| SMY03-04 | 2.38 | 1.42 | 0.77 | 1.07 | 1.83 | 2.9 | 4.11 | 0.93 | 0.47 | 0.73 | 0 | 0.62 | 1 | 1.63 | 2.26 | 2.95 | 2.35 | 3.09 | 1.09 | 0.62 | 1.6 | 1.53 | 0.97 | 1.48 | 1.36 | 1.8 | 1.71 | 2.12 | 2.05 | 2.29 | 2.74 | 3.34 | 3.07 | 3.56 | 4.16 | 4.16 |
| SMY04-01 | 2.65 | 1.68 | 1.04 | 0.91 | 1.21 | 2.29 | 3.5 | 1.37 | 0.74 | 1.29 | 0.62 | 0 | 0.54 | 1.02 | 1.65 | 2.34 | 1.74 | 2.48 | 1.65 | 1.04 | 2.16 | 1.62 | 0.57 | 1.09 | 0.96 | 1.4 | 1.27 | 1.69 | 1.61 | 1.85 | 2.29 | 2.9 | 2.63 | 3.11 | 3.63 | 3.72 |
| SMY04-02 | 3.14 | 2.12 | 1.53 | 0.95 | 1.19 | 1.9 | 3.11 | 1.86 | 1.23 | 1.67 | 1 | 0.54 | 0 | 0.63 | 1.25 | 1.95 | 1.35 | 2.08 | 2.04 | 1.42 | 2.54 | 2 | 0.94 | 1.45 | 0.73 | 1.25 | 0.78 | 1.21 | 1.12 | 1.36 | 1.81 | 2.41 | 2.14 | 2.63 | 3.23 | 3.23 |
| SMY04-03 | 3.48 | 2.46 | 1.87 | 1.29 | 1.21 | 1.45 | 2.66 | 2.2 | 1.57 | 2.29 | 1.63 | 1.02 | 0.63 | 0 | 0.81 | 1.5 | 0.73 | 1.46 | 2.66 | 2.05 | 3.16 | 2.62 | 1.55 | 2.06 | 1.15 | 1.61 | 0.88 | 1.16 | 0.77 | 0.96 | 1.38 | 1.92 | 1.71 | 2.14 | 2.74 | 2.74 |
| SMY05-01 | 4.05 | 3.02 | 2.44 | 1.84 | 1.16 | 1 | 1.86 | 2.83 | 2.2 | 2.91 | 2.26 | 1.65 | 1.25 | 0.81 | 0 | 0.7 | 0.48 | 0.95 | 3.29 | 2.68 | 3.79 | 3.25 | 2.19 | 2.7 | 1.8 | 2.24 | 1.48 | 1.78 | 1.14 | 0.94 | 0.97 | 1.41 | 1.24 | 1.47 | 1.99 | 2.12 |
| SMY05-02 | 4.74 | 3.71 | 3.13 | 2.53 | 1.85 | 0.75 | 1.16 | 3.52 | 2.89 | 3.61 | 2.95 | 2.34 | 1.95 | 1.5 | 0.7 | 0 | 1.18 | 0.62 | 3.99 | 3.37 | 4.49 | 3.94 | 2.87 | 3.38 | 2.47 | 2.91 | 2.16 | 2.46 | 1.81 | 1.6 | 1.17 | 0.77 | 1.43 | 0.77 | 1.29 | 1.42 |
| SMY05-03 | 4.2 | 3.18 | 2.59 | 2.01 | 1.38 | 1.48 | 2.21 | 2.92 | 2.29 | 2.98 | 2.35 | 1.74 | 1.35 | 0.73 | 0.48 | 1.18 | 0 | 1.01 | 3.02 | 2.31 | 3.44 | 2.85 | 1.78 | 2.29 | 1.38 | 1.82 | 1.07 | 1.37 | 0.72 | 0.51 | 0.65 | 1.26 | 0.99 | 1.48 | 2.08 | 2.08 |
| SMY05-04 | 4.94 | 3.92 | 3.33 | 2.75 | 2.1 | 1.37 | 1.44 | 3.66 | 3.03 | 3.72 | 3.09 | 2.48 | 2.08 | 1.46 | 0.95 | 0.62 | 1.01 | 0 | 3.75 | 3.04 | 4.18 | 3.58 | 2.51 | 3.02 | 2.12 | 2.55 | 1.8 | 2.1 | 1.46 | 1.24 | 0.79 | 0.5 | 1 | 0.72 | 1.32 | 1.32 |
| SMY06-01 | 2.23 | 1.53 | 1.57 | 2.07 | 2.86 | 3.94 | 4.95 | 0.86 | 1.27 | 0.44 | 1.09 | 1.65 | 2.04 | 2.66 | 3.29 | 3.99 | 3.02 | 3.75 | 0 | 0.74 | 0.57 | 1.27 | 1.25 | 1.73 | 1.65 | 2.07 | 2.01 | 2.4 | 2.34 | 2.95 | 3.39 | 4 | 3.47 | 4.22 | 4.82 | 4.81 |
| SMY06-02 | 2.78 | 1.84 | 1.24 | 1.49 | 2.25 | 3.32 | 4.23 | 1.31 | 0.94 | 1.09 | 0.62 | 1.04 | 1.42 | 2.05 | 2.68 | 3.37 | 2.31 | 3.04 | 0.74 | 0 | 1.15 | 1.06 | 0.52 | 1.02 | 0.92 | 1.35 | 1.29 | 1.67 | 1.61 | 2.23 | 2.68 | 3.28 | 2.75 | 3.5 | 4.1 | 4.1 |
| SMY06-03 | 2.74 | 2.04 | 2.07 | 2.57 | 3.37 | 4.44 | 5.35 | 1.36 | 1.77 | 0.95 | 1.6 | 2.16 | 2.54 | 3.16 | 3.79 | 4.49 | 3.44 | 4.18 | 0.57 | 1.15 | 0 | 0.84 | 1.66 | 1.38 | 2.06 | 1.85 | 2.42 | 2.31 | 2.74 | 3.37 | 3.53 | 4 | 3.45 | 4.62 | 5.19 | 4.91 |
| SMY06-04 | 3.32 | 2.39 | 2.05 | 2.07 | 2.83 | 3.9 | 4.75 | 1.85 | 1.74 | 1.64 | 1.53 | 1.62 | 2 | 2.62 | 3.25 | 3.94 | 2.85 | 3.58 | 1.27 | 1.06 | 0.84 | 0 | 1.07 | 0.69 | 1.46 | 1.16 | 1.83 | 1.61 | 2.14 | 2.77 | 2.93 | 3.4 | 2.85 | 4.02 | 4.59 | 4.31 |
| SMY07-01 | 3.19 | 2.23 | 1.58 | 1.46 | 1.77 | 2.84 | 3.71 | 1.8 | 1.28 | 1.59 | 0.97 | 0.57 | 0.94 | 1.55 | 2.19 | 2.87 | 1.78 | 2.51 | 1.25 | 0.52 | 1.66 | 1.07 | 0 | 0.52 | 0.4 | 0.84 | 0.76 | 1.15 | 1.09 | 1.71 | 2.15 | 2.76 | 2.23 | 2.98 | 3.58 | 3.57 |

续表

| OD | SMY 01-01 | SMY 01-02 | SMY 01-03 | SMY 01-04 | SMY 02-01 | SMY 02-02 | SMY 02-03 | SMY 03-01 | SMY 03-02 | SMY 03-03 | SMY 03-04 | SMY 04-01 | SMY 04-02 | SMY 04-03 | SMY 05-01 | SMY 05-02 | SMY 05-03 | SMY 05-04 | SMY 06-01 | SMY 06-02 | SMY 06-03 | SMY 06-04 | SMY 07-01 | SMY 07-02 | SMY 07-03 | SMY 07-04 | SMY 07-05 | SMY 07-06 | SMY 07-07 | SMY 08-01 | SMY 08-02 | SMY 08-03 | SMY 08-04 | SMY 09-01 | SMY 09-02 | SMY 09-03 |
|---|---|---|---|---|---|---|---|---|---|---|---|---|---|---|---|---|---|---|---|---|---|---|---|---|---|---|---|---|---|---|---|---|---|---|---|---|
| SMY07-02 | 3.71 | 2.75 | 2.1 | 1.97 | 2.28 | 3.35 | 4.15 | 2.31 | 1.8 | 2.1 | 1.48 | 1.09 | 1.45 | 2.06 | 2.7 | 3.38 | 2.29 | 3.03 | 1.73 | 1.02 | 1.38 | 0.69 | 0.52 | 0 | 0.91 | 0.47 | 1.27 | 0.93 | 1.55 | 2.21 | 2.34 | 2.8 | 2.26 | 3.43 | 4 | 3.72 |
| SMY07-03 | 3.59 | 2.59 | 1.98 | 1.42 | 1.66 | 2.47 | 3.31 | 2.2 | 1.68 | 1.98 | 1.36 | 0.96 | 0.73 | 1.15 | 1.8 | 2.47 | 1.38 | 2.12 | 1.65 | 0.92 | 2.06 | 1.46 | 0.4 | 0.91 | 0 | 0.73 | 0.37 | 0.76 | 0.69 | 1.31 | 1.75 | 2.36 | 1.83 | 2.58 | 3.18 | 3.18 |
| SMY07-04 | 4.03 | 3.04 | 2.42 | 1.86 | 2.1 | 2.93 | 3.68 | 2.64 | 2.12 | 2.42 | 1.8 | 1.4 | 1.25 | 1.61 | 2.26 | 2.93 | 1.84 | 2.58 | 2.07 | 1.35 | 1.85 | 1.16 | 0.84 | 0.47 | 0.73 | 0 | 0.81 | 0.45 | 1.07 | 1.74 | 1.87 | 2.33 | 1.78 | 2.96 | 3.53 | 3.25 |
| SMY07-05 | 3.91 | 2.9 | 2.3 | 1.73 | 1.96 | 2.21 | 3.05 | 2.55 | 2 | 2.33 | 1.71 | 1.27 | 0.78 | 0.9 | 1.54 | 2.22 | 1.13 | 1.86 | 2.01 | 1.29 | 2.42 | 1.83 | 0.76 | 1.27 | 0.37 | 0.81 | 0 | 0.46 | 0.34 | 1.05 | 1.5 | 2.02 | 1.48 | 2.32 | 2.92 | 2.92 |
| SMY07-06 | 4.34 | 3.33 | 2.73 | 2.16 | 2.23 | 2.47 | 3.23 | 2.95 | 2.43 | 2.73 | 2.12 | 1.69 | 1.21 | 1.16 | 1.81 | 2.48 | 1.39 | 2.12 | 2.4 | 1.67 | 2.31 | 1.61 | 1.15 | 0.93 | 0.76 | 0.45 | 0.46 | 0 | 0.62 | 1.29 | 1.41 | 1.88 | 1.33 | 2.51 | 3.07 | 2.79 |
| SMY07-07 | 4.21 | 3.19 | 2.6 | 2.02 | 1.8 | 2.05 | 2.89 | 2.89 | 2.3 | 2.67 | 2.05 | 1.61 | 1.12 | 0.74 | 1.38 | 2.05 | 0.96 | 1.7 | 2.34 | 1.62 | 2.75 | 2.16 | 1.09 | 1.57 | 0.7 | 1.1 | 0.34 | 0.64 | 0 | 0.89 | 1.34 | 1.7 | 1.21 | 2.16 | 2.76 | 2.65 |
| SMY08-01 | 4.43 | 3.42 | 2.83 | 2.24 | 1.62 | 1.87 | 2.44 | 3.13 | 2.52 | 2.91 | 2.29 | 1.85 | 1.36 | 0.96 | 0.94 | 1.6 | 0.51 | 1.24 | 2.95 | 2.23 | 3.37 | 2.77 | 1.71 | 2.18 | 1.31 | 1.71 | 0.99 | 1.25 | 0.65 | 0 | 0.62 | 1.46 | 0.8 | 1.71 | 2.31 | 2.26 |
| SMY08-02 | 4.86 | 3.84 | 3.25 | 2.67 | 2.01 | 1.46 | 1.98 | 3.57 | 2.95 | 3.35 | 2.71 | 2.29 | 1.81 | 1.38 | 0.97 | 1.17 | 0.65 | 0.79 | 3.39 | 2.68 | 3.5 | 2.9 | 2.15 | 2.31 | 1.75 | 1.83 | 1.44 | 1.38 | 1.09 | 0.62 | 0 | 1 | 0.34 | 1.25 | 1.85 | 1.8 |
| SMY08-03 | 5.4 | 4.38 | 3.79 | 3.21 | 2.56 | 1.52 | 1.35 | 4.12 | 3.49 | 3.96 | 3.34 | 2.9 | 2.41 | 1.92 | 1.41 | 0.77 | 1.26 | 0.5 | 3.95 | 3.23 | 3.93 | 3.33 | 2.71 | 2.73 | 2.31 | 2.26 | 1.98 | 1.81 | 1.7 | 1.46 | 1 | 0 | 0.66 | 0.63 | 1.2 | 0.95 |
| SMY08-04 | 5.19 | 4.17 | 3.58 | 3 | 2.37 | 1.74 | 2.01 | 3.91 | 3.28 | 3.69 | 3.07 | 2.63 | 2.14 | 1.71 | 1.24 | 1.43 | 0.99 | 1 | 3.44 | 2.72 | 3.41 | 2.82 | 2.19 | 2.22 | 1.8 | 1.75 | 1.47 | 1.3 | 1.33 | 0.8 | 0.34 | 0.66 | 0 | 1.29 | 1.86 | 1.61 |
| SMY09-01 | 5.51 | 4.47 | 3.9 | 3.3 | 2.62 | 1.52 | 0.76 | 4.29 | 3.66 | 4.18 | 3.56 | 3.11 | 2.63 | 2.14 | 1.47 | 0.77 | 1.48 | 0.72 | 4.22 | 3.5 | 4.56 | 3.96 | 2.98 | 3.36 | 2.58 | 2.89 | 2.26 | 2.44 | 1.92 | 1.71 | 1.25 | 0.63 | 1.29 | 0 | 0.66 | 0.65 |
| SMY09-02 | 6.02 | 4.99 | 4.41 | 3.82 | 3.14 | 2.04 | 0.63 | 4.81 | 4.18 | 4.78 | 4.16 | 3.63 | 3.23 | 2.74 | 1.99 | 1.29 | 2.08 | 1.32 | 4.82 | 4.1 | 5.13 | 4.53 | 3.58 | 3.93 | 3.18 | 3.46 | 2.86 | 3.01 | 2.52 | 2.31 | 1.85 | 1.2 | 1.86 | 0.66 | 0 | 0.8 |
| SMY09-03 | 6.16 | 5.13 | 4.55 | 3.96 | 3.27 | 2.17 | 1.19 | 4.94 | 4.3 | 4.78 | 4.16 | 3.72 | 3.23 | 2.74 | 2.12 | 1.42 | 2.08 | 1.32 | 4.81 | 4.1 | 4.88 | 4.28 | 3.57 | 3.68 | 3.18 | 3.21 | 2.86 | 2.76 | 2.52 | 2.26 | 1.8 | 0.95 | 1.61 | 0.65 | 0.8 | 0 |

附表 16　规划道路技术指标一览表

| 路名 | 道路等级 | 规划红线控制宽度/m | 备注 | 路名 | 道路等级 | 规划红线控制宽度/m | 备注 |
|---|---|---|---|---|---|---|---|
| 金陵东路 | 主干道 | 40 | 改造 | 机务路 | 支路 | 15 | 规划 |
| 北环路 | 支路 | 18 | 规划 | 水厂路 | 次干道 | 24(20) | 改造 |
| 顺安路 | 支路 | 9 | 规划 | 锦苑路 | 支路 | 15 | 规划 |
| 忠诚路 | 支路 | 9 | 规划 | 铁苑路 | 支路 | 15 | 规划 |
| 便民路 | 支路 | 9 | 规划 | 团结路 | 支路 | 20 | 现状 |
| 小堡路 | 支路 | 9 | 规划 | 油饲路 | 支路 | 20 | 现状 |
| 安民路 | 支路 | 9 | 规划 | 铁塔路 | 次干道 | 24(20) | 现状 |
| 大成路 | 支路 | 9 | 规划 | 花园路 | 次干道 | 24 | 现状 |
| 十里铺路 | 支路 | 12 | 规划 | 陈仓大道 | 主干道 | 61 | 现状 |
| 李家崖路 | 支路 | 9 | 规划 | 行政大道 | 主干道 | 30 | 现状 |
| 福鑫路 | 支路 | 9 | 规划 | 蟠龙路 | 主干道 | 50(40、28) | 现状 |
| 供电路 | 支路 | 9 | 规划 | 东风路 | 主干道 | 50 | 现状 |
| 宝十路 | 次干道 | 25 | 现状 | 大庆路 | 主干道 | 61 | 现状 |
| 工新路 | 支路 | 12 | 规划 | 烟厂路 | 主干道 | 50 | 改造 |
| 望北路 | 支路 | 9 | 规划 | 第五大道 | 支路 | 18 | 现状 |
| 致远路 | 支路 | 9 | 规划 | 广场路 | 支路 | 20 | 改造 |
| 棉厂路 | 支路 | 9 | 规划 | 石油南路 | 支路 | 15 | 规划 |
| 宏文路 | 主干道 | 30(15)<br>(南北向 42(25)) | 改造 | 陈仓园路 | 支路 | 20 | 现状 |

续表

| 路名 | 道路等级 | 规划红线控制宽度/m | 备注 | 路名 | 道路等级 | 规划红线控制宽度/m | 备注 |
|---|---|---|---|---|---|---|---|
| 石油路 | 次干道 | 24 | 规划 | 邮政路 | 支路 | 15 | 规划 |
| 宝铁路 | 次干道 | 24 | 规划 | 竹园路 | 支路 | 15 | 规划 |
| 跃进西路 | 支路 | 18 | 规划 | 联盟东路 | 支路 | 15 | 规划 |
| 跃进路 | 次干道 | 30(20) | 改造 | 黄家大道 | 支路 | 20 | 现状 |
| 跃进东路 | 支路 | 18 | 规划 | 冠森西路 | 支路 | 15 | 规划 |
| 联盟西路 | 支路 | 18 | 规划 | 轩苑路 | 支路 | 15 | 规划 |
| 联盟路 | 次干道 | 25 | 改造 | 冠森东路 | 支路 | 15 | 规划 |
| 同盟路 | 支路 | 15 | 改造 | 东岭路 | 次干道 | 30 | 现状 |
| 冠森路 | 次干道 | 25 | 改造 | 四方路 | 支路 | 13 | 规划 |
| 中粮路 | 支路 | 18 | 规划 | 滨河北路 | 支路 | 20 | 改造 |
| 粮仓路 | 支路 | 18 | 规划 | 荣军路 | 支路 | 20 | 规划 |
| 吉祥路 | 支路 | 20 | 规划 | 泰森路 | 支路 | 20 | 规划 |
| 如意路 | 支路 | 18 | 规划 | 锦绣东路 | 支路 | 18 | 现状 |
| 陈仓路 | 次干道 | 24 | 改造 | 金台大道 | 主干道 | 50 | 现状 |
| 工农路 | 支路 | 20 | 规划 | 代家湾路 | 支路 | 20 | 规划 |
| 陈仓东路 | 支路 | 15 | 规划 | 新秦路 | 支路 | 15 | 规划 |

来源：宝鸡市上马营片区控规。

附表 17　规划道路的通行能力与宏观供给量一览表

| 道路名称 | 道路等级 | 长度/km | 通行能力/(pcu/h) | 宏观供给量/(pcu·km/h) | 道路名称 | 道路等级 | 长度/km | 通行能力/(pcu/h) | 宏观供给量/(pcu·km/h) |
|---|---|---|---|---|---|---|---|---|---|
| 安民路 | 支路 | 0.23 | 588 | 135 | 经二路 | 主干路 | 1.07 | 1339 | 1433 |
| 宝十路 | 次干路 | 7.53 | 1174 | 8840 | 李家崖路 | 支路 | 0.24 | 588 | 141 |
| 宝铁路 | 次干路 | 3.20 | 1174 | 3757 | 联盟东路 | 支路 | 0.91 | 588 | 535 |
| 北环路 | 支路 | 9.85 | 588 | 5792 | 联盟路 | 次干路 | 3.35 | 1174 | 3933 |
| 便民路 | 支路 | 2.00 | 588 | 1176 | 联盟路桥头辅道 | 次干路辅道 | 0.60 | 939 | 563 |
| 滨河北路 | 支路 | 4.41 | 588 | 2593 | 联盟西路 | 支路 | 0.82 | 588 | 482 |
| 滨河东路 | 支路 | 4.09 | 588 | 2405 | 粮仓路 | 支路 | 0.40 | 588 | 235 |
| 陈仓大道 | 主干路 | 1.27 | 1339 | 1701 | 棉厂路 | 支路 | 0.69 | 588 | 406 |
| 陈仓东路 | 支路 | 0.80 | 588 | 470 | 蟠龙路 | 主干路 | 2.39 | 1339 | 3200 |
| 陈仓路 | 次干路 | 0.79 | 1174 | 927 | 荣军路 | 支路 | 0.71 | 588 | 417 |
| 陈仓园路 | 支路 | 1.51 | 588 | 888 | 如意路 | 支路 | 1.46 | 588 | 858 |
| 大成路 | 支路 | 0.20 | 588 | 118 | 十里铺路 | 支路 | 1.61 | 588 | 947 |
| 大庆路 | 主干路 | 2.76 | 1339 | 3696 | 石油东路 | 支路 | 0.33 | 588 | 194 |
| 代家湾路 | 支路 | 0.92 | 588 | 541 | 石油路 | 次干路 | 2.34 | 1174 | 2747 |
| 第五大道 | 支路 | 2.29 | 588 | 1347 | 石油南路 | 支路 | 1.57 | 588 | 923 |
| 第五大道北路 | 支路 | 0.39 | 588 | 229 | 水厂路 | 次干路 | 1.51 | 1174 | 1773 |
| 东风路 | 主干路 | 4.28 | 1339 | 5731 | 顺安路 | 支路 | 1.27 | 588 | 747 |
| 东岭路 | 次干路 | 1.29 | 1174 | 1514 | 四方路 | 支路 | 0.34 | 588 | 200 |
| 斗中路高架辅道 | 主干路辅道 | 3.77 | 2828 | 10662 | 泰森路 | 支路 | 0.48 | 588 | 282 |
| 福鑫路 | 支路 | 0.21 | 588 | 123 | 铁塔路 | 次干路 | 3.79 | 1174 | 4449 |

续表

| 道路名称 | 道路等级 | 长度/km | 通行能力/(pcu/h) | 宏观供给量/(pcu·km/h) | 道路名称 | 道路等级 | 长度/km | 通行能力/(pcu/h) | 宏观供给量/(pcu·km/h) |
|---|---|---|---|---|---|---|---|---|---|
| 工农路 | 支路 | 2.29 | 588 | 1347 | 铁塔路 | 次干路 | 0.64 | 1174 | 751 |
| 工新路 | 支路 | 1.69 | 588 | 994 | 同盟路 | 支路 | 1.88 | 588 | 1105 |
| 冠森东路 | 支路 | 0.46 | 588 | 270 | 团结路 | 支路 | 1.31 | 588 | 770 |
| 冠森路 | 次干路 | 2.62 | 1174 | 3076 | 望北路 | 支路 | 0.44 | 588 | 259 |
| 冠森西路 | 支路 | 0.40 | 588 | 235 | 小堡路 | 支路 | 0.27 | 588 | 159 |
| 广场路 | 支路 | 1.78 | 588 | 1047 | 新秦路 | 支路 | 0.35 | 588 | 206 |
| 规划二路 | 支路 | 3.08 | 588 | 1811 | 轩苑路 | 支路 | 0.57 | 588 | 335 |
| 规划三路 | 支路 | 0.34 | 588 | 200 | 烟厂路 | 主干路 | 1.69 | 1339 | 2263 |
| 规划一路 | 支路 | 0.54 | 588 | 318 | 邮政路 | 支路 | 0.65 | 588 | 382 |
| 行政大道 | 主干路 | 1.29 | 1339 | 1727 | 油厂路 | 支路 | 0.68 | 588 | 400 |
| 宏文路 | 主干路 | 10.17 | 1339 | 13618 | 油饲路 | 支路 | 1.92 | 588 | 1129 |
| 花园路 | 次干路 | 1.40 | 1174 | 1644 | 油饲路<br>桥头辅道 | 次干路<br>辅道 | 0.62 | 939 | 582 |
| 黄家大道 | 支路 | 0.81 | 588 | 476 | 跃进东路 | 支路 | 0.76 | 588 | 447 |
| 货场路 | 次干路 | 1.33 | 1174 | 1561 | 跃进路 | 次干路 | 3.09 | 1174 | 3628 |
| 机务路 | 支路 | 0.35 | 588 | 206 | 跃进西路 | 支路 | 0.85 | 588 | 500 |
| 吉祥路 | 支路 | 1.41 | 588 | 829 | 致远路 | 支路 | 0.41 | 588 | 241 |
| 金陵东路 | 主干路 | 3.62 | 1339 | 4847 | 中粮路 | 支路 | 0.29 | 588 | 171 |
| 金台大道 | 主干路 | 4.33 | 1339 | 5798 | 忠诚路 | 支路 | 0.26 | 588 | 153 |
| 金渭路 | 主干路 | 0.66 | 1339 | 884 | 竹园路 | 支路 | 0.65 | 588 | 382 |
| 锦绣东路 | 支路 | 0.61 | 588 | 359 | 合计 | — | 134.61 | — | 132472 |
| 锦苑路 | 支路 | 0.43 | 588 | 253 | | | | | |

**附表 18 道路最优扩容方案表**

| 道路名称 | 道路等级 | 单车道通行能力(pcu/h) | 规划道路通行能力(pcu/h) | 最优扩容道路通行能力(pcu/h) | 道路名称 | 道路等级 | 单车道通行能力(pcu/h) | 规划道路通行能力(pcu/h) | 最优扩容道路通行能力(pcu/h) |
|---|---|---|---|---|---|---|---|---|---|
| 宝十路 | 次干路 | 635 | 635 1 1 | 4445 7 4 | 花园路 | 次干路 | 587 | 1174 2 1 | 1761 3 2 |
| 宝铁路 | 次干路 | 587 | 1174 2 1 | 4696 8 4 | 吉祥路 | 支路 | 544 | 1087 2 1 | 1630 3 1 |
| 北环路 | 支路 | 544 | 1087 2 1 | 1630 3 1 | 金陵东路 | 主干路 | 579 | 2316 4 2 | 2895 5 3 |
| 滨河北路 | 支路 | 544 | 1087 2 1 | 2173 4 2 | 金台大道 | 主干路 | 772 | 2316 3 2 | 6948 9 5 |
| 滨河东路 | 支路 | 544 | 1087 2 1 | 1630 3 1 | 联盟东路 | 支路 | 588 | 588 1 1 | 1176 2 1 |
| 陈仓大道 | 主干路 | 941 | 1882 2 1 | 3764 4 2 | 联盟路 | 次干路 | 587 | 1174 2 1 | 1761 3 2 |
| 陈仓路 | 次干路 | 587 | 1174 2 1 | 2348 4 2 | 如意路 | 支路 | 588 | 588 1 1 | 2352 4 2 |
| 陈仓园路 | 支路 | 588 | 588 1 1 | 1764 3 2 | 铁塔路 | 次干路 | 587 | 1174 2 1 | 1761 3 2 |
| 陈仓中路 | 主干路 | 579 | 2316 4 2 | 2895 5 3 | 铁苑路 | 支路 | 588 | 588 1 1 | 1176 2 1 |
| 大庆路 | 主干路 | 941 | 1882 2 1 | 4705 5 3 | 同盟路 | 支路 | 588 | 588 1 1 | 1176 2 1 |
| 第五大道 | 支路 | 588 | 588 1 1 | 1764 3 2 | 渭河人防隧道 | 主干路 | 670 | 1339 2 1 | 2008 3 1 |
| 东风路 | 主干路 | 772 | 2316 3 2 | 6176 8 4 | 行政大道 | 次干路 | 587 | 1174 2 1 | 1761 3 2 |
| 东岭路 | 次干路 | 587 | 1174 2 1 | 1761 3 2 | 油厂路 | 支路 | 588 | 588 1 1 | 1176 2 1 |
| 斗中路 | 主干路 | 772 | 2316 3 2 | 6948 9 5 | 中粮路 | 支路 | 588 | 588 1 1 | 2352 4 2 |
| 冠森路 | 次干路 | 587 | 1174 2 1 | 3522 6 3 | 蟠龙路 | 主干路 | 471 | 1882 4 2 | 4702 10 5 |
| 宏文路 | 主干路 | 670 | 1339 2 1 | 2677 4 2 | 蟠龙路盘道 | 主干路环道 | 824 | 2472 3 2 | 6592 8 4 |

# 参考文献


[1] 杨涛,陈建凯,於昊. 城市中心区交通容量研究[J]. 城市交通,2003,1(1):13-18.

[2] 刘志硕,申金升,张智文,等. 基于交通环境承载力的城市交通容量[J]. 中国公路学报,2004,17(1):70-73.

[3] 王春生,刘威. 路网交通容量计算理论的应用[J]. 沈阳建筑工程学院学报,1998,10(4):347-350.

[4] 张晓东. 城市交通与土地使用协调规划机制[J]. 城市交通,2013,11(5):2-3.

[5] 许炎,黄富民. 交通容量约束下的土地利用规划模式初探[J]. 城市发展研究,2010,17(1):96-101.

[6] 段亚琼. 控规全覆盖下的交通规划内容与技术方法初探:以关中中小城市为例[D]. 西安:长安大学,2014.

[7] 毛蒋兴,闫小培. 国外城市交通系统与土地利用互动关系研究[J]. 城市规划,2004,28(7):64-69.

[8] PUSHKAREV B S, ZUPAN J M. Public transportation and land use policy[M]. Bloomington: Indian University Press, 1977.

[9] HANSSEN J U. Transportation impacts of office relocation: a case study from Oslo [J]. Journal of Transport Geography, 1995,3(4):247-256.

[10] STEAD D. Relationships between land use, socioeconomic factors, and travel patterns in Britain[J]. Environment and Planning B: Planning and Design, 2001,28(4):499-528.

[11] 彭唬,陆化普,王继峰. 城市空间形态对交通生成影响分析[J]. 武汉理工大学学报(交通科学与工程版),2008,32(6):975-978.

[12] 郑洁,陆化普. 城市土地利用对交通需求特性影响研究[J]. 中南公路工程,2007,32(2):175-179.

[13] 杨敏,陈学武,王炜,等. 基于人口和土地利用的城市新区交通生成预测模型[J]. 东南大学学报(自然科学版),2005,35(5):815-819.

[14] 胡冬. 基于职住平衡的控规交通承载力分析[C]//中国城市规划学会. 城市时代,协同规划:2013 中国城市规划年会论文集. 北京:中国城市规划学会,2013.

[15] 石飞，江薇，王炜，等. 基于土地利用形态的交通生成预测理论方法研究[J]. 土木工程学报，2005，38(3)：115－124.

[16] 许旺土，宋瑞，林建新，等. 基于用地性质的交通需求遗传算法模型研究[J]. 交通科技，2007(1)：77－80.

[17] 陈月明，成卫，董玉佩. 中小城市交通生成量预测模型研究[J]. 昆明理工大学学报（理工版），2007，32(5)：78－81.

[18] SCHAEFFER K H，SCLAR E. Access for all：transportation and urban growth [M]. Baltimore：Columbia University Press，1975.

[19] KNIGHT R L，TRYGG L L. Land-use impacts of rapid transit systems：implications of recent experience[R]. Final Report Prepared for the US Department of Transportation，1977.

[20] 张鹏程，刘灿齐. 基于路网容量的土地利用强度分析[J]. 交通科技与经济，2010(2)：27－29.

[21] 吴炼，王婧，李锁平，等. 基于路网承载力分析的用地布局研究[J]. 城市交通，2013(5)：34－46.

[22] 宋程. 基于交通系统剩余容量分析的中心城区土地开发强度研究[J]. 交通信息与安全，2012，30(6)：131－135.

[23] 翁芳玲. 基于 TransCAD 的城市规划方法探讨[C]//2009 年全国博士生学术会议暨科技进步与社会发展跨学科学术研讨会论文集. 北京：国务院学位办，2009.

[24] 王献香. 交通条件约束下的土地开发强度研究：以上海徐汇区为例[J]. 交通与运输，2008(12)：7－10.

[25] 姜洋，苏振宇，何东全. 基于交通承载力的城市新区开发平均容积率的确定[C]//中国城市规划学会. 多元与包容：2012 中国城市规划年会论文集. 昆明：云南科技出版社，2012.

[26] 逄莹，宋强，谭迎辉，等. 交通承载力在确定土地适宜开发强度中的实践：以乌鲁木齐市新市区、高新区部分片区控规为例[C]//中国城市规划学会. 多元与包容：2012 中国城市规划年会论文集. 昆明：云南科技出版社，2012.

[27] 陈沧杰，游涛，姜劲松. 转型背景下工业型新区控规编制的创新：以《苏州高新区狮山片控制性详细规划》为例[J]. 规划师，2010(3)：93－96.

[28] 郑璐. 城市单元控规土地利用与交通协调关系研究[D]. 北京：北京交通大学，2011.

[29] 鹿勤，张娟. 北京新城控规综合承载力研究[J]. 北京规划建设专刊，2009(S1)：188－192.

[30] 段进宇，梁伟. 控规层面的交通需求管理[J]. 城市规划学刊，2007(1)：

82-86.
[31] 郑猛,张晓东.依据交通承载力确定土地适宜开发强度:以北京中心城控制性详细规划为例[J].城市交通,2008,6(5):15-18.
[32] 陈翔.轨道交通对控规阶段土地使用强度影响研究[D].西安:长安大学,2014.
[33] 徐芳.关中中小城市控规土地使用强度区划初探:以蒲城县城中心城区为例[D].西安:长安大学,2011.
[34] 侯德劭.城市交通承载力研究[D].上海:同济大学,2008.
[35] 张梦心.特大城市交通基础设施承载力研究:以北京市为例[D].北京:首都经济贸易大学,2014.
[36] 聂华林,赵超.区域空间结构概论[M].北京:中国社会科学出版社,2008.
[37] 阿朗索.区位和土地利用:地租的一般理论[M].梁进社,等译.北京:商务印书馆,2007.
[38] 夏丽萍.上海市中心城开发强度分区研究[J].城市规划学刊,2008(z1):268-271.
[39] 周炳中,包浩生,彭补拙.长江三角洲地区土地资源开发强度评价研究[J].地理科学,2000,20(3):218-223.
[40] 尧德明,玉福胡,张富刚,等.海南省土地开发强度评价研究[J].河北农业科学,2008,12(1):86-87,90.
[41] 唐子来,付磊.城市密度分区研究:以深圳经济特区为例[J].城市规划汇刊,2003(4):1-9.
[42] 周丽亚,邹兵.探讨多层次控制城市密度的技术方法:以深圳经济特区密度分区研究的主要思路[J].城市规划,2004,28(12):28-32.
[43] 刘根发,王森,王全.基于GIS的开发强度模型研究:以上海市中心城为例[J].城市规划学刊,2008(z1):272-275.
[44] 罗健强.商用土地开发的交通影响分析研究[D].成都:西南交通大学,2004.
[45] 王艳丽,李林波,易军伟,等.基于交通需求的城市用地分类方法[J].重庆交通大学学报(自然科学版),2013,32(5):995-1001.
[46] 何强为.容积率的内涵及其指标体系[J].城市规划,1996(1):25-27.
[47] 咸宝林.城市规划中容积率的确定方法研究[D].西安:西安建筑科技大学,2007.
[48] 彭杰战.长沙市城市住区开发容积率管理研究[D].长沙:国防科学技术大学,2009.
[49] 蔡震.分层控制:从分区到控规一体化控制框架[C]//中国城市规划学会.规划50年:2006中国城市规划年会论文集.北京:中国建筑工业出版社,2006.

[50] 汤海孺.从地块控制走向分层控制:有关控规改革的思考[C]//中国城市规划学会.城市规划和科学发展:2009 中国城市规划年会论文集.天津:天津科学技术出版社,2009.

[51] 任凯.控制性详细规划中的规划单元和分层控制方法[C]//中国城市规划学会.规划创新:2010 中国城市规划年会论文集.重庆:重庆出版社,2010.

[52] 韦冬,程蓉.控制性详细规划编制的分层及其他构架性建议[J].城市规划,2009,33(1):45－50.

[53] 咸宝宁,陈晓建.合理容积率确定方法探讨[J].规划师,2008,24(11):60－65.

[54] 段兆广.控制性详细规划中容积率的合理确定:以昆山老城改造为例[C]//中国城市规划学会.城市规划和科学发展:2009 中国城市规划年会论文集.天津:天津科学技术出版社,2009.

[55] 黄明华,黄汝钦.控制性详细规划中容积率"值域化"初探[C]//中国城市规划学会.规划与创新:2010 城市规划年会论文集.重庆:重庆出版社,2010.

[56] 刘慧军,沈权,陈蓉.城市规划管理中容积率分层确定机制探讨[J].规划师,2013,29(7):74－78.

[57] 孙峰.从技术理性到政策属性:规划管理中容积率控制对策研究[J].城市规划,2009,33(11):32－38.

[58] 丁亮,屈雯.自组织视角下的土地开发强度探讨:以平凉市城区控制性详细规划为例[J].规划师,2011,27(12):12－23.

[59] 陈春妹,任福田,荣建.路网容量研究综述[J].公路交通科技,2002,6,19(3):97－101.

[60] 陈春妹.路网容量研究[D].北京:北京工业大学,2002.

[61] 杨涛,徐吉谦.时空消耗概念下的道路网总体容量研究[C]//中国土木工程学会第五届年会暨第二次全国城市桥梁学术会议论文集.天津:天津大学出版社,1990:420－425,432.

[62] 杨涛.城市交通网络总体性能评价与建模[D].南京:东南大学,1995.

[63] 马健霄.城市局域交通网络容量研究[D].南京:南京林业大学,2007.

[64] 周楠森.城市交通规划[M].北京:机械工业出版社,2011.

[65] 李江.交通工程学[M].北京:人民交通出版社,2002.

[66] 刘韵.路网容量理论与算法研究[D].北京:北京工业大学,2002.

[67] 刘锐.城市公共交通网络容量研究[D].西安:长安大学,2004.

[68] 汪应洛.系统工程理论、方法与应用[M].北京:高等教育出版社,1998.

[69] IIDA Y. Studies on methodology for maximum capacity of road network[J]. Proceedings of Japan Society of Civil Engineers,1972(205):121－129.

[70] ASAKURA Y,KASHIWADANI M. Estimation model of maximum road

network capacity with parking constraints and its application [J]. Infrastructure Planning Review,1993,11:129 - 136.

[71] AKAMATSU T, MIYAWAKI O. Maximum network capacity problem under the transportation equilibrium assignment [J]. Infrastructure Planning Review,1995,12:719 - 729.

[72] BUCHANAN C. Traffic in the town:a study of the long term problems of traffic in urban areas. Report of the Steering Group and Working Group Appointed by the Minister of Transport[R]. London:Her Majesty's Stationery Office, 1963.

[73] SMEED R I. Road capacity of city centers [J]. Traffic Engineering and Control,1996(8):455 - 458.

[74] 饭田恭敬. 交通工程学[M]. 邵春福,等译. 北京:人民出版社,1993:255 - 275.

[75] 马尚. 一个广义概念:城市的时间和空间消耗[G]//天津市交通综合研究组. 城市交通研究参考资料(第一集). 1986.

[76] 王振报,曲番,陈艳艳. 微观环境交通容量分析[J]. 交通运输系统工程与信息,2005,5(4):53 - 56.

[77] 冷军强,张亚平,赵莹萍,等. 基于路段服务水平约束的路网容量可靠性分析[J]. 交通运输系统工程与信息,2009,9(5):148 - 152.

[78] 谢辉,于晓华,晏克非. 城市复合交通系统容量超级网络评估方法[J]. 同济大学学报(自然科学版),2011,39(12):1789 - 1794.

[79] 周溪召. 动态多用户网络承载模型[J]. 重庆交通学院学报,2003,22(1):73 - 75.

[80] 杨晓萍,杨国志. 基于网络最大流的城市道路网容量计算[J]. 上海公路,2005(2):54 - 57.

[81] 程琳,王炜,于春青,等. 城市道路交通网络容量的建模[J]. 管理工程学报,2007,21(2):84 - 87.

[82] 况爱武,欧阳媛,李炳林. 路段容量随机下降路网的行程时间可靠性[J]. 长沙交通学院学报,2007,23(3):15 - 19.

[83] SUN X D, WILMOT C G, KASTURI T. Household travel, household characteristics, and land use: an empirical study from the 1994 Portland activity-based travel survey[J]. Transportation Research Record:Journal of the Transportation Research Board, 1998,1617(1): 10 - 17.

[84] AGYEMANG-DUAH K, FRED L H. Spatial transferability of an ordered response model of trip generation[J]. Transportation Research Part A: Policy and Practice,1997,31(5):389 - 402.

[85] SCHULTZ G W, ALLEN W G. Improved modeling of non-home-base trips[J]. Transportation Research Record: Journal of the Transportation Research Board,

1996,1556(1): 22-26.

[86] YAM R C M, WHITTIELD R C, CHUNG R W F. Forecasting traffic generation in public housing estimates[J]. Journal of Transportation Engineering, 2000, 7: 358-361.

[87] BOWMAN J L, BEN-AKIVA M E. Activity-based disaggregate travel demand model system with activity schedules[J]. Transportation Research Part A:Policy and Practice,2001,35(1):1-28.

[88] TOBIN R L, FRIESZ T L. Sensitivity Analysis for Equilibrium Network Flow[J]. Transportation Science,1988, 22(4):100-105.

[89] ABDULAAL M S, LEBLANCE L J. Continuous equilibrium network design models[J]. Transportation Research Part B:Methodological,1979,13(1):19-32.

[90] SHEFFI Y. Urban transportation networks: equilibrium analysis with mathematical programming methods [M]. Englewood Cliffs: Prentice-Hall, Inc. , 1985.

[91] ORTUZAR J DE D, WILLUMSEN L G. Modeling transport[M]. 2nd ed. Chichester:Wiley,1995: 187-207.

[92] VOSHVA P. Application of cross-nested logit model to mode choice in Tel Aviv, Israel, metropolitan area[J]. Transportation Research Record:Journal of the Transportation Research, 1997, 1607: 6-15.

[93] 迈耶,米勒. 城市交通规划[M]. 杨孝宽,译. 北京:中国建筑工业出版社,2008.

[94] MEYER M D, MALER E J. Urban transportation planning[M]. London: Hutchinson, 1995: 5-30.

[95] FLORIAN M, NGUYEN S,FERLAND J. On the combined distribution assignment of traffic[J]. Transportation Science,1975(9): 43-53.

[96] FLORIAN M. A traffic equilibrium model of travel by car and public transit modes[J]. Transportation Science, 1977(11): 166-179.

[97] FLORIAN M, WU J H, HE S G. A multi-class multi-mode variable demand network equilibrium model with hierarchical logit structures[M]// GENDREAU M, MARCOTTE P. Transportation and network analysis: current trends. Kluwer Academic Publishers,2002.

[98] AASHTIANI H Z. The Multi-modal traffic assignment problem[D]. Cambridge: Alfred P. Sloan School of Management, MIT, 1979.

[99] AASHTIANI H Z, MAGNANTI T L. Equilibria on a congested transportation

network. SIAM Journal of Algebraic and Discrete Methods, 1981, 2(3): 213-226.

[100] DE CEA J, FERNANDEZ J E, DEKOCK V, et al. Solving network equilibrium problems on multimodal urban transportation networks with multiple user classes[J]. Transport Reviews, 2005, 25 (3): 293-317.

[101] 刘拥华. 城市道路网机动车通行容量模型的改进及应用[J]. 昆明理工大学学报,2006,31(6):79-82.

[102] 丁卫东,柳祖鹏,刘明. 城市公交专用车道系统规划与设置研究[J]. 交通科技,2004(4):96-98.

[103] 陈峻. 城市停车设施规划方法研究[D]. 南京:东南大学,2000.

[104] 张伟. 城市路外公共停车设施选址研究[D]. 长沙:长沙理工大学,2004.

[105] 杨励雅. 城市交通与土地利用相互关系的基础理论与方法研究[D]. 北京:北京交通大学,2007.

[106] 许学强,周一星,宁越敏. 城市地理学[M]. 北京:高等教育出版社,1997.

[107] CARTER H. The study of Urban Geography[M]. 4th ed. London: A Hodder Arnold Publication,1995.

[108] 徐永健,阎小培. 西方国家城市交通与土地利用关系研究[J]. 城市规划,1999,23(11):38-42.

[109] 汤姆逊. 城市布局与交通规划[M]. 倪文彦,陶吴馨,译. 北京:中国建筑工业出版社,1982.

[110] 周素红,杨利军. 城市开发强度影响下的城市交通[J]. 城市规划学刊,2005(2):75-80.

[111] WRIGHT F L. Broadacre city: a new community plan[J]. Architectural Record,1935(77):243-254.

[112] 陈友华,赵民主. 城市规划概论[M]. 上海:上海科学技术文献出版社,2000:77.

[113] 萨夫迪. 后汽车时代的城市[M]. 吴越,译. 北京:人民文学出版社,2001.

[114] 赵童. 国外城市土地利用-交通系统一体化模型[J]. 经济地理,2000,20(6):79-83.

[115] 张冠兰. 城市土地利用与城市交通协调发展评价研究[D]. 天津:天津大学,2011.

[116] MEYER M D. Demand management as an element of transportation policy: using carrots and sticks to influence travel behavior[J]. Transportation Research Part A: Policy and Practice 1999,33(7-8):575-599.

[117] CHIN A. Land use planning and transportation integration: the experience

of Singapore. www. world bank. com.
[118] 张晓东,张宇,郑猛,等. 城市土地使用与交通协同规划编制方法研究[C]//中国城市规划学会. 城市时代,协同规划:2013 中国城市规划年会论文集. 北京:中国城市规划学会,2013.
[119] 赵童,谢蜀劲,等. 国外的城市土地使用与交通一体化研究[J]. 城市轨道交通研究,2003(6):45 - 50.
[120] 许俭俭,赵晶心. 控制性详细规划层面交通规划定位的探讨[J]. 上海城市规划,2012(2):29 - 33.
[121] 张建军. 交通供需非均衡程度测定方法研究[D]. 长沙:长沙理工大学,2008.
[122] 李德华. 城市规划原理[M]. 3 版. 北京:中国建筑工业出版社,2001.
[123] 马武定. 城市规划本质的回归[J]. 城市规划学刊,2005(1):16 - 20.
[124] 饶及人. 城市规划的本质与目的[J]. 建筑知识,2007(3):12 - 13.
[125] 万茂. 规划的本质与土地利用规划多维思考[J]. 中国土地科学,2002,16(1):4 - 6.
[126] 田莉. 城市规划的价值导向:效率与公平消长中的困惑[C]//中国城市规划学会. 规划 50 年:2006 中国城市规划年会论文集. 北京:中国建筑工业出版社,2006:323 - 326.
[127] 罗安,顾炜丹. 城市交通改善规划探讨[J]. 重庆工商大学学报(自然科版),2006,23(5):516 - 520.
[128] 卢毅,李华中,彭伟. 交通发展规划向公共政策转变的趋势[J]. 综合运输,2010(4):21 - 26.
[129] 张缨. 我国交通规划研究展望[J]. 交通规划,2008(3):53 - 57.
[130] 关于城市交通规划定位的思考[J]. 城市交通,2006,4(4):80 - 81.
[131] 刘为民. 试论交通的本质及其一般发展规律[J]. 北京交通管理干部学院学报,2005,5(2):7 - 11.
[132] 宫远山. 城市总体规划与城市交通规划"一体化"编制研究[D]. 西安:长安大学,2004.
[133] 刘卫东. 控规全覆盖区域"后规划"的思考:基于温州现实的反思[C]//中国城市规划学会. 城市时代,协同规划:2013 中国城市规划年会论文集. 北京:中国城市规划学会,2013.
[134] 黄明华. 由控规全覆盖引起的思考[J]. 城市规划学刊,2009(6):28 - 34.
[135] 胡小静,申国梁. 合理划分"规划单元"的要素构成及其应用:以洛阳为例[J]. 城乡建设,2010(7):40 - 41.
[136] 北京市规划局. 新城控制性详细规划(街区层面)编制技术要点[Z]. 2005.
[137] 杨涛,杨明,凌小静,等. 基于差别化策略与规划的城市交通分区方法研究

[C]//杨涛.和谐交通:都市交通发展新战略新任务:第十六届海峡两岸都市交通学术研讨会论文集.南京:东南大学出版社,2008:284-292.

[138] 石峭.控详中交通详细规划理论与框架研究[D].南京:南京林业大学,2009.

[139] 宋小东,易嘉.关于城市交通分区合理性的基础研究[J].城市规划学刊,2007(4):85-91.

[140] 夏双.城市设计视角下控规阶段土地使用强度研究:以宝鸡市陈仓组团控规为例[D].西安:长安大学,2014.

[141] 宁波市交通影响分析(评估)编制与管理暂行办法[S].宁波:宁波市规划局,2007.

[142] 许炎,黄富民.基于交通容量的土地利用与交通适应性研究[C]//中国城市规划学会.城市规划和科学发展:2009 中国城市规划年会论文集.天津:天津科学技术出版社,2009:4583-4590.

[143] 王根城.大城市区域交通影响分析方法研究[D].北京:北京工业大学,2007.

[144] 陆化普.城市土地利用与交通系统的一体化规划[J].清华大学学报(自然科学版),2006,46(9):1499-1504.

[145] 陆化普.交通规划理论与方法[M].北京:清华大学出版社,1998.

[146] 苏海龙,谭迎辉,周锐,等.基于规划过程的我国土地使用与交通一体化规划研究展望[J].城市发展研究,2013(9):66-72.

[147] 侯全华.小城镇规划后评价理论与方法初探[D].西安:长安大学,2006.

[148] 李婧.节假日出行行为特征分析研究[D].北京:北京交通大学,2007.

[149] 刘灿齐.现代交通规划学[M].北京:人民交通出版社,2001.

[150] 陈尚云,高世廉.我国特大城市土地利用形态与出行总量的距离分布研究[J].四川联合大学学报(工程科学版),1999,3(3):83-89.

[151] 陈尚云,杜文,高世廉.我国特大城市出行分布模型及其参数的研究[J].系统工程,2002,20(4):63-66.

[152] 窦慧丽,刘好德,杨晓光.基于站点上下客人数的公交客流 OD 反推方法研究[J].交通与计算机, 2007,25(2):79-82.

[153] 张那.城市公共停车设施规划研究[D].重庆:重庆交通大学,2009.

[154] 陈燕.城市机动车停车需求预测及管理策略[D].南京:东南大学,2005.

[155] 赵红茹.西安市综合交通战略研究[D].西安:长安大学,2006.

[156] 张军.城市交通系统可持续发展综合评价研究[D].成都:西南交通大学,2007.

[157] SATTY T L. The Analytic Hierarchy Process[M]. New York:McGraw-Hill,1980.

[158] 杜栋,庞庆华,吴炎.现代综合评价方法与案例精选[M].2 版.北京:清华大

学出版社,2008.

[159] 尹春娥.城市交通可持续发展保障体系研究[D].西安:长安大学,2005.

[160] 许菁芸.城市用地规划与交通规划的一体化编制研究:以上海国际旅游度假区为例[J].上海城市规划,2012(2):83-87.

[161] 城市综合交通体系规划编制导则[S].北京:住房和城乡建设部,2010.

[162] 李宏志.控制性详细规划中几个值得注意的问题[J].规划师,1999,15(4):69-72.

[163] 周翔,许俭俭,赵晶心.对上海市控详层次交通规划的一些思考[C]//中国城市规划学会.转型与重构:2011 中国城市规划年会论文集.南京:东南大学出版社,2011:5550-5555.

[164] 闻雪浩,吴剑平,李日生."数字化控规"研究[C]//中国城市科学研究会.2010 城市发展与规划国际大会论文集.北京:中国城市出版社,2010:127-134.

[165] 王蕾.GIS 与 CAD 地理空间数据共享方法研究:以 ArcGIS 和 AutoCAD 为例[D].南京:南京师范大学,2013.

[166] 李岳.基于 GIS 数字技术平台的控规数字化编制途径探析[D].天津:天津大学,2011.

[167] 王警.控规编制中空间数据与属性数据的一体化研究[D].上海:同济大学,2007.

[168] 徐建英.GIS 在城市交通规划中的应用探讨[J].长沙大学学报,2009,23(5):50-51.

[169] 任敏.交通规划软件 TransCAD、CUBE/Trips 和 Visum 的比较分析[J].交通与计算机,2008,4(26):125-127.

[170] 马骥,裴玉龙.TransCAD 软件在城市交通规划中的开发与应用[J].哈尔滨建筑大学学报,2002,35(5):118-122.

[171] 毛蒋兴,阎小培.高密度开发城市交通系统对土地利用的影响作用研究:以广州为例[J].经济地理,2005,25(3):185-188.

[172] 王锡福,徐建刚,李杨帆.基于 GIS 的城市轨道交通与土地利用复合利用研究:以南京为例[J].城市发展研究,2005,12(4):53-62.

[173] 王树盛.交通与土地利用一体化分析技术及其应用:以昆山城市总体规划为例[J].城市规划,2010,(34):130-135.

[174] 林逢春,曾智超.上海轨道交通 1 号线对城市空间扩散的影响[J].城市轨道交通研究,2007(6):4-8.

[175] 梅盛.基于 GIS 的城际轨道交通与土地利用协调研究[D].长沙:中南大学,2010.

[176] 盖春英.北京市交通与土地使用规划编制技术与机制研究[J].城市规划,

2011(3):41-45.

[177] 张晓东.城市土地使用与交通协调规划编制机制研究[C]//中国城市规划学会.规划创新:2010中国城市规划年会论文集.重庆:重庆出版社,2010.

[178] 褚浩然,王江燕,周延虎,等.北京市土地利用与交通发展评价指标研究[J].城市交通,2008,6(5):30-35.

[179] 蒋涛,马洪生,刘娟.中心城市交通管理体制改革[J].交通科技与经济,2010,12(5):11-15.